东南学术文库
SOUTHEAST UNIVERSITY ACADEMIC LIBRARY

所有权性质、盈余管理与企业财务困境

State Ownership,
Earnings Management and Financial Distress

吴芃◆著

东南大学出版社
·南京·

图书在版编目(CIP)数据

所有权性质、盈余管理与企业财务困境/吴芃著.
—南京：东南大学出版社，2017.12
　ISBN 978 - 7 - 5641 - 7449 - 1

　Ⅰ.①所…　Ⅱ.①吴…　Ⅲ.①企业管理－财务
管理－研究　Ⅳ.①F275

中国版本图书馆 CIP 数据核字(2017)第 254848 号

⊙ 本书为国家社科基金(11CGL047)的研究成果之一
⊙ 教育部人文社会科学研究基金项目(17YJA 630109)

所有权性质、盈余管理与企业财务困境

出版发行：东南大学出版社
社　　　址：南京市四牌楼 2 号　邮编：210096
出 版 人：江建中
网　　　址：http://www.seupress.com
经　　　销：全国各地新华书店
排　　　版：南京星光测绘科技有限公司
印　　　刷：江阴金马印刷有限公司印刷
开　　　本：700mm×1000mm　1/16
印　　　张：16.5
字　　　数：412 千字
版　　　次：2017 年 12 月第 1 版
印　　　次：2017 年 12 月第 1 次印刷
书　　　号：ISBN 978 - 7 - 5641 - 7449 - 1
定　　　价：75.00 元

本社图书若有印装质量问题，请直接与营销部联系。电话：025 - 83791830

编委会名单

主任委员：郭广银

副主任委员：王保平　刘　波　周佑勇

委　　　员：（以姓氏笔画为序）

王廷信　王　珏　王保平　田海平

仲伟俊　刘　波　刘艳红　江建中

陈志斌　陈美华　李霄翔　周佑勇

赵林度　袁久红　徐康宁　郭广银

凌继尧　樊和平

秘　书　长：江建中

编务人员：甘　锋　刘庆楚

身处南雍　心接学衡

——《东南学术文库》序

　　每到三月梧桐萌芽,东南大学四牌楼校区都会雾起一层新绿。若是有停放在路边的车辆,不消多久就和路面一起着上了颜色。从校园穿行而过,鬓后鬟前也免不了会沾上这些细密嫩屑。掸下细看,是五瓣的青芽。一直走出南门,植物的清香才淡下来。回首望去,质朴白石门内掩映的大礼堂,正衬着初春的朦胧图景。

　　细数其史,张之洞初建两江师范学堂,始启教习传统。后定名中央,蔚为亚洲之冠,一时英杰荟萃。可惜书生处所,终难避时运。待旧邦新造,工学院声名鹊起,恢复旧称东南,终成就今日学府。但凡游人来宁,此处都是值得一赏的好风景。短短数百米,却是大学魅力的极致诠释。治学处的静谧景,草木楼阁无言,但又似轻缓倾吐方寸之地上的往事。驻足回味,南雍余韵未散,学衡旧音绕梁。大学之道,大师之道矣。高等学府的底蕴,不在对楼堂物件继受,更要仰赖学养文脉传承。昔日柳诒徵、梅光迪、吴宓、胡先骕、韩忠谟、钱端升、梅仲协、史尚宽诸先贤大儒的所思所虑、求真求是的人文社科精气神,时值今日依然是东南大学的宝贵财富。给予后人滋养,勉励吾辈精进。

　　由于历史原因,东南大学一度以工科见长。但人文之脉未断,问道之志不泯。时值国家大力建设世界一流高校的宝贵契机,东南大学作为国内顶尖学府之一,自然不会缺席。学校现已建成人文学院、马克思主义学院、艺术学院、经济管理学院、法学院、外国语学院、体育系等成建制人文社科院系,共涉及6大学科门类、5个一级博士点学科、19个一级硕士点学科。人文社科专任教师800余人,其中教授近百位,"长江学者"、国家"万人计划"哲学社会科学领军人才、全国文化名家、"马工程"首席专家等人文社科领域内顶尖人才济济一堂。院系建设、人才储备以及研究平台等方面多年来的铢积锱累,为东南大学人文社科的进一步发展奠定了坚实基础。

在深厚人文社科历史积淀传承基础上,立足国际一流科研型综合性大学之定位,东南大学力筹"强精优"、蕴含"东大气质"的一流精品文科,鼎力推动人文社科科研工作,成果喜人。近年来,承担了近三百项国家级、省部级人文社科项目课题研究工作,涌现出一大批高质量的优秀成果,获得省部级以上科研奖励近百项。人文社科科研发展之迅猛,不仅在理工科优势高校中名列前茅,更大有赶超传统人文社科优势院校之势。

东南学人深知治学路艰,人文社科建设需戒骄戒躁,忌好大喜功,宜勤勉耕耘。不积跬步,无以至千里;不积小流,无以成江海。唯有以辞藻文章的点滴推敲,方可成就百世流芳的绝句。适时出版东南大学人文社科研究成果,既是积极服务社会公众之举,也是提升东南大学的知名度和影响力,为东南大学建设国际知名高水平一流大学贡献心力的表现。而通观当今图书出版之态势,全国每年出版新书逾四十万种,零散单册发行极易淹埋于茫茫书海中,因此更需积聚力量、整体策划、持之以恒,通过出版系列学术丛书之形式,集中向社会展示、宣传东南大学和东南大学人文社科的形象和实力。秉持记录、分享、反思、共进的人文社科学科建设理念,我们郑重推出这套《东南学术文库》,将近些年来东南大学人文社科诸君的研究和思考,付之枣梨,以飨读者。知我罪我,留待社会评判!

是为序。

摘　要

经济全球化和经济转型使我国经济的不确定性加剧,企业财务风险加大,导致各利益相关者对财务预警的需求发生了变化。这些变化一是对有效性的要求,即企业财务状况的复杂性使各利益相关方迫切需要能有效预测企业财务困境不同程度的多阶段动态预警模型;二是对适用性的要求,即财务困境的预警模型能体现并适应转型经济下环境变化的特点;三是对准确性的要求,即企业财务风险加大,使管理层进行盈余管理的动机加强,在使用财务指标建立财务预警模型时如何克服由于盈余管理而带来的指标失真,从而影响模型预测准确性问题。为了解决上述问题,我们进行了下列研究。

首先,我们对财务困境进行了重新界定和划分。我们采用特别处理(ST)和持续经营审计意见(GCO)作为财务困境划分的标准,将财务困境划分为财务正常、仅被出具持续经营审计意见、仅被特别处理、同时被出具持续经营审计意见和特别处理四个层次,体现了财务困境是一个动态变化、由浅至深的过程。在上述对财务困境重新界定的基础上,从财务和非财务两个方面分析转型经济下财务困境的影响因素。其中,在财务因素中加入盈余管理这一影响财务指标真实性的因素,非财务因素主要考虑能反映后危机时代政府和市场平衡关系的所有权性质和制度环境因素。

然后,我们梳理了盈余管理、所有权性质、制度环境和财务困境的作用机制。我们将盈余管理分为应计盈余管理和真实盈余管理,分别论证应计盈余管理、真实盈余管理和财务困境的关系,发现应计盈余管理和财务困境正相关,真实盈余管理和财务困境负相关;在上述结论的基础上分别加入所有权性质和制度环境因素,分别研究了盈余管理、所有权性质和财务困境的作用机制,以及盈余管理、制度环境和财务困境的作用机制。实证研究发现盈余管理在所有权性质和财务困境的关系中具有中介效应,并且应计盈余管理和真实盈余管理的中介效应相反,相互抵消之后所有权性质和财务困境的综合效应不显著;制度环境对财务困境具有抑制作用,并且制度环境的改善能够抑制上市公司采用应计盈余管理逃避财务困境,制度环境因素对应计盈余管理和财务困境的关系具有调节作用;进一步地,我们研究了盈余管理、所有权性质、制度环境和财务困境之间的整体作用机制,发现中央国企是否发生财务困境和盈余管理、制度环境均不存在显著关系;地方国企和非国有企业则会通过盈余管理来避免财务困境,但相对非国企而言这种作用较小,说明相对非国企,中央国企政治联系强,市场压力较小,而地方国企介于两者之间,既有一定的政治联系又处于一定的市场竞争中;另外研究还发现信贷市场的改善能够抑制非国企盈余管理的动机,说明非国企受到信贷市场环境的影响程度较大;而政府分散化程度的提高能够抑制地方国企的盈余管理的动机,地方国企受到政治联系的影响仍然较大。

最后,在上述分析的基础上,构建了四维度的财务预警模型,并检验了各预警模型的预测正确率。发现应计盈余管理模型和真实盈余管理模型的预测正确率都较高,其中对财务正常类的判断正确率很高,但是对财务困境类预测的正确率相对较低。另外发现对于较低财务困境程度的公司运用 $t-1$ 年模型预测正确率最高,较高财务困境程度的公司运用 $t-2$ 年模型预测正确率最高。

本研究的创新之处在于将持续经营审计意见引入到财务困境研究中,把财务困境划分为四个层次,同时考虑了代表转型经济时期中国市场经济特征的两大因素:所有权性质和制度环境,并将盈余管理引入其中,深入分析了转型经济条件下盈余管理和财务困境的关系以及所有权性质和制度环境对它们关系的影响机制,在此基础上,建立了多阶段动态预警模型。

我们的研究丰富了企业财务危机预警指标体系,改善了财务预警模型的预警质量,为投资者更好地判断上市公司财务状况,管理者从根本上提高企业的经营业绩,监管者更好地监管上市公司提供了理论依据,同时也为转型经济背景下政府更好地推进市场化改革进程提供一定的参考。

Abstract

Economic globalization and economic restructuring have intensified the uncertainty of China's economy and increased the financial risk of enterprises, which has led to the change of stakeholders' demand for financial early-warning. These changes have asserted claims for the following points:

— Effectiveness, that is, the complexity of the financial situation of the enterprise has raised urgent need of stakeholders for multi-stage dynamic early-warning models to effectively predict the different levels of financial distress;

— Applicability, that is, early-warning models for financial difficulties are supposed to reflect and adapt to the features of environmental changes during economic restructuring periods;

— Accuracy. The increase in corporate financial risk has pushed the management to make earning management which means how to overcome the distortion caused by earnings management when using financial indicators to establish the financial early-warning models will affect the accuracy of forecasting.

In order to meet the above requirements, we conduct the following studies.

Firstly, we redefine and redivide financial distress. We use the special treatment (ST) and the Going Concern Opinion (GCO) as the standard to divide financial distress into financial normal, only be issued Going Concern Opinion (GCO), only be specially treated, and be issued a Going Concern Opinion (GCO) and specially treated at the same time. These four levels indicate that financial distress is a dynamic changing process from shallow to deep. Based on the redefinition and redivision, we analyze the influential factors of financial distress during economic restructuring periods from the financial and non-financial aspects. We add earning management into considered financial factors which will affect the authenticity of the financial indicators. When it comes to non-financial factors, we mainly take the nature of ownership and institutional environmental factors which could reflect government in post-crisis era and market balance relationship into consideration.

Then, we sort out the mechanism of earnings management, the nature of ownership, the institutional environment and the financial distress. We divide earnings management into accrual earnings management and real earnings management and demonstrated the relationship between accrued earnings management, real earnings management, and financial distress. It is found that accrued earnings management and financial distress are positively correlated while real earnings management and financial distress are negatively correlated. On the basis of the above conclusions, we take the nature of ownership and institutional environment into further consideration to analyze the mechanism of earnings management, the nature of ownership, institutional environment and the financial distress. The empirical study shows that earnings management has a mediating effect in the relationship between the nature of ownership and financial distress, and the intermediary effect of accrual earnings management and real earnings management is opposite, and the combined effect of ownership and financial distress is not significant after offsetting each other. The institutional environment has an inhibitory effect on the financial distress, and the improvement of the institutional environment can prevent the listed companies from using the accrual earnings management to avoid the financial distress. The institutional environmental factors have a moderating effect on the relationship between accrued earnings management and financial distress. Furthermore, we study the overall mechanism of earnings management, the nature of ownership, the institutional environment and the financial distress, and find out whether the central state-owned enterprises would experience financial distress has no significant relationship with the institutional environment and earnings management. Local state-owned enterprises and non-state-owned enterprises would use the earnings management to avoid financial distress, but non-state-owned enterprises' impact is smaller, indicating that non-state-owned enterprises and central state-owned enterprises have strong political ties and weak market pressure while local state-owned enterprises have both a certain political connection and are in a certain market competition. In addition, the study also found that the improvement of the credit market can curb the motive of non-state-owned enterprises to use earnings management, indicating that non-state-owned enterprises are affected by the credit market environment while the improvement of the degree of decentralization of the government can curb the motive of earnings management of local state-owned enterprises, and the influence of local state-owned enterprises by political ties is still strong.

Finally, on the basis of the above analysis, a four-dimensional financial early-warning model is constructed, and the forecasting accuracy of each early-warning model is tested. It is found that the correctness of the accrual earnings management model and the real earnings management model is high, among which the correctness of the judgment of the financial normal class is very high, but the correct rate of financial predicament prediction is relatively low. In addition, it is found that companies with lower financial distress rate have the highest correct rate when using the t-1 year modelto predict while companies with higher financial distress rate have the highest correct rate when using the t-2 year model to predict. The innovation of this research is to introduce the audit opinion into the financial distress research, divide the financial distress into four levels, and consider the two factors that represent the characteristics of China's market economy during the transition economy: the nature of ownership and the institutional environment as well as earnings management. We analyze the relationship between earnings management and financial distress under the condition of transition economy, and the mechanism of the nature of ownership and the influence of institutional environment on their relationship. On this basis, a multi-stage dynamic early warning model is established.

In conclusion, our research enriches the early-warning index system of the financial crisis of enterprises, improves the early-warning quality of the financial early warning model. It provides a theoretical basis for investors to better judge the financial situation of listed companies, for managers to improve business performance fundamentally, for regulators to monitor listed companies better. Last but not least it provides some reference for government experiencing economy restructuring to promote the market reform process better.

目　录

第1章

引　　言

1.1　研究背景及意义

大量研究表明,财务危机是企业陷入经营危机的征兆,但实际上企业的财务困境存在一个逐渐显现和恶化的过程,因此,应及时追踪和监督企业的财务状况,及时预测企业的财务恶化状况。建立有效的财务预警系统,对企业财务状况进行早期预警,无论对管理者、投资人、第三方审计师和证券监管部门、政府或其他利益相关方来说,都具有非常重要的理论和现实意义。正因为如此,上市公司财务危机预警问题一直是资本市场会计和财务领域研究的热点问题。

在经济全球化背景下,当今世界经济格局发生了很大的变化,同时,在转型经济条件下,我国上市公司面临的经济环境和制度环境也发生了很大的改变,经济的不确定性加剧,企业财务风险加大,使各利益相关者对财务预警的需求发生了变化。

1.1.1　转型经济背景下我国财务预警需求的变化

1.1.1.1　我国上市公司陷入财务危机的风险逐渐加大

转型经济背景下,我国上市公司财务风险日益加大,不再高枕无忧,时刻面临破产清算的威胁,这主要是因为下述两个方面的原因:

1. 转型经济背景下金融监管的加强与上市公司面临监管环境的变化

转型经济背景下,我国要不断推进市场化改革,为了保持资本市场的健康发展,金融监管更加严格。金融监管包括对证券市场的监管。在这样的背景下,我国证券市场的监管日趋严格,各类相关法律法规相继出台并不断完善和修订。

由于破产法规和退市机制的缺位,证券市场发展初期很长一段时间,我国上市公司都没有破产清算或退市的威胁。但是近几年随着我国资本市场的日益完善,我国上市公司面临的监管也将日益严格。目前中国证券市场已经出台了一系列的关于企业破产及上市公司暂停上市、退市的相关法规,以达到警示和保护广大投资者的作用。上市公司不再高枕无忧,稍有不慎,就有可能陷入退市甚至破产清算的境况。这些关于企业破产和上市公司退市的法律法规主要有《公司法》《企业破产法》和《股票上市规则》等。

我国的《破产法》自 1994 年 7 月 1 日开始正式实施,其中第 157 条规定了上市公司可以被国务院证券管理部门暂停上市的四种情形,其中之一便是"最近三年连续亏损"。另外,还在第 158 条规定了可以终止上市的情形。

2007 年 6 月 1 日正式实施的《企业破产法》,是我国市场经济体制改革进程中具有标志性的一部法律。其有关企业破产的内容主要包括:① 对企业的破产界限提出了两个明确的基本标准;② 扩大了破产法的适用范围:只要是法人企业,不管其性质是国有、集体、私营,还是股份合作制企业、外商投资企业,均适用破产法;③ 首次规定了金融机构的破产事宜。

《企业破产法》的出台,意味着任何以盈利为目的的企业都有破产的可能。这表明像过去一样很多上市公司尽管亏损多年,但仍然不破产的怪现象出现的概率会越来越少。这也意味着投资者面临的投资风险加大,稍有不慎,就可能陷入血本无归的境地。

除了相关法律的不断完善,我国证券监管机构出台的关于上市公司特别处理、暂停上市或终止上市的相关法规也经历了一系列的修订和完善的过程。中国证券监督委员会在 1998 年出台了首个《股票上市规则》(以下简称《规则》),其后分别在 2001 年、2002 年、2004 年、2006 年、2008 年、2012 年和 2014 年七次修订该规则。在《规则》中,规定了对上市公司进行退市风险警示和其他特别处理的情形(Special Treatment,ST)①,每次修订都使上市公司特别处理的情形更加严格和完善。2008年修订的《规则》,新增了"破产"的相关规定。自此上市公司破产的状况不再仅限于暂停上市公司中,也会出现在退市风险警示公司中。此次修订规定了两种不同的退市程序:"法院受理公司重整、和解或者破产清算申请的,交易所对公司实行退市风险警示并给予二十个交易日的交易时间,充分释放风险后对公司予以停牌,直至法院裁定相关程序结束后复牌;法院宣告公司破产的,交易所将直接做出终止上市的决定,而不是在法院裁定终结破产清算程序后才终止上市"。2012年《规则》的修订主要体现在加大退市力度,增加退市指标方面,引入净资产、营业收入、审计意见类型和市场交易等退市指标。2014年修订的《规则》新增七种主动退市情形和重大违法退市情形。

回顾上述逐步出台的相关法律法规,可以发现我国当前的监管法律体系正在逐步完善中,对上市公司而言必须提高危机意识,因为一旦出现经营危机,就可能被暂停上市甚至终止上市甚至破产。而证券监管规则和破产法的出台,使上市公司退市和破产的现实可能性越来越大。在越来越严厉的监管制度下,上市公司管理者和投资者如何提前预知企业可能面临的财务危机,避免陷入暂停上市、终止上市或者破产的境地成为上市公司的一个现实问题。

2. 现阶段国际市场竞争激烈与我国企业财务风险的加大

现阶段,一方面,贸易环境恶化,贸易保护主义日趋严重,我国企业的出口优势不再;另一方面,国际市场的竞争越来越激烈,"中国的土地成本、煤电油运成本及其他环境、资源、要素成本都将进入一个快速上升的阶段"(孙耀武,2010)。我国企业越来越丧失原先所拥有的低成本优势。

在这样的背景下,中国企业面临的竞争风险增加,经营压力增大,财务质量日趋恶化。从1998年证交所实行特别处理制度以来,截至2013年12月31日,共有600多家上市公司被特别处理,其中多数是由于"财务状况异常",而且不少被终止上市,给国家、投资者和债权人造成了巨大损失。

企业经营风险的加大就意味着投资者投资风险的加大,如何在监管逐步加强、破产制度逐步完善和企业风险不断增大的环境下,提前预测企业可能面临的财务危机,以便做出正确的投资决策,已经是投资者和各利益相关者

---

① ST制度:即对存在股票终止上市风险的公司,对其股票交易实行"警示存在终止上市风险的特别处理",简称"退市风险警示"。具体措施是在公司股票简称前冠以"＊ST"标记,以区别其他公司股票。

所面临的紧迫的现实问题。

1.1.1.2 转型经济背景下经济不确定性加剧与利益相关者对多阶段动态预警的需求

转型经济背景和市场化改革意味着我国经济今后的发展还面临着很大的不确定性。一是各国经济可能出现波动,很多国家的经济增长是否可以延续还存在很大的不确定性。在经济全球化的今天,这些外部经济体的不确定性,也会对我国经济产生影响。二是国际大宗商品价格波动也加剧了我国经济的不确定性。三是我国面临高通胀的压力。

正是由于全球的企业面临着越来越大的风险不确定性,企业持续经营风险更为严重。市场环境的瞬息万变,而当前国内经济转型升级步伐加快,大量企业出现经营困难、陷入债务危机,利益相关者更加关注企业的财务状况。随着经济波动性的加剧,如何在企业发生财务危机之前对其进行预警,对企业所有的利益相关者而言有着十分重要的意义。

国外现有的预警模型大都研究如何能够将破产的公司从正常公司中辨别出来,也即将破产申请作为衡量企业财务状况好坏的信息源。而国内的破产法并不完善,长期以来公众对上市公司财务状况的预测依赖于来自证券监管机构的退市风险警示,也即 ST 制度,这是我国证券市场特有的衡量上市公司财务状况的信息源(厉国威等,2010)。但是财务困境是一个持续的过程,公众更关注公司什么时候陷入财务困境,陷入何种程度的财务困境以及最终会从财务困境中生存下来还是破产(Gilbert 等,1990)。提交破产申请的公司最终走向了清算还是通过重组等程序恢复正常经营,这是两种完全不同的状态。无论是 ST 标准还是破产标准,都无法区分财务困境的不同程度。实际上国外研究者已意识到仅仅破产申请这样的一个信息源远远不够公众和利益相关者把握上市公司的经营状况,特别是安然事件之后,利益相关者普遍希望能够出现其他有关企业是否陷入财务困境的相关信息源,他们的目光投向了第三方独立审计。

在公司治理理论中,社会舆论的监督和证券监管机构的规制是解决现代公司制企业代理问题的"第五道防线"①,其中中介机构、司法体系和证券监管部门是保护这种现代公司治理机制运行效率的基础设施。独立审计即是这

---

① 宁向东(2005)在《公司治理理论》一书中将美式公司治理体系防御经理损害股东利益的机制概括成"五道防线":经理报酬、董事会制度、股东大会制度、购并和接管活动、整个社会舆论的监督和证券监管机构的规制。

种基础设施中的重要组成部分,是公司治理中的外部保障机制。这种保障作用体现为审计师通过职业判断确保企业财务状况的客观披露,为监管机构、投资者、社会大众提供监管上市公司的有力参考。而传统的审计意见仅针对上市公司是否真实合法披露自身财务状况进行评判,对财务状况本身并没有评估。直到 20 世纪 20 年代美国开始出现"Subject To"的持续经营审计意见(Going Concern Opinion,GCO)雏形,要求审计师对企业的持续经营能力进行评估,并出具相应的审计意见,公众才有了一个关于上市公司财务危机的预警信号。

我国持续经营审计准则经历了两次修订,1999 年首次发布《独立审计具体准则第 17 号——持续经营》,2003 年对此做了修订,2006 年第二次修订后发布了《中国注册会计师审计准则第 1324 号——持续经营》,2010 年对该准则又进行了修订。按照现行的《中国注册会计师审计准则第 1324 号——持续经营》的相关规定,我国对注册会计师出具持续经营审计意见的规定大体上与美国 SAS No. 59 的规定一致,强调了注册会计师针对被审计对象对自身持续经营不确定性的评估进行再评估,突出了注册会计师的信息鉴证职能;另一方面也要求注册会计师在整个审计过程中始终关注持续经营风险,实际上也是期望注册会计师能够为报表使用者提供一定的预警信息。

以往审计师仅仅针对上市公司是否遵循相关会计准则,真实完整地披露了上市公司的财务状况做出判断,而并不评价财务状况本身,在公众需求的推动下,出现了针对上市公司财务状况评价的审计意见——持续经营审计意见,国内在跟随国外相关制度的基础上,也在审计准则中要求审计师针对上市公司的持续经营状况做出评价,这样公众就有了除退市风险警示之外的第二个关于上市公司财务状况的客观信息源。

在我国目前有两个关于企业财务状况的客观信息源:ST 和持续经营审计意见。当企业陷入 ST,一般被认为是企业出现了严重的财务危机,未来甚至可能会破产。持续经营审计意见虽然也是一个不利信息源,但公众对于其代表的企业危机程度并不确定。ST 是在退市制度完善前的一个中国特色的过渡政策,持续经营审计意见是借鉴国外对持续经营不确定性的审计要求由注册会计师提出的,代表了注册会计师的主观判断。尽管两者都表示企业持续经营不确定性,但是两者所代表的企业财务困境程度上存在何种差异?公众如何利用这两个信号来正确把握企业的财务状况和风险,从而做出正确的决策?这是本书的研究要关注的重点之一。

1.1.1.3　盈余管理行为对财务信息真实性的影响

上市公司的信息披露的真实性和充分性问题向来是投资者、监管者关注的重点，及时全面地披露信息有助于投资者做出正确的投资决策，有助于市场监管者提高资本市场配置效率，从而规范上市公司行为，保护广大投资者的利益。当前中国证券市场的信息公开透明度已经愈来愈强，"在我国股票市场，盈余数字具有很强的信息含量，进而影响到股票价格"（赵宇龙，1998；孙爱军、陈小悦，2002）。并且上市公司对外披露的财务报告已经是各种契约关系和市场监管的重要参考，利益相关者们对于企业的盈亏十分敏感。

吴芃等（2010）将盈余管理定义为"是经营者运用会计方法或者安排真实交易来改变财务报告以误导利益相关者对公司业绩的理解或者影响以报告盈余为基础的合约"。这实际上是一种信息披露管理，有的是违反会计准则的，而有的是在会计准则允许的范围之内进行的。很多研究表明，国内外大量上市公司出于各种自身效益最大化的动机，例如避免被退市、发行新股等，会采取各种怪措施粉饰对外披露的会计信息，使得财务报告的真实性和公允性受到严重质疑。粉饰过的盈余对外披露，不仅会损害广大投资者的利益，也威胁着整个证券市场的稳定和发展。如何从粉饰过的财务报告中获得有价值的信息，对投资者和监管者而言都是极大的挑战。

综上所述，我们看到，一方面法律和竞争迫使投资者需要提前预测企业可能的财务危机；另一方面目前大部分的财务危机预警模型都是建立在上市公司财务数据真实性的前提下的，即并没有考虑现实中大量存在的盈余管理问题。运用真实性、公允性有问题的财务数据建立的预警模型能否达到预期效果，无疑是令人怀疑的。这也正是本书研究的另一个主要出发点。

1.1.1.4　经济体制和政策的调整与我国企业所有权性质和制度环境的特殊性

对中国而言，转型经济中如何保持政府干预和自有市场之间的关系一直是我国在市场化进程中所面临的难题。我国是发展中国家，我国的市场化程度要远远低于西方发达国家，政府对企业的影响要远远超过经济自由化程度较高的国家。经济危机也告诉我们，世界经济的多样化要求我们必须采用适合自己的制度和发展道路，包括经济体制和政策。在中国资本市场上，一方面企业所有权结构代表了企业的政治联系和政府对企业的干预程度，另一方面与市场化改革进程密切相关的制度环境代表了市场自由化程度，这是两个最主要影响企业财务状况的特殊体制因素。

1978年改革开放以来,中国实行市场化改革,并走上从计划经济向市场经济转轨的道路,30多年来,经济保持高速增长,成为世界上最大的新兴经济体,以市场化改革为方向的经济转型给中国带来了举世瞩目的经济成就。市场化作为一种从计划经济向市场经济过渡的体制改革,"不是简单的几项规章制度的变化,而是一系列经济、社会、法律制度的变革"(樊纲等,2003),或者说"是一系列的大规模制度变迁"(樊纲等,2011)。我国的转轨之路远远没有结束,政府过多干预市场的现象仍然非常突出,资本市场投资者保护水平不高,区域经济发展非常不平衡。樊纲等(2003)的研究已经指出"在一些省份,特别是某些沿海省份,市场化已经取得了决定性的进展,但在各地区之间还存在很大的差距"。这使不同区域的企业面临的制度环境存在很大的差异。在转型经济时期,我国企业所有权结构和面临的制度环境具有不同于西方发达国家的特殊性,这些特殊性必然会使我国企业的盈余管理和财务危机呈现不同的特点。西方已有的研究主要是基于资本市场发育程度比较高、投资者保护比较完善的西方发达市场经济背景,这些研究结果是否适用中国尚需进一步研究。

另外,我国上市公司多数由国有企业改制而来,最终控制人是国家的公司占了中国上市公司的绝大多数(薄云霞,吴联生,2009)。国有控股就代表了企业和政府紧密的政治联系。现有的很多文献都研究了所有权结构对公司治理和盈余质量的影响,认为所有权结构在公司治理和盈余质量方面扮演了重要角色。但是他们的研究结论并不统一,有的结论甚至截然相反。一种观点认为,国有控股公司相对非国有控股公司来说,破产危机较小,有较少的盈余管理的动机,而还有一些研究则显示了相反的结果,他们认为国有控股企业有更强烈的盈余管理的动机。导致结论不一致的可能原因是没有考虑制度因素对不同所有权结构企业的潜在影响。

Fan等(2011)认为新兴经济体与发达国家的企业组织结构与经济行为有着巨大差异,忽视制度因素的对比研究可能产生误导性的结论。研究企业财务危机和盈余管理问题,离不开对企业所有权结构和所处的制度环境的研究。因此本书在研究盈余管理和财务危机的关系时,加入对制度环境和所有权结构的考虑,有助于找到转型经济时期影响盈余管理和财务危机的潜在因素,建立更合理可靠的危机预警模型。

1.1.2　研究意义

本研究结合转型经济下各利益相关方对财务预警需求的变化,将企业财务状况按 GCO 和 ST 为标准,进行了多阶段的划分,并研究所有权性质、制度环境和财务困境发生的关系,以及盈余管理对这些关系的影响,理清这些因素的相互作用机制,并建立预测效果更好的预警模型,无论对投资者、政府、第三方审计师、证券监管机构和管理者等利益相关方来说都有重要的理论和现实意义。具体来说,包括以下几个方面:

1. 为投资者判断上市公司财务状况提供了新的决策依据

对于机构投资者而言,有效的财务预警系统有助于其准确评价上市公司的财务状况,从技术上支持投资选择;对于广大的中小投资者而言,无论从资金规模还是获取信息的能力来看都处于弱势地位,因此,有效的财务预警系统能够帮助广大中小投资者把握上市公司的财务状况,从而自主决策,而不是盲目跟风。这对于当前中国证券市场投资者保护,特别是广大中小投资者,具有重要的现实意义。

本研究结合转型经济的特点,为投资者提供了多阶段的财务预警模型,不同于以往研究所提供的两阶段预警模型,使投资者能更好地区分企业所面临的不同的财务危机程度,为投资者判断上市公司的财务状况提供了新的决策依据。

2. 为监管机构适应转型经济的特点,更好地监督和管理上市公司指出了新的参考依据

对于监管机构而言,通过有效的上市公司财务预警系统,也能更好地监控上市公司的财务状况,从而及时制定有效的监管政策,有利于整个中国证券市场的健康发展。ST 的判断主要依据净利润和每股净资产指标这两个会计指标,标准比较单一。本研究结合了 GCO 标准,对上市公司财务状况进行多阶段的划分,为证券监管机构进一步完善风险警示政策提供了新的参考依据;另外,本项目也研究了盈余管理和企业财务危机的关系,能为监管机构更好地把握上市公司的盈余管理行为及其后果提供理论支持,从而加强对上市公司的监督和管理。

3. 为转型经济条件下政府市场化改革和发展提供了一定的参考意见

本项目的研究梳理了所有权性质、制度环境与财务困境的关系,比较了不同市场化进程下的制度环境对盈余管理和企业财务困境产生的影响,为政府进一步完善和深化市场化改革进程,提供了一定的参考。对所有权性质、盈余管理和财务危机关系的探讨,有助于我们正确理清政府的所有者身份和管理者身份的重叠问题,为上市公司提高公司治理水平,正确发挥政府的控

制作用提供帮助。而对制度环境对盈余管理和财务危机影响的探讨,有助于我们考察市场化程度高低对企业的影响,可以帮助我们更好地推进市场化进程及解决在这个进程中面临的各种问题。

4. 为管理者更好地适应转型经济的环境特点,提高企业经营业绩提供了有益的帮助

本研究梳理了应计盈余管理和真实盈余管理这两种不同的盈余管理方式和企业财务困境的不同关系,可以帮助管理者认清盈余管理的后果,避免投机心理,采取恰当的手段提高企业经营业绩。同时,对所有权性质、制度环境对财务困境的影响机制的分析,有助于管理者正确认识后危机时代企业面临的经济环境的特点,认清自身在市场经济中的地位,处理好与政府的关系,为管理者从根本上提高企业的经营业绩提供帮助。

1.2　国内外财务预警研究现状述评

研究财务预警问题,首先要对企业财务危机状态进行界定;其次是选择预测变量和选用预测方法。因此,本书将从财务危机的界定、预测变量的选择和预测方法的运用三个方面分别综述已有的研究成果并进行评价。

1.2.1　文献综述

1.2.1.1　财务困境[①]的界定

亏损、股利降低、股价暴跌、高管变动等都会被认为是企业财务状况异常的表现,但若要严格定义一个财务状况异常的范围却很难,大部分研究将陷入财务困境作为企业财务异常的标志,因此一般的财务预警模型都是对财务困境的预警。

而对于财务困境的界定国内外出现了多种标准。Beaver(1966)将财务困境界定为拖欠债务、拖欠优先股股利、破产三种情形。Altman(1968)和Deakin(1972)则仅把进入法定破产程序作为财务困境的标志。除此之外,还有部分研究者把企业流动性不足而无力偿还债务也作为企业陷入财务困境的情形之一(Whitaker,1999;Ross 等,2000)。近期的研究对财务困境的界定都采用多重标准。Tinoco 和 Wilson(2013)将财务困境定义为息税折旧前

---

① 本书将财务危机和财务困境视为同一概念,并没有做专门的区分。

利润连续两年低于财务成本和市场价值增长率连续两年为负这两种情形。Gnathilaka(2014)研究斯里兰卡上市公司的财务状况时,将凡是收到持续经营审计意见、持续亏损、流动性问题、净资产为负的上市公司都归为陷入财务危机的上市公司。国内相关研究对财务危机的定义也存在多种形式。谷祺和刘淑莲(1999)将财务危机定义为"企业无力支付到期债务或费用的一种经济现象,包括从资金管理技术性失败到破产以及处于两者之间的各种情况。"吴世农、卢贤义(2001)认为财务困境是一种违约风险,企业因财务困境导致破产实际上就是一种违约行为。尽管国内各学者对财务困境的定义有所差别,但是由于受数据可取得性的限制,他们在进行实证研究时仍然把因连续两年亏损被特别处理的公司定义为财务困境公司(陈静,1999;吴世农、卢贤义,2001;杨淑娥、黄礼,2005;潘越等,2009;张培莉、干胜道,2013)。

也有研究不仅仅限于财务危机和正常两种状态对企业财务状况做了多个阶段的划分。Wruck(1990)指出上市公司在最终死亡之前会经历好几个阶段,包括财务困境、无力偿债、破产申请和破产行政接管。吕长江等人(2004)将财务困境和财务破产界定为两个不同的概念。吴超鹏和吴世农(2005)根据"价值创造观"(Value-Creation)来考察"价值损害型公司"的动态变化及其影响因素,预测价值损害型企业财务康复、财务转好、财务维持、财务转差或财务困境等五种财务状态的变化趋势。这两种多阶段的划分都把企业从前一种较好状态向后一种较差状态的转变作为需要预警的危机标准。刘澄等(2013)将企业财务困境分为正常、危险、困境三类,基于熵值法的思想,通过实证证明分类建立财务预警模型能够捕捉各类财务状况企业的风险特征。

上述对财务危机界定的观点可以总结如表1-1所示。

表1-1 已有的财务危机界定的观点

划分标准	运用模型
Panel A:两阶段观点	
破产	Fitzpatrick(1932)、Altman(1968)、Deakin(1972)、Dimond(1976)、Ohlson(1980)
ST	吴世农、卢贤义(2001),张鸣、张艳(2001),张玲(2000),游家兴等(2010),张培莉、干胜道(2013)

划分标准	运用模型
拖欠债务、拖欠优先股股利	Beaver(1966)
持续经营审计意见、持续亏损、流动性问题、净资产为负	Whitaker(1999)、Ross 等(2000)、Gnathilaka(2014)
Panel B：多阶段动态观点	
财务困境、无力偿债、破产申请和破产行政接管	Wruck(1990)
财务正常、财务困境和财务破产	吕长江等(2004)
财务康复、财务转好、财务维持、财务转差或财务困境	吴超鹏和吴世农(2005)
财务正常、财务危险和财务困境	刘澄等(2013)

从表1-1可以看到,总的来说,已有财务预警模型对需要进行预警的财务危机界定主要有两阶段和多阶段动态观点两类。其中两阶段划分又分别有破产、ST、拖欠债务、拖欠优先股股利等几种标准,少数文献使用了持续经营审计意见作为危机标准;采用多阶段划分标准的模型较少,其基本思路都是把从较好的阶段向较差阶段的转变作为企业财务危机的标志。

1.2.1.2 预测变量的选择

要对企业财务危机进行预警,就必须分析企业财务危机的特征,选择能反映企业财务危机的特征指标进行组合建模。现有财务预警模型对预测变量的选择主要包括常规财务指标、调整盈余管理影响后的财务指标和非财务指标三类。

1. 常规财务指标

建模变量的不同是各模型的主要区别,也是财务预警模型研究面临的难点问题。大部分研究者选择了常规财务指标作为预测变量。例如 Beaver(1966)的单变量判定模型,Altman 的 Z 值判定模型(1968)、Zeta 模型(1977)和 Z 模型(2000)均使用负债比率、流动比率、净资产收益率和资产周转速度等常规财务指标;另外也有使用市场类财务指标如股票收益率,作为预测模型的变量进行财务困境预测。选用这种类型的指标作为预测变量进行研究的学者有周首华(2000)、Altman 和 Brenner(1981)、Clark 和 Weinstein(1983)和 Platt(2002)等人。

随着现金流量观念的日益加强,不少学者把现金流量方面的指标加入预测模型中。较早的有 Edmister(1972)将现金流量指标加入到小企业预测模型中。Aziz 等(1988)发展了现金流量信息预测财务困境模型。他们发现在破产前 5 年内两类公司在经营现金流量上存在显著差异,在现金支付的所得税均值上也有显著的差异。Aziz 等(1989)比较了 Z 模型、Zeta 模型、现金流量模型的预测效果,发现现金流量模型的预测准确率最高。张芙蓉(2012)利用 ST 样本公司 t-1 至 t-6 年现金流量数据,在 Fisher 判别分析的基础上构建现金流量财务预警模型,结果发现 t-2 年模型的判别能力最强。

2. 调整盈余管理影响后的财务指标

财务预警的研究已经逐步深入到对财务预警基础的研究,包括考虑失真的会计信息对财务预警模型准确性的影响,但是这类研究相对来说仍然很少。对于财务数据的不真实有很多影响因素,而盈余管理是关键因素。宋力和李晶(2004)考虑了财务困境上市公司的盈余管理问题,对营业利润/利润总额、投资收益/利润总额、营业外收入/利润总额、应收账款/流动资产、应收账款周转率、待摊费用/流动资产、无形及其他资产/流动资产和其他应收款/流动资产这八个指标进行了调整。蒲春燕(2005)和吕峻(2006)的研究都发现,考虑盈余管理和利润操纵问题,对相关财务指标进行调整后建立的财务预警模型预测正确率得到了明显提高。吴芃等(2010)考察了修正 Jones 模型是否能引入财务危机预警领域及盈余管理程度对财务危机预警模型预测效果的影响。

3. 非财务指标

由于财务指标受到盈余操纵、内控机制失效、信息披露滞后等问题的干扰,其真实性与及时性受到限制,因此并不能保证财务信息包含了所有与企业财务困境有关的重要信息,所以非财务指标被考虑加入了预警模型中。这些在预警模型中用到的非财务指标又可以分为以下几类:

(1)公司治理变量

公司治理变量的选取通常从内部治理和外部治理两个方面来考虑。有一些研究只考虑公司内部治理变量。Yermack(1996)检验了美国上市公司董事会规模和公司绩效的关系,发现两者负相关。Changanti 等(1981)则发现公司破产概率与董事会规模成反比。也有不少研究同时考虑了公司内部治理变量和外部治理变量。吴超鹏和吴世农(2005)在财务预警模型中引入公司内外部治理变量,发现除财务指标外,股票超额收益率、构造的公司治理指数和投资者利益保护指数有助于预测价值损害型企业未来财务状态的变化趋势。王斌和梁欣欣(2008)研究了公司治理、财务状况与信息披露质量的关系。邓晓岚(2006)在研究中将年度股东大会出席率、董事会与CEO两职设置状况、董事会规模这三个公司治理变量加入到财务预警模型中。运用公司治理变量对财务危机预警进行研究的还包括蒋楠(2012)、王智宁(2009)、钱忠华(2009)、李斌(2008)、于富生等(2008)、何平(2007)、陈良华和孙健(2005)等。

（2）资本结构变量

陈小悦、徐晓东(2001)利用1996—1999年深圳证券交易所除金融性公司之外的全部A股股票数据，研究了股权结构对公司绩效的影响。吴超鹏和吴世农(2005)发现中国上市公司第一大股东持股比例越高，"价值损害型公司"越不易向财务困境状态转化。何平(2007)认为"股权结构能够对公司董事会等内部治理机制和公司控制权市场、经理市场等外部治理机制产生影响。他发现国家股及流通股和上市公司财务困境相关性并不显著，法人股对公司财务困境有显著的负影响；国家股第一大股东持股比例与上市公司财务困境的相关性也不显著，但随着法人股比例的增加，法人股的股权制衡作用比较明显"。Wei和Varela(2003)证实了国有股权对中国上市公司绩效存在消极的影响。秦志敏和王雅梅(2014)就股权集中度和股权制衡两方面研究了大股东控制和财务困境的关系，发现第一大股东持股比例和股权制衡度在公司陷入财务困境的前两年均和财务困境概率呈U型关系。

（3）股票市场变量

股票市场变量一般包括市值规模、股票流动性、超额收益、系统风险与股票收益率的波动性等。

Beaver(1966)比较了正常公司和失败公司的剩余收益，发现在破产前5年，失败组公司剩余收益(Residual Return)的中位数低于正常组公司，并且随着失败组公司的破产逐步临近，剩余收益的中位数之差逐渐增大。Aharony等(1980)考察了风险和收益因素与公司失败的关系。Castagna和Matolcsy(1981)的研究认为上市公司在破产前2到2.5年公司的股价就开始被市场低估。Hennawy和Morris(1983)认为加入股票价格剩余这一变量可能会大大提高判别模型的预测能力。Queen和Roll(1987)的研究结果发现除Beta系数值以外，其他四个市场指标对良性和恶性死亡率都有预测作用。Tirapat和Nittayagasetwat(1999)研究了在1997年金融危机背景下，泰国上市公司的系统风险对财务困境的影响,结果发现公司对物价水平越敏感,陷入财务困境的可能性越大。Shumway(2001)发现市场因素变量与破产概率存在显著相关性,加入了股票市场因素与财务比率的财务预警模型的预测正确率更高。吴超鹏和吴世农(2005)验证了股票超额收益有助于提高模型的预测能力的假设。邓晓岚(2008)基于风险模型研究了股票市场因素在财务困境风险评价中的应用。

(4)宏观经济变量

除了上述微观领域的影响因素外,还有部分学者将研究拓展到了宏观经济因素上。Goudie(1987)认为加入宏观经济变量能进一步提高预警模型的预测正确率,因此他将基于公司特征的多元判别分析模型与基于宏观经济动态的多部门模型(Multisectoral Model)相结合来预警企业经营失败。Goudie(1987)的研究结合了宏观经济变量,为学者们未来的研究提供了一个框架。在随后的研究中出现了将宏观经济变量加入预警模型中的方法。Altman(1993)将国内生产总值、标准普尔指数、货币供应量和新公司注册数变化率加入了预警模型之后,发现对失败公司的预测准确率得到提高。Darayseh 等(2003)同样发现加入宏观经济变量的财务预警模型预测精度更高。Liu(2004)不仅在预警模型加入了宏观经济变量,还比较了各个宏观经济变量的预测解释力,这些变量包括利率、信用、利润总额、物价指数和新公司注册数,其中利率对公司破产的影响力度最大,并且作为一个政策工具可以降低企业的破产率。

国内财务预警研究较少考虑宏观经济因素的影响。章之旺和吴世农(2005)考察了经济困境、财务困境与公司业绩之间的关系。邓晓岚(2006)的研究表明加入了宏观经济变量后,财务预警模型的总体解释能力有较大的提高。卢永艳(2013)以制造业上市公司为研究对象,发现宏观经济因素中实际GDP 增长率和财务困境风险负相关,贷款利率与上市公司财务困境风险正相关。

(5)其他非财务变量

其他用于财务预警的非财务变量包括公司多角化程度、管理者受教育程度和自信程度等。Amit 和 Livnat(1988)的研究表明多角化的程度愈高,企业的现金流量愈稳定,营运风险越能得到分散。张翼等(2005)的研究则发现多元化程度与财务困境无显著相关性。其他做过这方面研究的人还包括姜付秀等(2006)、Bailey(2003)、陈信元(2007)等。

管理者的教育程度和自信程度也是较常用的非财务变量。孙秀兰（1996）、许如婷（1996）的研究中显示公司董事与高阶主管的教育程度愈高，公司的绩效也愈佳。姜付秀等（2009）研究了管理者过度自信、企业扩张与财务困境的关系。

综上所述，现有各财务预警模型预测变量的选择可总结如表1-2所示。从表1-2中我们可以看到，三种类型的预测变量中，在财务预警模型中使用最多的是常规财务变量，其次是非财务变量，而考虑盈余管理后的财务变量被使用的最少。

表1-2 国内外学者关于财务预警模型预测变量的选择

变量	变量小类	主要变量名称	运用模型
常规财务变量	盈利能力指标	资产收益率,净资产收益率等	Beaver(1966)、Altman(1968)(1977)(2000)、Altman 和 Brenner(1981)、Clark 和 Weinstein（1983）、Platt(2002)、Edmister(1972)、Aziz 等（1988）、张芙蓉(2012)
	短期偿债能力指标	流动比率,速动比率等	
	长期偿债能力指标	资产负债率,权益比率等	
	资产管理能力指标	应收账款周转率,存货周转率等	
	成长能力指标	总资产增长率,主营业务收入增长率等	
	现金流量指标	主营业务现金比率、现金流动负债比等	
考虑盈余管理后的财务变量	对常规财务指标的调整	调整后的营业利润/利润总额,调整后的投资收益/利润总额,调整后的营业外收入/利润总额,调整后的应收账款/流动资产,调整后的应收账款周转率,调整后的待摊费用/流动资产,调整后的无形及其他资产/流动资产,调整后的其他应收款/流动资产等	宋力和李晶(2004) 蒲春燕(2005) 吕峻(2006) 吴芃(2011)
	控制盈余管理变量	应计盈余管理程度	吴芃等(2010)

所有权性质、盈余管理与企业财务困境

变量	变量小类		主要变量名称	运用模型
非财务变量	公司治理变量	内部治理变量	董事会规模,持有股份的本公司董事个数,高管持股比例,独立董事比例,CEO与董事长两职设立情况等	Yermack（1996）、Changanti 等(1981)、吴超鹏和吴世农(2005)、王斌和梁欣欣(2008)、邓晓岚(2006)、王智宁（2009）、钱忠华(2009)、蒋楠(2012)、李斌(2008)、于富生等(2008)、何平(2007)、陈良华和孙健(2005)
		外部治理变量	审计意见类型,公司诚信度,信息透明度,年度股东大会出席率等	
	资本结构变量	股权构成	法人股持股比例,国家股持股比例等	陈小悦和徐晓东(2001)、吴超鹏和吴世农(2005)、何平(2007)、Wei 和 Varela(2003)、秦志敏和王雅梅(2014)
		股权集中度	第一大股东持股比例,最终控股股东类别,股权制衡度,董事持股比例等	
	股票市场变量		相对市值规模,股票换手率,年度超额收益率,Beta系数值等	Beaver(1968)、Aharony 等(1980)、Castagna 和 Matolcsy（1981）、Hennawy 和 Morris(1983)、Queen 和 Roll(1987)、Tirapat 和 Nittayagasetwat（1999）、Shumway(2001)、吴超鹏和吴世农(2005)、邓晓岚(2008)
	宏观经济变量		GDP变化率,法定贷款利率,居民消费价格指数的变化,股票价格指数的变化等	Altman(1983)、Goudie(1987)、Darayseh 等(2003)、Liu(2004)、卢永艳(2013)
	公司多角化程度		主营业务收入中包括的行业个数,经营单元数等	Amit 和 Livant（1988）、Bailey(2003)、张翼等(2005)、姜付秀等(2006)、陈信元(2007)
	管理者受教育程度和自信程度		总经理受教育程度,董事长受教育程度	孙秀兰（1996）、许如婷(1996)、Kimberly 和 Evanisko(1981)、姜付秀等(2009)

1.2.1.3　主要财务预警模型及其对预测方法的运用

现有的主要财务预警模型一般可把它们分为定性预警和定量预警模型两类。

1. 定性预警模型

定性预警方法主要有以下几种：① "四阶段症状"分析法；② 标准化调查法；③ "三个月资金周转表"分析法；④ 管理评分法（周守华等，2000）。定性预警方法一般具有简明易懂的优点，但往往带有明显的主观性。

2. 定量预警模型

由于定性预警方法过于主观、无法量化等缺陷，大部分学者使用了定量财务预警分析方法进行财务危机预警的研究，定量预警模型的发展非常迅速。这些模型按照所使用的分析方法不同主要有统计模型、人工智能方法的运用模型、其他方法的运用模型三大类。

（1）统计模型

① 单变量分析模型

预警模型在发展初期都是单变量模型。Beaver（1966）分别对债务保障率等5个财务指标进行了预警检验，结果发现债务保障率预测效果最佳，资产负债率从次之，并且离经营破产之日越近，预测精度越高。

虽然单变量模型比较简单、易于使用，但单变量模式存在一定的局限性，一是单个财务比率所反映的内容是有限的，无法全面揭示企业的财务状况。一个企业的财务状况是用多方面指标反映的，没有哪一个比率能够概括全貌；二是对企业外部人员而言，某些财务比率已被公司管理者进行过粉饰，单一依靠某一比率做出的预测不一定可靠。因此，他们开始用多变量方法来进行研究。

② 多元线性判定模型

西方国家对多变量财务预警模型主要采用判别分析和逻辑回归的方法，其中多元线性判定方法是最为普遍的方法。美国学者 Altman（1968）最早运用多变量分析方法探讨财务预警问题。Altman（1968）用其多种财务比率拟合出一个多元线性函数方程，求出 Z 值，对企业的经营状况进行预测或判断。Altman（1968）的模型在选择变量时用了市场价值，对没有股票市价的非上市公司而言并不适用，因此 Altman 等在 1977 年对 Z 值判定模型进行了修正，将权益市场价值变成了权益账面价值，并对方程系数进行了修正。Altman（1977）模型也被称为 Zeta 模型。但是 Altman 发现第二个模型的精确性并未比第一个模型提高。2000 年 Altman 再一次对 Z 值判定模型进行了修订,该模型去掉了销售额对资产总额的比率,使非制造业企业也能使用 Z 值判定模型。这弥补了前两个模型对非制造业企业不适用的缺陷。

由于 Altman(1968)的 Z 值判定模型是以制造业中等规模企业为样本,对小企业适用性不大,因此 Edmister(1972)专门为了克服 Altman(1968)Z 值判定模型对小企业不适用的特点,针对小企业建立了小企业财务预警分析模型,该模型的判定方法与 Z 值判定模型相似。上述几种预测模型都属于多元线性判定模型,此类模型还包括 Deakin(1972)提出的概率模型等。

上述线性判定模型一般都假设破产企业和非破产企业两组呈正态分布,并且两组的协方差矩阵相等,存在假设上的局限性,因此以 Ohlson(1980)为代表的一些研究者采用了条件概率模型。这类方法不需满足自变量服从正态分布和两组协方差相等的条件。

③ 多变量回归分析

Martin(1977)首次运用 Logistic 模型进行银行破产预测。Ohlson(1980)首次运用 Logistic 模型进行企业财务困境预测。Zmijewski(1984)率先将 Probit 模型运用于财务困境公司与正常公司的识别。他研究了两组间样本个体数量分配的问题,认为——配对会使样本中两类公司的比例严重偏离两类公司在实际总体中的比例,从而高估模型的预测能力,特别会高估对破产公司的预测能力。他的研究结果表明这种过度选样所带来的模型偏差的确存在,但并未显著影响统计参数和模型的总体预测精度。Lennox(1999)对 MDA、Logistic 与 Probit 模型进行了比较之后认为,Logistic 与 Probit 模型相对于 MDA 而言,具有更高的识别与预测能力。

我国学者吴世农、卢贤义(2001)首先应用剖面分析和单变量判定分析,研究财务困境出现前 5 年内各年财务正常公司和财务困境公司 21 个财务指标的差异,最后选定 6 个为预测指标,应用 Fisher 线性判定分析、多元线性回归分析和 Logit 回归分析三种方法,分别建立三种财务预警模型。研究结果表明,相对同一信息集而言,Logit 预测模型的误判率最低。此后还有高雅静(2011),刘芳(2011)等均在研究中采用 Logit 模型进行相关财务预警研究。Logit 模型克服了多元判别分析模型对变量正态分布的要求,但仍存在一些缺陷,包括对于临界值的选定等。

尽管多元判别分析和 Logit 回归所采用的多变量模式克服了单变量模式一次只能考虑一个变量、不够全面的缺点,但多变量模式由于采用的统计方法有局限性等原因也存在缺陷(吴芃,2003)。传统的研究中所采用的统计方法一般都受制于若干母体分布的假设前提,因此 90 年代以来,人们尝试了新的研究方法,如各种人工智能方法、粗糙集理论等。

(2) 人工智能方法的运用模型

各种人工智能方法被广泛地应用于财务危机预警的问题中,如人工神经网络方法(Artificial Neural Network Method,ANN)、案例推理技术(Case-Based Reasoning,CBR)、专家系统(Expert System,ES)、粗糙集合理论(Rough Set)等。

Boritz 和 Kennedy(1995)、Altman 等(1994)采用神经网络财务预警研究,他们比较了神经网络与判别分析的预测效果,发现神经网络方法更优。Lin(2009)等综合运用了多元线性分析、逻辑回归分析和神经网络等三种方法进行企业的破产预测,发现几种方法综合以后的预测效果比任何一个单独预测的结果更精确。我国许多学者也运用了神经网络的方法进行财务预警研究(杨淑娥和黄礼,2005;柳炳祥等,2002;杨宝安和季海,2001)。案例推理技术不仅对企业财务危机进行定量预警,而且利用专家知识经验对企业内外部环境进行定性预警,建立了一个基于案例推理的智能化预警支持系统。这类研究包括 Li 等(2009),黄继鸿等(2004)。Messier 和 Hansen(1988)首次将专家系统引入财务预警领域。而 Slowinski 和 Zopoudinis(1995),Dimitras 等(1999),Ahn 等(2000)则将粗糙集分析方法(Rough Set Analysis)应用于财务危机预警中。

(3) 其他方法的运用模型

除了将统计方法和人工智能方法在财务预警模型中运用之外,人们还将各种其他学科的方法交叉运用于财务预警领域,提出了不同的预测模型。这些交叉学科方法的运用主要有熵值法(吴芃等,2009),混沌理论(Scapens 等,1981;Lindsay 和 Campbell,1996;刘洪,2001)等。

综上所述,财务预警定量模型所用的方法可以总结如表 1 - 3 所示。

表 1-3　财务预警模型定量分析方法的运用

方　　法			运用模型
统计方法	单变量分析	单变量判定模型	Beaver(1966)
	多变量分析	判别分析	Altman(1968)，Edmister(1972)，Deakin(1972)，Dimond(1976)，Altman、Haldeman 和 Narayanan(1977)
		回归分析 Logistic 回归模型	Martin(1977)，Ohlson(1980)，吴世农、卢贤义（2001），高雅静（2011），刘芳（2011）
		回归分析 Probit 模型	Zmijewski(1984)，Lennox(1999)
		回归分析 线性概率模型	Meyer 和 Pifer(1970)
人工智能方法	人工神经网络方法		柳炳祥、盛昭翰(2002)，杨宝安、季海(2001)，杨淑娥、黄礼(2005)，高朋等(2009)，Boritz 和 Kennedy(1995)、Altman、Marco 和 Varetto(1994)
	案例推理技术(CBR)		Li 等(2009)，黄继鸿等(2003)
	专家系统(ES)		Messier 和 Hansen(1988)
	粗糙集理论(Rough Set)		Pawlak（1982），Dimitras、Slowinski、Susmaga 和 Zopounidis（1999），Ahn、Chob 和 Kimc(2000)
其他方法	熵值法		王平心、杨冬花(2005)，吴芃等(2009)
	混沌理论		Scapens 等(1981)，Lindsay 和 Campbell(1996)，刘洪(2001)

1.2.2　对研究现状的评价

在1.2.1中已经从财务危机的界定、财务危机预测变量的选择和预测方法的运用三个方面综述已有的研究成果，下面将仍然从这三个方面对已有的研究成果进行评价。

1.2.2.1　对财务危机界定研究的评价

国外学者在研究财务预警问题时多是以破产作为财务困境的界定标准，其预警主要是针对企业破产的预警。虽然各研究对破产的界定并不相同，但是由于国外的破产制度比较完善，对破产企业的界定比较容易。而由于我国破产制度不健全，因此在研究中确认企业是否实际破产相对困难。即便上市公司处于破产的边缘，也会有各种力量将其吸收。"相对于西方发达国家来说，我国证券市场上的破产案件十分有限"（吕长江等，2004），因此我国学者几乎不可能以破产为标准来对我国上市公司的财务状况进行研究。所以我国学者对上市公司财务危机进行界定时，大部分都选取 ST 作为对财务状况进行分类的标准。大部分财务预警的研究都是针对企业是否会陷入 ST 境地的预测研究。然而根据我国证券市场股票上市规则的相关规定，上市公司是否被 ST 主要还是由上市公司净利润的正负决定的，公司被 ST 既不是破产的充分条件，也不是破产的必要条件。表面上看国内外研究者都是对公司财务危机的研究，实际上两者的研究目标和研究对象并不完全一致。

研究者们在划分企业财务状况时都试图找到一个或几个客观标准，以此来确定企业所处的财务阶段。各个学者选择的标准并不一致，有的被选标准虽好，却很难被实际运用，特别是对于非企业内部人员的投资人、债权人而言更是难以运用。因此，在研究我国上市公司财务预警系统时，如何选择一些符合我国实际的上市公司财务状况的划分标准，并能够真正在实际中运用仍然是一个值得继续探讨的问题。

无论是破产预警还是对 ST 的预警，大部分的预警模型都只是把企业财务状况简单划分成两类：正常的和陷入危机的（破产或 ST），但是从财务状况良好到陷入危机，并不是一个简单的短时间内的转变，而是一个长期的、逐渐变化的动态过程，很难确定一个明确的分界点将企业分为陷入财务困境和正常两类。

从上述讨论中我们可以看到，目前的研究对财务危机的界定主要存在以下两个问题：一是界定标准的客观性问题；二是没有体现财务困境实际上是一个动态变化的过程。

1.2.2.2 对预测变量选择的评价

从上述观点中可以看出对于变量的选择，学者们共同强调的是自己选取的变量与企业的持续经营相关，但均未加详证。

大部分模型采用了常规财务指标作为预测变量，这可能导致下列问题：

1. 以财务会计报表数据为基础作为模型的预测变量，会忽略大量的表外信息。Zavgren 等（1988）的研究就揭示了这类问题。他们在模型的预测结果被揭示后，实际破产宣布前，观察了两组公司的市场反应。第一组公司为第二类错误的公司（即预测为失败，而后并未失败的公司），第二组公司为第一类错误的公司(即预测为存活,而后却遭遇失败的公司)。作者预期对于第一组公司,当存活的状态逐渐明朗时,市场应出现正的反应;对于第二组公司,当即将失败的信息引起了市场对公司前景的重新评价时,这些公司的股票价格应出现大幅的下降。但实际结果与期望相反,说明了市场使用了比破产预测模型更多、更准确的信息集。因此,这些模型的预测能力有待于提高,财务报表数据并不能完全反映公司经营状况,基于公司财务报表数据得到的预警模型难以预测表外事项对企业财务状况的影响。

2. 上市公司财务报表必须要经过注册会计师审计,因此财务报表的公布通常在下一年年中,因此以财务变量所建立的危机预警模型容易失去时效性。

3. 财务报表公布的财务数据很可能是管理层操纵的结果,这些被操纵的财务指标会掩盖企业真实的财务状况和经营成果(吴芃等,2009)。

为了解决财务指标的第一类缺陷,学者们纷纷在预测模型中引入了各种非财务指标并结合常规的财务指标作为预测变量建立模型。这些非财务指标主要包括:公司治理变量、资本结构变量、股票市场变量、宏观经济变量、公司多角化程度、管理者受教育程度等。这些非财务指标的引入可以更全面考察企业的情况,并加强财务预警模型的时效性,而且非财务指标更能从本质上反映陷入困境的公司的特征,并可以在一定程度上解释财务困境发生的原因。

国内财务预警研究大部分都是基于财务比率指标,少数研究考察了非财务因素对企业陷入财务困境的影响,其中对公司治理变量的运用比较多见,但是这些研究大多选用了西方学者研究中较常见的公司治理指标进行研究,很少有学者就有中国转型经济特色的所有权结构及其与财务危机关系进行探讨;尽管有少量文献研究了宏观经济因素对企业失败的影响,但是对我国转型时期企业面临的特殊制度环境对企业财务危机的影响研究几乎没有。

对于由于盈余管理导致财务指标包含的财务信息失真的问题,已经有部分学者对此进行了研究(宋力和李晶,2004;蒲春燕,2005)。他们基本上都是通过对盈余管理的动机和手段进行分析,从而确定哪些财务指标可能受到操纵,进而对这些被操纵的财务指标进行调整,以调整后的财务指标来建立财务预警模型。但是采用的均值±标准差等指标调整的方法往往过于笼统,不具有足够的说服力,并不足以说明上市公司盈余管理的程度。吕峻(2006)通过对净利润的调整,在净利润项目中扣除存在盈余管理高风险的项目,但是这种方法也有一定的缺陷,因为仅靠减去部分项目并不能保证完全控制了所有盈余管理手段的影响(吴芃,2010)。

总之,目前还没有学者把制度因素、所有权结构与盈余管理相结合,建立财务预警模型。现有的财务预警模型,无论是使用财务指标还是非财务指标来建立预警指标体系,他们在预测指标上主要问题是只关注如何找到那些能预示有可能有的财务危机的预警信息来预测财务危机,而不是找出财务危机的根本原因或者发生前的征兆,也就是只考虑了财务危机的直接影响因素来建立预警指标体系,而忽视影响这些因素的潜在因素。在当今时代,世界经济政治格局在不断变化中,导致经济制度也在不断的变化调整中,市场自由和政府干预之间正在寻求新的平衡点,因此存在两类问题有待解决:一是在使用财务指标时没有考虑盈余管理对财务指标真实性的潜在影响;二是在使用公司治理等非财务指标时忽视了会对公司治理产生重要影响的制度环境和所有权结构对财务危机的潜在影响。在转型经济时期,一方面政府和市场之间正在寻求新的平衡点,在我国具体体现为制度环境的变化和上市公司所有权性质的变化,另一方面企业盈余管理行为比较普遍,导致财务数据普遍失真,现有的财务危机预警模型所采用的预警指标体系仍然忽略了很多重要的信息,影响了预警模型预测能力。因此有必要在考虑我国企业所有权结构和面临的制度环境特殊性的前提下,加入盈余管理影响程度指标来选择预测变量建立财务预警模型。

1.2.2.3 对预测方法运用的评价

定性方法虽然简单、易懂、容易实施,但是定性分析法往往要受评价者个人主观因素的影响,而且对于企业财务状况究竟如何,这种财务状况的发生究竟会对企业造成何种影响缺乏一个量化的解释。因此,大部分研究都采用了定量分析的方法。

在定量预警方面,学者们主要采用了效果较好的传统的统计方法,同时也尝试在各种模型中综合运用包括统计学、人工智能,甚至是热力学方法等多种类别、多种学科的方法。应该说预警领域研究方法是非常丰富的,但是,用这些方法所建立模型的缺陷也是显而易见的。

相对于传统的统计学的方法,人工智能等新方法侧重于就现有统计模型的评价效果进行检验的研究,即借鉴人工智能等其他学科的方法,在原统计模型的基础上进行调整或改进,其模型的变量选择仍然局限于大部分统计模型所常用的未经任何调整的财务指标,对非财务指标和盈余管理对财务指标真实性的影响几乎没有考虑,因此用这些新方法所建立模型的预测效果是令人怀疑的。这不得不说是现有新方法在财务预警领域运用的一个很大的局

第 1 章 引 言

限性。

综上所述,在财务预警研究方面,国内外已经具有比较丰富的研究基础,不同研究者对财务预警领域基本特征、研究目的、作用等基本问题的认识上是一致的,但是不同研究者由于各自的专业背景和立场等的不同,在研究视角和研究方法上存在一定的差异;同时大部分财务预警研究仍然存在以下几个方面的主要问题:

(1)财务危机的界定没有体现多阶段的动态过程,无法区分财务困境的不同程度;

(2)选择预警指标没有考虑各种财务危机潜在影响因素的影响,尤其是作为影响公司治理结构重要因素的、我国在转型经济时期所特有的制度环境和所有权结构对财务危机的潜在影响;

(3)没有考虑盈余管理影响财务指标真实性进而对预警模型准确性的影响。

现存的上述三个问题正是本书的出发点。

1.3 研究目的、内容与技术路线

1.3.1 研究目的

根据本章对相关研究回顾,可以发现,财务困境预警模型中的基本预警指标是财务指标,而盈余管理问题是影响财务指标真实性的最重要因素,财务预警模型的建立应该考虑盈余管理的影响。同时,在中国特色的市场环境下,所有权性质不仅影响企业的绩效表现,也会左右企业管理层的盈余管理动机。制度环境作为企业治理效率的大前提,从整体上影响了企业的绩效表现,而中国在市场化改革的进程中,各省市地区的发展程度不均衡,因此就必须控制制度环境的影响。

本研究期望通过研究中国证券市场上来自审计机构和监管机构的两个包含企业财务信息的客观信息源:持续经营审计意见和 ST 所代表的财务困境程度的差异,来帮助投资者、政府、管理者、第三方审计机构和监管机构等利益相关方更好地解读这两个信息源所包含的财务困境信息,通过研究企业在财务困境发生前盈余管理行为的变化,以及所有权性质和制度环境对这种变化的影响,来建立更有效的动态财务危机预警模型,帮助各利益相关方适应转型经济时期的特点,更准确地预测财务困境的发生,避免损失。

1.3.2 研究内容

本书针对转型经济时期我国特殊的所有权结构和制度环境背景,盈余管理和财务困境之间的相关关系及作用机制的研究从以下几个方面来展开。

第1章是引言,在本章中介绍选题的背景和意义,回顾了国内外财务预警方面的研究进展和不足之处,在此基础上发掘本书的研究意义和研究目标,搭建研究框架和技术路线,同时指出本研究的创新和局限性。

第2章为相关理论基础,在本章中分别对盈余管理、财务困境以及所有权性质和制度环境的相关研究理论和最新进展进行阐述,为下文的研究打下了理论基础。

第3章是财务困境及其影响因素的度量。在本章中对两个主要概念——盈余管理和财务困境进行了界定和量化处理,并定义了其他相关变量,说明了本书的数据来源和基本样本分布情况,为后续的实证研究做好准备。

第4章研究了盈余管理和财务困境的关系,从理论和实证上分别论证应计盈余管理和财务困境的关系、真实盈余管理和财务困境的关系,以及应计盈余管理和真实盈余管理两者之间的相互关系。

第5章在第4章研究结论的基础上,针对盈余管理在所有权性质和财务困境关系中的作用进行了实证研究。证明了应计盈余管理和真实盈余管理在所有权性质对财务困境的作用机制中方向相反的中介作用。

第6章在第4章研究结论的基础上,基于制度环境因素对盈余管理和财务困境关系的影响进行了实证研究。证明了制度环境对应计盈余管理和财务困境正向关系的抑制作用。

第7章基于第4、5、6章的分析基础,综合研究在不同所有权性质下,盈余管理、制度环境和财务困境发生概率的关系,作为对前面三章结论的进一步分析和检验。

第8章是财务预警模型建立,在前文研究结论的基础上,构建了多元无序逻辑模型和多元有序逻辑模型,考虑所有权性质和制度环境因素对财务困境预测的影响,并对各模型的回判和预测的正确率进行判断比较。

第9章是结论和建议,这一章对本书的研究结论进行归纳总结,并在此基础上分别针对不同的利益相关者,以及后续的研究提出了意见和建议。

上述内容框架可以用图1-1表示:

第1章　引言
- 问题提出：后危机时代背景下对财务预警的需求
- 国内外研究现状述评
- 研究目的、内容与技术路线
- 创新之处

第2章　相关理论基础
- 财务困境的界定标准
- 盈余管理的概念、成因及度量
- 所有权性质和制度环境

第3章　财务困境以其影响因素的度量
- 变量：基于GCO和ST的动态财务困境程度界定；基于DD模型和Roychowdhury模型的盈余管理衡量；所有权性质和制度环境的度量
- 数据和样本筛选
- 基本模型构建

第4章　盈余管理和财务困境的关系研究
- 盈余管理和持续经营审计意见、盈余管理和ST相关关系分析
- 提出假设——应计盈余管理和财务困境
　　　　　　——真实盈余管理和财务困境
- 研究设计
- 描述性统计和回归结果分析

第5章　所有权性质、盈余管理和财务困境
- 所有权结构现状
- 所有权性质、盈余管理及财务困境作用机制分析和提出假设
- 中介效应检验方法和模型设计
- 描述性统计和实证结果分析

第6章　制度环境、盈余管理和财务困境
- 我国企业面临的制度环境现状
- 制度环境、盈余管理和财务困境作用机制分析和提出假设
- 调节效应检验方法和模型设计
- 描述性统计和实证结果分析

第7章　不同所有权性质下制度环境、盈余管理和财务困境关系的综合分析
- 不同所有权性质下制度环境、盈余管理和财务困境的关系检验
- 稳健性检验——两分类财务困境检验

第8章　财务预警模型建立
- 建模方法和模型设定
- 两分类预警模型
- 多分类预警模型

第9章　结论和建议
- 结论
- 建议

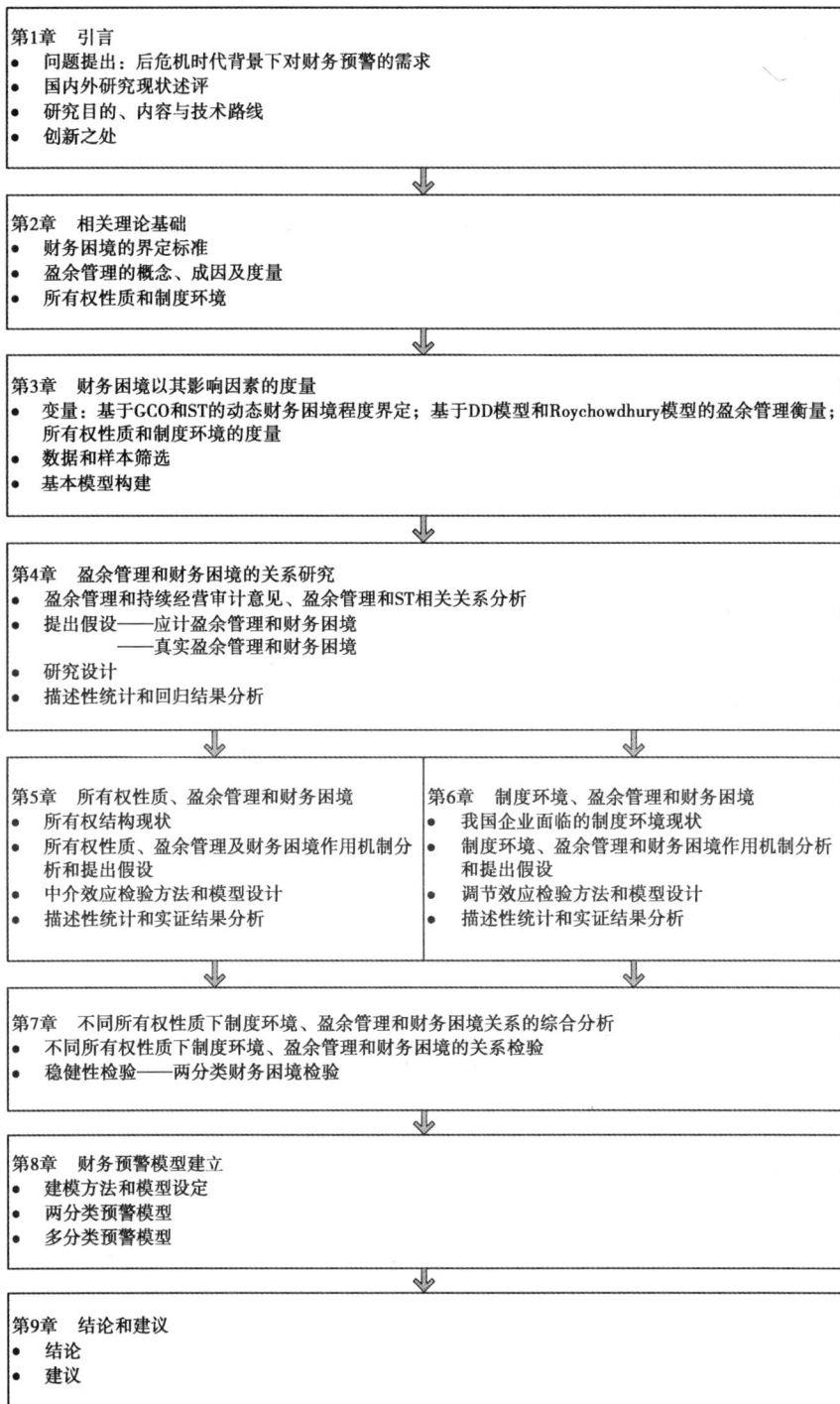

图 1-1　本书内容框架

1.3.3 技术路线

我们首先从转型经济的背景出发提出本书研究的必要性。以分析后转型经济的特点和我国企业面临的财务风险为起点,从三个方面分析了本书研究的主要出发点:

1. 从转型经济时期由于企业面临风险加大、监管加强的背景出发,分析我国证券市场相关利益各方对财务危机预警需求所发生的变化;

2. 从盈余管理对现有财务预警模型准确性的影响出发,提出现有模型的缺陷及改进的必要性;

3. 基于对经济危机实质是自由市场和政府干预的平衡问题的论点,将有中国特色的代表政府干预程度的企业所有权结构和代表市场化程度的制度环境纳入分析的范围。

其次,在背景分析的基础上,展开本书研究的理论分析。首先是从财务危机的划分、预警指标的选择和预测方法的使用三个方面分析了财务预警研究的现状,得出现有财务危机预警研究在财务危机的划分和预警指标的选用方面存在的局限性;其次,提出构建转型经济背景下基于盈余管理视角的多阶段财务预警模型的基本思路:一是利用我国证券市场现有的特别处理(ST)和持续经营审计意见(GCO)这两个来源不同、互为补充的信息源,将财务状况划分为四个层次:财务正常、只被出具持续经营审计意见、只被特别处理、既被出具持续经营审计意见又被特别处理。二是分析转型经济时期企业财务困境的影响因素,分析在我国特殊的所有权结构和制度环境下,盈余管理和财务困境的相关关系及作用机制,从而构建预警指标体系。

接着,对所有权结构、制度环境、盈余管理与财务危机的相关关系及作用机制进行实证检验。分析时,以财务困境为研究中心,分别研究财务影响因素和非财务影响因素与财务困境之间的关系。其中,财务影响因素体现为财务指标,非财务影响因素主要考虑和转型经济时期经济体制特点密切相关的制度环境因素和所有权结构因素。其中作为非财务影响因素的制度环境因素将根据樊纲等的市场化指标体系,采用信贷市场指数(CMI)、政府分散化指数(GDI)、法律环境指数(LEI)这三个指标来衡量企业所面临的制度环境和中国资本市场的市场化转型程度,所有权性质将按照企业是否受中央政府最终控制、地方政府最终控制、非政府最终控制,分为中央国企(CENSOE)、地方国企(LOCSOE)、非国有企业(NSOE)三类。实证分析的过程采用逐步

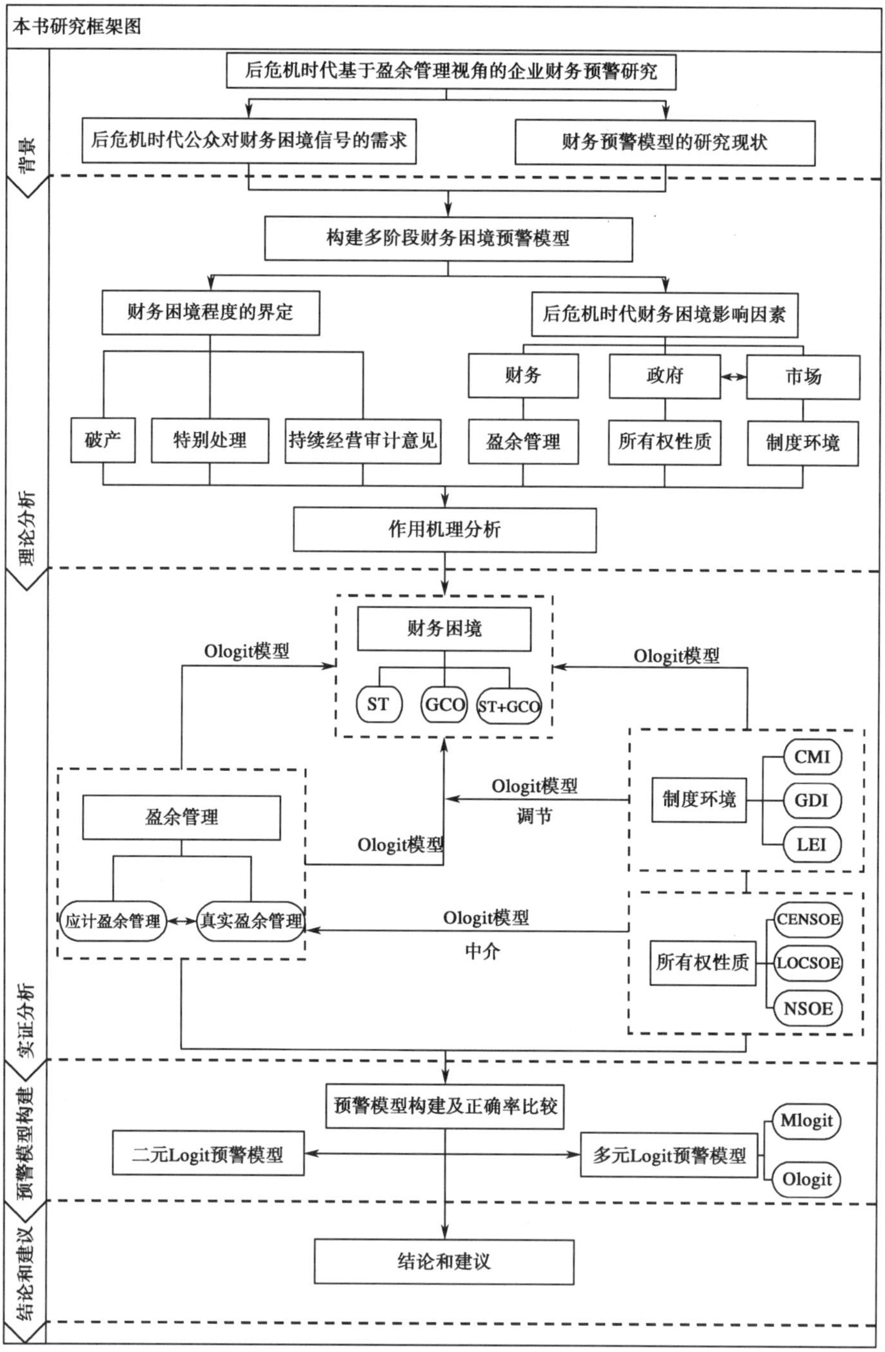

本书研究框架图

```
                        后危机时代基于盈余管理视角的企业财务预警研究

背景      后危机时代公众对财务困境信号的需求          财务预警模型的研究现状

                            构建多阶段财务困境预警模型

              财务困境程度的界定              后危机时代财务困境影响因素

                                        财务        政府        市场

理论分析    破产   特别处理  持续经营审计意见   盈余管理  所有权性质  制度环境

                              作用机理分析

                                  财务困境
        Ologit模型                                   Ologit模型
                            ST   GCO   ST+GCO

                                              制度环境    CMI
              盈余管理             Ologit模型                GDI
                                    调节                  LEI
        应计盈余管理 → 真实盈余管理    Ologit模型

                                    Ologit模型   所有权性质   CENSOE
实证分析                             中介                   LOCSOE
                                                          NSOE

                        预警模型构建及正确率比较
预警模型构建                                                    Mlogit
        二元Logit预警模型  ←────────→  多元Logit预警模型
                                                            Ologit

结论和建议                        结论和建议
```

图 1 - 2　技术路线图

回归方法,逐步研究各因素之间的关系和作用机制。首先研究财务影响因素和财务困境的发生概率的关系,其次分别引入所有权性质和制度环境这两个非财务影响因素。在整个过程中同时控制盈余管理这一影响财务指标真实性的因素,对盈余管理的衡量将分成真实盈余管理和应计盈余管理两类不同性质的盈余管理行为分别进行研究。在财务因素和财务困境的研究中将盈余管理作为一个控制变量,在所有权性质和财务困境的研究中盈余管理作为一个中介变量,在制度环境和财务困境的研究中盈余管理作为一个调节变量。最后将财务困境、盈余管理、所有权性质和制度环境做一个综合作用机制的分析。

然后,利用前面的实证分析结果构建财务预警模型并比较模型的准确性。在各因素相关性及作用机制实证分析的基础上构建财务预警模型,依据本书对财务困境的定义,将分别构建二元 Logit 模型和多元有序逻辑模型(Ologit 模型),比较各模型的预测正确率。在二元 Logit 模型中,将财务状况划分为财务正常和财务困境两类,而不区分程度检验预警财务困境的正确率。在多类结果 Logit 模型中,依据四类财务状况,按照区分困境程度和不区分困境程度,分别采用多元分类 Logit 模型(Mlogit 回归)检验模型的预警正确率,并将各类结果的正确率进行比较。

最后,整理研究结论,并在此基础上从多个角度提出意见和建议。

本书的技术路线可以用图 1-2 表示。

1.4 创 新 之 处

现有的财务研究大多是关注如何找到那些预示有可能有财务危机的预警信息来预测"财务危机",而不是找出"财务危机"的根本原因或者发生前的征兆(Zahra 等,2005)。本书的研究创新主要是在建立模型前,先立足于对财务困境发生的潜在和根本原因的分析,找到影响财务危机发生的潜在的深层次的原因,然后再建立多阶段的动态财务预警模型。

具体来说,本书的创新之处在于以下几点:

1. 用 GCO 和 ST 两个不同来源的标准对企业财务困境进行了多阶段的划分,并建立了分阶段的财务预警模型。

根据我国证券市场的特点,重新定义了财务困境,明确了财务困境是一个动态变化的过程,并利用了中国资本市场上分别来自第三方独立审计和证券监管机构的两个针对上市公司经营状况的客观存在的信息源：持续经营审计意见和 ST 来衡量这个动态过程，将企业财务状况分成四个不同层次：财务正常、只被出具持续经营审计意见、只被特别处理、既被出具持续经营审计意见又被特别处理；并针对这四种不同层次的财务状况分别建立预警模型。由于 GCO 和 ST 都是我国证券市场上投资者比较容易获取的客观标准，这增加了模型的实际应用能力；另外，对财务困境的多层次划分，能体现财务危机的动态逐渐演变的过程，满足投资者对财务困境多层次预警的需求。

2. 将盈余管理理论和方法引入财务危机预警领域。

本书将盈余管理程度度量指标引入财务预警模型中，探讨了盈余管理对财务危机的影响和作用机制，以及盈余管理在所有权性质和财务困境关系、制度环境和财务困境关系中的作用。这在一定程度上能解决财务信息由于盈余管理而导致失真，从而影响财务预警模型的准确性问题，使财务预警模型更加完善；同时，也有助于更好地理解导致财务危机发生的潜在影响因素，找到导致财务危机的更深层次的原因。

3. 区分了应计盈余管理和真实盈余管理来分别研究，并考察了两者的综合影响。

以往对盈余管理的研究往往不区分应计盈余管理和真实盈余管理，或者即使区分了，也只就其中的一种盈余管理方式来进行研究。本书不但将盈余管理分为应计盈余管理和真实盈余管理分别进行研究，而且还综合考虑了两者的影响，进行了统一的分析。

4. 将转型经济时期体现中国市场经济特殊性的所有权性质加入财务预警研究中，并构建了盈余管理的中介效应作用机制。

本书将具有中国转型经济时期特色的所有权性质加入财务预警的研究中，并以盈余管理为中介，研究应计盈余管理和真实盈余管理两条中介传导机制的抵消效应。将体现转型经济时期政府和市场关系问题的所有权性质融入财务预警的研究中，让财务预警模型能体现时代环境的特征及变化；另外，研究所有权性质通过盈余管理对财务危机产生的影响及它们的相互作用机制，也有助于我国政府在经济危机后的转型环境中更好地定位自己在市场经济中的地位和角色。

5. 将转型经济时期体现中国市场经济特殊性的制度环境因素加入财务预警研究中，并构建了制度环境的调节效应作用机制。

本书将具有中国转型经济时期特色的制度环境加入财务预警的研究中，并以制度环境为调节变量，研究了制度环境对盈余管理和财务困境关系的影响。一方面体现了对源自西方发达市场经济的财务预警理论和中国实践的结合；另一方面，研究制度环境对盈余管理以及财务危机影响及它们的相互作用机制，也有助于找到我国经济危机后处于转型经济环境下企业财务危机发生的根本原因或发生的前兆，更好地推进有中国特色的市场化进程。

第 2 章

相关理论基础

2.1 财务预警系统的含义和作用

预警是度量某种状态偏离预警线的强弱程度、发出预警信号的过程。企业财务预警系统是企业预警系统的一部分,是指为了防止企业财务系统运行偏离预期目标而建立的报警系统(佘廉,1999)。从该定义中可以看出,财务预警系统不仅仅只是针对财务危机的预警或者说是只有当企业财务将要发生危机的时候才进行的预警,而是只要企业财务系统运行偏离预期的目标就要报警(吴芃,2003)。

财务预警系统是一个非常复杂的大系统,应该具有下面的特性:一是参照性。根据企业发展规律和结构特点,从众多指标中选出能灵敏、准确反映出企业财务风险发展变化的指标及指标体系,运用数理统计的基本原理等相关知识测算指标及指标体系,反映企业发展中所处的财务状态,为决策者提供指示或参照物。二是预测性。企业财务预警系统可以预测企业财务状况的发展趋势和变化;可以找到企业内部的薄弱环节,对企业进行动态监控,从动态中发现问题、解决问题,实现动态调控,将问题解决在萌芽状态(佘廉,1999;吴芃,2003)。

对企业的各利益相关者而言,财务预警系统的作用可以用图 2-1 表示。

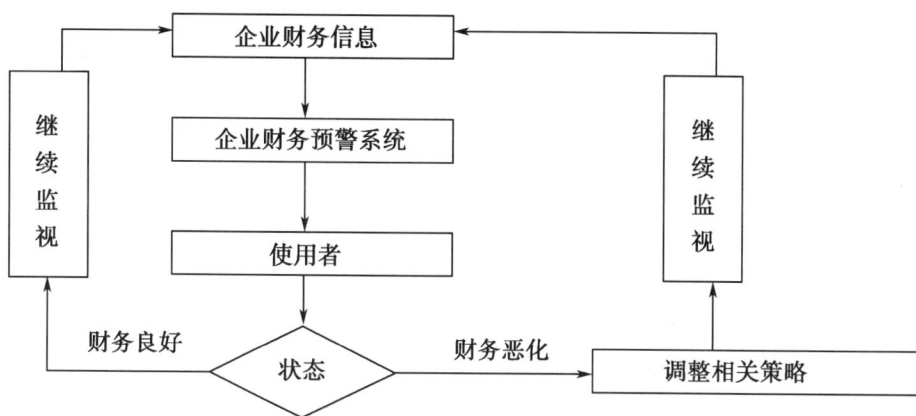

图 2-1　财务预警系统的作用

　　对企业财务预警系统的研究可以从两个方面来进行：一是研究财务预警模型的构建。从企业财务预警系统的构建过程可以看出，财务预警系统构建成功与否的关键在于财务预警模型的构建。如何构建能够更准确反映企业财务状况达到预测目的的模型是理论研究的一个重要方面。二是研究财务预警系统的实施。也即如何在现实情况下，实施财务预警系统，使其达到可使用的目的。企业财务预警系统的构建过程可以简单地用图 2-2 表示。本研究着重于第一个方面也即对财务预警模型的构建进行研究。

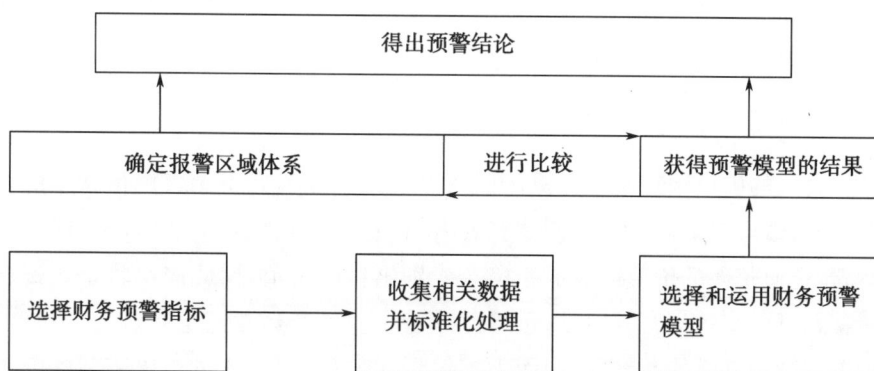

图 2-2　财务预警系统构建流程

2.2 财务困境的界定

2.2.1 财务困境的界定原则

财务危机(Financial Distress)在中文中有不同的翻译,有很多学者也将其翻译为"财务困境",本书认为财务危机与财务困境含义基本相同,因此并没有特别区分这两个词的区别。

财务困境是财务预警的对象,在建立财务预警模型的过程中,对财务困境的界定是建立模型进行实证检验的重要前提。从系统演变的角度出发,企业陷入财务困境是一个从财务正常逐渐发展到最终破产的过程,这个过程中财务困境的程度逐步加深,实际上并不存在一个唯一界点可以划分财务正常和财务困境,因此国内外学者对财务困境的界定标准存在着不同的看法,定义和判据多种多样,但是无论选用什么标准,重要的原则就是该标准的客观性和可获得性。只有在现实中客观存在的、容易获得的标准,才能使财务预警模型的预警目标明确。符合该标准且应用较广泛的主要是破产清算和ST标准。持续经营审计意见也是可以采用的财务困境界定标准。

2.2.2 常用的财务困境界定标准

在财务困境预测模型中,对财务困境的衡量方法各不相同,通常在国外会采用破产,在国内会采用特殊处理(ST)作为企业陷入财务困境的标志。

2.2.2.1 破产

1. 破产的概念

美国的破产法规定可以提出破产申请的企业是处于无力偿债状态的企业,提出破产申请后可以选择清算或者重组,清算意味着企业资产当前无效运营,企业整体的价值已经低于资产分别出售的价值,因此应当将企业资产转移到可以有效运营的地方;重组意味着企业资产运营还是有效的,但是由于资本结构方面的问题,企业无力支付到期债务,因此通过重组来调整资本结构。因此在美国,破产申请意味着企业无力偿还债务。

在我国,破产清算就是通过依照法定程序以破产财产来最大限度、公平地清偿债务。破产清算后,破产企业的生命即告终结。我国2006年颁布,2007年正式实施的新《企业破产法》规定:"企业法人不能清偿到期债务,并

且资产不足以清偿全部债务或者明显缺乏清偿能力的,依照本法规定清理债务"。这一规定将破产原因限定为两个条件:

(1)不能清偿到期债务。不能清偿到期债务,是指债务人所欠债权人债务的期限已经届满,并未实际履行该债务的情形。具体而言是指: ① 债务的履行期限已届满;② 债务人明显缺乏清偿债务的能力。债务人停止清偿到期债务并呈连续状态,如无相反证据,可推定为"不能清偿到期债务"。

(2)资产不足以清偿全部债务。资不抵债,是指债务人的全部资产总额不足以偿付其所负的全部债务额。

2. 破产标准在财务预警研究中的运用

国外研究者在实际研究中对财务困境公司的界定大多围绕破产申请,根据财务危机公司设定范围较之破产公司的范围大小可以将这些研究分为三类:

(1)不扩大也不缩小。Altman(1968)Z 分数模型、Ohlson(1980)O 分数模型、Kennedy(1991)、Daniel(2010)等都是将按照当时美国破产法案第十一章相关规定申请破产的公司作为破产预测研究对象。

(2)范围扩大。最初 Beaver(1966)扩大了财务困境公司的范围,除了申请破产的公司外,还将债券违约、银行账户超支、拒付优先股股利这三种情形也纳入财务困境公司中。

(3)范围缩小。Deakin(1972)选择样本时仅限于申请破产清算程序的公司,即实际上破产的公司,而没有将选择重组程序的公司纳入财务困境样本,因为暂时的无力支付到期债务并不意味着最终的破产。Greg(1984)针对澳大利亚市场的研究中也是只把最终破产(Fail)的上市公司作为财务困境样本。

随着利益相关者对财务危机预警需求的变化,国外的研究者也意识到仅仅破产申请这样的一个信息源远远不够公众把握上市公司的财务状况。Gilbert 等(1990)认为财务困境和破产申请并不是同一层次的概念;财务困境预测模型能否辨别处于困境但最终存活的公司和处于困境且最终破产的公司这一点很重要。Gilbert 等(1990)的研究认为财务困境是一段时期的公司状态,而破产申请只是财务困境发展到一定程度的一个时间点事件,因此有必要辨别这两种不同的情况。他们在研究中分别设立破产样本组和财务困境样本组,破产样本组为按照破产法相关规定申请破产的上市公司,财务困境样本组为连续三年累计盈余为负的上市公司。

2.2.2.2 特别处理(Special Treatment)

1. 特别处理的概念

特别处理是针对上市公司而言的。根据 1998 年 3 月 16 日中国证券监督管理委员会颁布了《关于上市公司状况异常期间的股票特别处理方式的通知》,要求证券交易所应对"财务状况异常"和"其他状况异常"的公司实行股票交易的特别处理(Special Treatment)。"特别处理"的内容包括:公司股票日涨跌幅限制为 5%,中期报告必须经审计,股票的行情显示有特别提示等。

根据 1998 年 4 月颁布《深圳证券交易所股票上市规则》和《上海证券交易所股票上市规则》的规定,"财务状况异常"是指下面两种情况:最近两个会计年度的审计结果显示的净利润均为负值;最近一个会计年度的审计结果显示其股东权益低于注册资本。简单的说,如公司连续两年亏损或每股净资产低于股票面值,就要予以特别处理。"其他状况异常"是指自然灾害、重大事故等导致公司生产经营活动基本中止,公司涉及可能赔偿金额超过本公司净资产的诉讼等情况。从 1999 年 7 月 9 日起,沪深交易所对暂停上市的股票还实施过"特别转让服务",在其简称前冠以"PT"(Particular Transfer),称之为"PT 股"。根据《公司法》和证券法的规定,上市公司出现连续三年亏损等情况,其股票将暂停上市,"PT"为暂停上市的股票提供了流通渠道。但在 2002 年 2 月 25 日,深沪交易所就修改其《上市规则》,取消了特别转让服务(PT 制度)。

2004 年修订的《股票上市规则》将特别处理分为:警示存在终止上市风险的特别处理(以下简称"退市风险警示")和其他特别处理,并首次将"退市风险警示"和"其他特别处理"两种情形分开来标注。对"退市风险警示"公司股票简称前冠以"＊ST"字样,对"其他特别处理"公司公司股票简称前冠以"ST"字样。

根据 2008 年修订的《股票上市规则》,上市公司出现以下情形之一的,其股票交易被实行退市风险警示(＊ST)[①]:

(1) 最近两年连续亏损的(以最近两年年度报告披露的当年经审计净利润为依据);

(2) 因财务会计报告存在重大会计差错或者虚假记载,公司主动改正或

---

① ＊ST 制度和此前中国证监会分别于 1999 年、2001 年和 2003 年推出 PT 制度、终止上市制度,都可以视为 ST 制度的衍生和对 ST 制度的补充,它们都是在我国尚未完全构建上市公司退出机制之前的过渡性安排。

者被中国证监会责令改正后,对以前年度财务会计报告进行追溯调整,导致最近两年连续亏损的;

(3) 因财务会计报告存在重大会计差错或者虚假记载,被中国证监会责令改正,未在规定期限内改正,且公司股票已停牌两个月的;

(4) 未在法定期限内披露年度报告或者半年度报告,公司股票已停牌两个月的;

(5) 公司可能被解散;

(6) 法院受理公司破产的案件,公司可能被依法宣告破产;

(7) 上市公司因股权分布不具备上市条件,公司在规定期限内向交易所提交解决股权分布问题的方案,并获得交易所同意的;

(8) 证券交易所认定的其他存在退市风险的情形。

上市公司出现以下情形之一的,其股票交易被实行其他特别处理(ST):

(1) 最近一个会计年度的审计结果表明其股东权益为负的;

(2) 最近一个会计年度的财务会计报告被注册会计师出具无法表示意见或者否定意见的审计报告的;

(3) 因消除连续亏损而被撤销退市风险警示的公司,其最近一个会计年度审计结果表明主营业务未正常运营,或者扣除非经常性损益后的利润为负的;

(4) 由于自然灾害、重大事故等导致公司生产经营受到严重影响且预计在三个月以内不能恢复正常的;

(5) 主要银行账号被冻结;

(6) 董事会会议无法正常召开并形成决议;

(7) 公司被控股股东及其关联方非经营性占用资金或违反规定决策程序对外提供担保,情形严重的;

(8) 其他情形。

此后在 2012 年,为了进一步完善上市公司退市制度,上海证券交易所和深圳证券交易所分别对股票上市规则(2008 年修订)的相关规定进行了修订,并分别拟定了新的股票上市规则(2012 年修订),自实施之日起原规则(2008 年修订)废止。

2012 年的上市规则在 2008 年规则的基础上做了如下修改:

(1) 名称上。原"ST"为其他特别处理股票,现改称其他风险警示,与"＊ST"退市风险警示相对应。

（2）退市风险警示规定的情形中增加了：

① 最近一个会计年度经审计的期末净资产为负值或者被追溯重述后为负值；

② 最近一个会计年度经审计的营业收入低于1 000万元或者被追溯重述后低于1 000万元；

③ 最近一个会计年度的财务会计报告被会计师事务所出具无法表示意见或者否定意见的审计报告。

（3）其他风险警示规定的情形中删去了：

① 最近一个会计年度的审计结果表明其股东权益为负的；

② 最近一个会计年度的财务会计报告被会计师事务所出具无法表示意见或者否定意见的审计报告（这种情形改为退市风险警示，＊ST）。

另外，上海证券交易所股票上市规则（2012年修订）中增加了其他风险警示的一种情形：被暂停上市的公司股票恢复上市后或者被终止上市的公司股票重新上市后，公司尚未发布首份年度报告，这种情形在深交所的股票上市规则中并未出现。

此后，上海证券交易所在2013年还对股票上市规则进行了修订，但这一版本并未对退市风险警示和其他风险警示规定的情形进行更改。

2014年上交所和深交所同时对上市规则进行了修订，这一版本的修订做出的更改如下：

（1）对于退市风险警示的情形在2012年版本的基础上增加了：

① 因首次公开发行股票申请或者披露文件存在虚假记载、误导性陈述或者重大遗漏，致使不符合发行条件的发行人骗取了发行核准，或者对新股发行定价产生了实质性影响，受到中国证监会行政处罚，或者因涉嫌欺诈发行罪被依法移送公安机关（以下简称"欺诈发行"）；

② 因信息披露文件存在虚假记载、误导性陈述或者重大遗漏，受到中国证监会行政处罚，并且因违法行为性质恶劣、情节严重、市场影响重大，在行政处罚决定书中被认定构成重大违法行为，或者因涉嫌违规披露、不披露重要信息罪被依法移送公安机关（以下简称"重大信息披露违法"）。

（2）其他退市风险警示的情形均为在先前版本的基础上进行修改，即上交所上市规则（2014年修订）仍然比深交所上市规则（2014年修订）多出一种：被暂停上市的公司股票恢复上市后或者被终止上市的公司股票重新上市后，公司尚未发布首份年度报告。

2. 特别处理的类型

回顾 1998—2014 年的上交所和深交所股票上市规则,特别处理包括 ∗ST、ST、PT 三种,其中 ∗ST 始终被称为"退市风险警示",ST 在 2012 年上市规则修订之前被称为"其他特别处理",2012 年修订后称为"其他风险警示"。PT"特别转让服务"仅在 1999 年 7 月至 2002 年 6 月短暂存在过,随后便被取消。因此现在上市规则中规定的特别处理仅仅指 ∗ST"退市风险警示"和 ST"其他风险警示"两种。

上市公司交易情况类型就包括了正常交易、ST、∗ST、PT 和退市五种,其中 PT 制度已被取消,此处不再讨论,其他各种状态之间都可能直接发生转变。具体变动类型见表 2-1。特别处理就包括了 AB、AD、BD 三种情形,即俗称的戴帽和戴星,退市状态包括了 AX、BX、DX 三种情形。

表 2-1 交易情况变动类型表

标记	交易情况变动类型
A	正常交易
B	ST
D	∗ST
X	退市
AB	从正常交易到 ST
AD	从正常交易到 ∗ST
AX	从正常交易到退市
BA	从 ST 到正常交易
BD	从 ST 到 ∗ST
BX	从 ST 到退市
DA	从 ∗ST 到正常交易
DB	从 ∗ST 到 ST
DX	从 ∗ST 到退市

3. 特别处理在我国财务预警研究中的运用

在国外破产申请是一个衡量财务困境相对客观的标准,在研究中选用这样一个客观的法律事件作为财务困境的划分标准十分方便。而在国内,由于证券市场发展时间较短,破产制度仍不完善,上市公司即使经营不善,作为一个"壳"资源仍然具有重大价值,因此我国上市公司破产案例十分稀少(吕长江等,2004)。为了保护投资者利益,这部分陷入财务困境的公司便被划入

ST 板块,被特殊处理。ST 就成为了我国证券市场上标记企业陷入财务困境的一个客观事件。因此在我国最初出现财务困境预测相关研究时,财务困境常被界定为财务状况异常而被"特别处理"(张鸣、张艳,2001)。在财务预警的相关研究中,自 1998 年颁布特别处理相关规定以来,我国多数学者的研究均以 ST 为财务困境样本选取标准(陈静,1999;张鸣、张艳,2001;吴世农、卢贤义,2001;杨淑娥、徐伟刚,2003;杨淑娥、黄礼,2005;邓晓岚等,2006;潘越等,2009)。

但是,ST 和财务困境并不能等同。吴世农和卢贤义(2001)在研究中指出"企业破产是一种最严重的财务困境,企业陷入财务困境是一个逐步的过程,通常从财务正常渐渐发展到财务危机"。吕长江等(2004)也明确指出"财务困境和财务破产是两个不同的概念,财务困境是一个动态的过程,大多数公司在破产之前都会经历财务困境的阶段,也有一些公司未经历财务困境直接由于意外原因破产。并且大多数财务困境的公司最终并不会走向破产,而是通过重组等手段走向良性发展的道路"。

在财务预警的研究中,无论是国外研究中常用的破产标准还是国内研究中常用的 ST 标准,国内外对财务困境的界定标准比较单一,这是受到客观条件的限制,因为作为预警的判定标准,这个标准必须是一个真实、客观且具有公信度的标准。从理论上而言,财务预警首先必须明确财务困境的概念,它不是一个时间点的问题,而是一个时期的连续状态。财务困境的日趋严重,最终结果就是破产清算,因此对各个阶段的财务困境程度的辨析是本书研究要关注的重点。

2.2.3　持续经营审计意见

2.2.3.1　持续经营审计意见的概念及发展

除了 ST 之外,近几年我国证券市场上还出现了第二个关于企业经营状况的客观信号源——持续经营审计意见。美国注册会计师协会 AICPA 制定的审计准则第 1 号《审计准则和程序总述》第 341 章中这样定义持续经营审计意见:"持续经营审计意见是指审计师对于企业未来持续经营能力的考量"。可见,持续经营审计意见是注册会计师对被审计单位持续经营能力产生重大疑虑时发表的审计意见。"持续经营"是指财务会计的基本假设或基本前提之一,是指企业的生产经营活动将按照既定的目标持续下去,在可以预见的将来,不会面临破产清算。这是绝大多数企业所处的正常状况。持续经营企业的会计核算应当采用非清算基础,但是一旦企业因经营不善无力偿债等运营,就需要进入破产重组程序,因此一旦会计人员能够预测企业未来已经不能够持续经营,那么会计核算就必须采用清算基础。持续经营审计意见最初起源于20世纪20年代,当时鉴于美国公司的破产率越来越高,投资者们期望审计师能够提供对上市公司潜在财务危机的预警。因此在美国出现了"subject to"的持续经营审计意见雏形,要求审计师对企业的持续经营能力进行评估,并出具相应的审计意见(Chen和Church,1996)。1988年美国注册会计师协会AICPA发布《审计准则公告第59号——审计师对主体持续经营能力的考虑》(SAS NO.59)进一步规范了持续经营审计意见,SAS NO.59是在1981年美国审计准则委员会(ABS)发布的《审计准则公告第34号——审计师对主体持续经营能力的考虑》(SAS NO.34)的基础上进行了细微修正。安然和世通事件之后,公众对于审计师能够提供关于公司财务危机的预警信号的期望愈加强烈(廖义刚、毛丽娟,2006)。但持续经营审计意见与破产不同,破产申请是一个法律事件,是财务困境发展到最严重的程度时公司采取的保护措施,而持续经营审计意见则是审计师给出的一个针对上市公司持续经营能力的预警信号,或者可以理解为陷入财务困境的信号。

我国持续经营审计准则经历了两次修订,1999年首次发布《独立审计具体准则第17号——持续经营》,2003年对此做了修订,2006年第二次修订后发布了《中国注册会计师审计准则第1324号——持续经营》,2010年对该准则又进行了修订。对照现行的《中国注册会计师审计准则第1324号——持续经营》的相关规定,我国对注册会计师出具持续经营审计意见的规定大体上与美国SAS No.59的规定一致,强调了注册会计师针对被审计对象对自身持续经营不确定性评估进行再评估,突出了注册会计师的信息鉴证职能;另一方面也要求注册会计师在整个审计过程中始终关注持续经营风险,实际上也是期望注册会计师能够为报表使用者提供一定的预警信息。

2.2.3.2 持续经营审计意见的判断

根据《中国注册会计师审计准则第1324号——持续经营》的规定,对企业持续经营能力的判断是管理层的责任,审计师只是评价管理层是否对自身的持续经营能力进行了正确的评估和充分披露,而无论管理层是否正确评估,只要企业确实存在持续经营问题,审计师都应该在审计报告中指出被审计对象存在持续经营问题,因此本书将在审计报告中提及持续经营存在重大不确定性的审计意见都归类为持续经营审计意见。

注册会计师确定可能导致对持续经营能力产生重大疑虑的事项或情况存在重大不确定性,则必须要出具持续经营审计意见,具体应出具的持续经营的审计意见类型如下:

(1) 若上司公司存在持续经营不确定性的情况,且在财务报表中充分披露该情况,则根据事项的重要程度将分别被出具带强调事项段的持续经营无保留意见审计报告或持续经营无法表示意见审计报告。

(2) 若已在财务报表中充分披露对持续经营能力产生重大疑虑的主要事项或情况,则根据事项的重要程度将分别被出具持续经营保留意见审计报告或者持续经营否定意见审计报告。

(3) 若上市公司持续经营不确定性严重,已经不能持续经营,则根据是否适当编制财务报表,将分别出具带强调事项段的持续经营无保留意见审计报告或者持续经营否定意见审计报告。

但无论出现上述哪种情况,都将在审计报告中说明导致持续经营审计产生重要疑虑的事项或情况。

注册会计师应出具的持续经营审计意见类型的具体分类见表 2-2。

表 2-2　持续经营情况及应出具审计意见类型

持续经营的情况	企业财务报表披露情况	严重程度	应出具的持续经营审计意见类型	应说明的事项
存在持续经营能力重大疑虑事项或情况	财务报表充分披露	事项重要	无保留意见+强调事项段	在审计报告中说明导致持续经营产生重大疑虑的事项或情况
		事项重大	无法表示意见	
	财务报表未充分披露	事项重要	保留意见	
		事项重大	否定意见	
已经不能持续经营	选用其他适当基础编制财务报表		无保留意见+强调事项段	
	按照持续经营假设编制财务报表		否定意见	

2.2.3.3　持续经营审计意见的信息含量

虽然"SAS NO.59 相对于 SAS NO.34 而言,对审计师判断客户持续经营不确定性的责任更趋严格"(廖义刚、毛丽娟,2006),但是 SAS NO.59 的出台并没有满足公众对于审计师提供公司财务危机预警的期望,即使 AICPA 发布持续经营审计意见规定的初衷并不是为了预测破产。Brown(1989)指出审计人员并没有责任预测破产,并且对公司持续经营状况评估的要求已经完全超出了注册会计师的职业水平。尽管如此,报表使用者们仍然把持续经营审计意见作为上市公司财务亮红灯的信号。

1. 持续经营审计意见和破产

早前的研究试图把持续经营审计意见和破产直接联系起来。Campbell(1988)研究了持续经营审计意见和市场对破产的反应之间的关系,证明了发布持续经营审计意见可能使投资者提高预测公司破产的可能性,并且如果后来真的破产,那么破产带来的意外程度在收到持续经营意见的公司和未收到该意见的公司之间会有差异。Hopwood(1989)检验了"subject to"非标审计意见和财务危机之间的关系,发现各种"Subject To"非标审计意见都和破产相关,进一步控制了财务预警模型的一系列相关财务指标后,发现持续经营非标审计意见仍然和破产显著相关,即持续经营审计意见具有财务指标之外的额外增量解释力。此后还有 Eberhart(1990) 和 Kennedy(1991)等都得到了相同的结论。

后续的研究把持续经营审计意见包含财务困境信息的范围扩大,不再局限于严重程度最高的破产,而是试图研究其与上市公司证券市场表现的关系。Jones(1996)通过检验审计报告发布前后非正常股票收益来判断独立审计师发表的持续经营审计意见是否具有信息含量。通过对比被出具持续经营审计意见的上市公司和被出具标准无保留审计意见的财务困境公司的非正常股票收益,结果显示收到持续经营审计意见的上市公司在审计报告发布期间的平均非正常股票收益为负,而收到标准无保留审计意见的财务困境上市公司则为正,即 Jones(1996)的研究证明了持续经营审计意见会给上市公司带来负面的市场反应。Chen 和 Church(1996)在前述研究的基础上更进一步,通过控制破产的概率、市场对媒体披露财务困境的反应以及审计报告发布前估价的变化,发现收到持续经营审计意见上市公司的意外股价下跌小于收到标准无保留审计意见的上市公司,证明了持续经营审计意见会带来负面的市场反应,但却能减小市场对破产的意外反应程度。

此后一些相关研究还从其他更为具体的角度证明了持续经营审计意见的红旗(Red Flag)警讯作用,代表性的如 Marshall A. Geiger(2005)研究了2002 年 Sarbanes-Oxley 法案(简称 SOX 2002)的颁布,对审计师出具持续经营审计意见的影响,结果发现破产公司在破产之前收到持续经营审计意见的概率更高了,即审计师更愿意出具持续经营审计意见,持续经营审计意见作为一个红旗警讯对上市公司更加严苛。Alnoor 等（2009）证明了相比收到清洁审计意见(Clear Opinion)的公司，收到持续经营审计意见的公司更可能发生债务违约，并且持续经营审计意见在违约预测模型包含的财务因素和非财务因素之外提供了额外的增量预测力。

因此，不管 AICPA 的初衷如何、审计师能否承担起这样的责任，以及是否承担了这样的责任，持续经营审计意见已经被看做是一个上市公司财务困境的信号。

2. 持续经营审计意见和 ST

相比国外早就出现的持续经营审计意见研究，我国自 2006 年第二次修订《中国注册会计师审计准则第 1324 号——持续经营》准则以后才逐渐出现相关研究。廖义刚（2006）证明了 1998—2003 出具的持续经营审计意见具有显著的负面市场反应，表明在中国证券市场上持续经营审计意见也具有一定的信息含量。然后，廖义刚（2006）进一步检验了 ST 对持续经营审计意见市场反应的影响，结果发现在我国证券市场上持续经营审计意见的市场反应程度不受公司是否属于 ST 板块的影响，即持续经营审计意见具有独特的信息含量。在此基础上，厉国威等（2010）以 1998—2003 年间处于财务困境的上市公司为样本，研究了持续经营审计意见和 ST 的信息含量差异性，发现不论公司是否已经被特别处理，持续经营审计意见都会促使投资者进一步降低对公司的价值认定，说明"在我国证券市场中持续经营审计意见能在 ST 的基础上进一步改善投资者对公司持续经营不确定性风险的评估，在我国所特有的 ST 风险警示制度的基础上提供了增量的决策有用性"。

持续经营审计意见和 ST 的来源不同，前者是来自独立审计师对上市公司经营状况的评价，后者是来自证监会对存在股票终止上市风险的公司进行的退市风险警示，因此 GCO 和 ST 一起可以成为我国证券市场上两个相互补充的关于公司财务困境的信号。

3. 持续经营审计意见和非标审计意见

持续经营审计意见也不完全等同于非标审计意见。非标审计意见是针对上市公司是否恰当披露了公司的相关信息，包括对会计信息真实性和完整性的评价，而持续经营审计意见是专门针对公司持续经营情况的一个客观说明。

注册会计师出具的审计意见包括标准审计意见和非标审计意见两类。根据被审计对象是否存在导致审计师对持续经营假设产生重大疑虑的事项，又可将非标审计意见进一步分为持续经营非标审计意见和非持续经营非标审计意见,每一类均包括带强调事项段的无保留意见、保留意见、否定意见和无法表示意见四种。审计意见类型的关系见表 2-3 所示。

表 2-3　审计意见类型

标准审计意见	非标审计意见	
标准无保留意见	持续经营非标审计意见	非持续经营非标审计意见
	带强调事项段的持续经营无保留意见	带强调事项段的非持续经营无保留意见
	持续经营保留意见	非持续经营保留意见
	持续经营否定意见	非持续经营否定意见
	持续经营无法表示意见	非持续经营无法表示意见

　　张晓岚和宋敏(2007)则从非标审计意见的角度入手,选取 2003—2005 年被出具持续经营审计意见的上市公司,研究了持续经营审计意见和非持续经营非标审计意见市场反应的差异,结果发现持续经营审计意见具有负面信息含量,并且显著大于非持续经营非标审计意见,区别于廖义刚的研究,从另一个角度验证了持续经营审计意见具有独特的信息含量。黄秋敏和张天西(2009)验证了市场对不同类型的持续经营审计意见信息含量的区分。黄秋敏等采用超额收益率法和多元回归法检验了 2003—2007 年度首次持续经营审计意见的市场反应,研究发现市场对无法表示持续经营审计意见的负面反应均显著高于对强调无保留和保留持续经营审计意见的反应,即市场能够区分最严重的持续经营审计意见和另外两种审计意见之间的信息差异,但强调无保留和保留持续经营审计意见之间并不存在显著的市场反应差异。

　　因此不论是国外证券市场的持续经营审计意见,还是我国承袭国外规则制定的持续经营审计意见,都具有信息含量,并且向证券市场传递的公司财务困境信息能够区别于传统的财务指标、区别于其他非标审计意见。持续经营审计意见向市场发布了一个有效的预警信号,而在我国的证券市场上,持续经营审计意见还能区别于我国特有的 ST 制度向公众传达额外的信息。这或许可以归结为审计师在出具持续经营不确定性审计意见的过程中运用了不少私有信息。"持续经营审计准则要求审计师设计专门的审计程序用以评估持续经营问题,并综合在整个审计过程中的每一阶段所获得的证据来评估持续经营不确定性的严重程度,这使得审计师拥有更多的有关客户经营活动及未来不确定性的私有信息,审计师出具的持续经营审计意见成为对持续经营不确定性问题的一种更为直接、更为明确且更为全面的表态"（厉国威等，2010）。因此，持续经营审计意见和 ST 一样，同样可以作为财务困境的一个相对客观的衡量指标。

2.3 盈余管理

2.3.1 盈余管理的概念和成因

学术界对会计盈余的研究已经超过 30 年，Dechow（2010）回顾了 300 多篇关于盈余质量的相关文献，给出了盈余质量的定义：高质量盈余提供更多关于公司财务绩效特征的信息，这些信息和特定决策者的特定决策相关。此定义指出了三点：（1）会计盈余提供了关于公司采取绩效特征的信息；（2）决策的制定依赖于这些信息；（3）不同目的的决策关注的信息不同。因此会计盈余质量是依赖于信息决策有用性而存在的，有用性越高，盈余质量越高。那么相关人员就可以通过控制会计盈余包含的信息，达到引导决策者做出特定决策的目的，这种引导作用的存在有两个现实条件：一方面基本会计原则为会计人员保留了一定的自由空间，可以自主选择某些会计政策，由此会计人员可以管理会计盈余包含的信息；另一方面现代公司制企业中的委托代理关系以及由此造成的信息不对称问题也为这种盈余信息管理创造了两个基本条件：一是契约摩擦，二是沟通摩擦。由于信息不对称，代理方通过控制权获得了额外的私人信息，这部分额外私人信息被代理方用于谋取私人利益，在谋取私人利益的过程中盈余管理便产生了。在这种委托代理关系中，代理人既有动机（Incentives）又有机会（Opportunities）进行盈余管理。

根据上述盈余管理的成因分析，可以发现盈余管理实际上管理的是会计盈余所包含的信息，但是由于采取的方式不同，造成的后果也不同。宁亚平（2005）在探析盈余管理本质一文中指出，盈余管理行为一直都受到公众和监管部门的诟病，主要原因在于两点：真实性和合法性。这两点可以从狭义和广义上来区分。

狭义而言，盈余管理是会计政策自主选择的一种经济后果，因为只要企业管理人员有选择不同会计政策的自由，他们必定会选择使自身效益最大化或者市场价值最大化的会计政策（Scott，1997）。宁亚平（2004）也指出盈余管理是运用会计准则赋予的自主空间使公司价值最大化。这种定义下，盈余管理的方法是对会计政策的选择,通过对不同会计政策的选择达到控制会计盈余信息的目的。狭义定义中的盈余管理完全符合合法性和真实性两点,但是这种合法的会计政策选择的空间是非常有限的。因此,管理层会采取其他方式来调节盈余。

广义而言,盈余管理是指对会计信息披露的管理,即企业管理层为了获取私人利益而有意对财务报告进行调整。这种定义下,盈余管理的方式并不限于会计政策选择,可以通过会计手段或通过采取实际行动努力使企业的账面盈余达到所期望的水平(宁亚平,2004)。通过会计手段的方式被广泛定义为应计盈余管理(Accrual-based Earnings Management),即通过对会计应计项目的调整来达到控制会计盈余信息的目的。采取实际行动的方式被定义为真实盈余管理(Real Earnings Management),即通过改变投资或者财务决策的时点来达到改变报告盈余的目的(Schipper,1989)。在实际中这两种盈余管理方式互为补充,管理层会权衡两者的成本差异和发生时间点的差异,选择最适合的方式(Zang,2012)。广义定义中的应计盈余管理并不符合真实性,而真实盈余管理由于是通过构造真实交易或事项达到获取私人利益的目的,因此符合真实性,但是相对会计政策选择而言,应计盈余管理和真实盈余管理的合法性均难以界定。

学术界与实务界(特别是监管部门)之所以对于盈余管理常有不同的看法,可能与他们采取的研究方法以及对盈余管理的态度不同有关(Dechow,2000)。监管部门根据实际案例,认识到盈余管理带来的危害的严重性,并认为需要立刻采取措施应对。而学术研究者看待盈余管理的问题相对客观,比较多的倾向于盈余管理是在会计准则允许的范围内进行的,也就是说满足合法性。在这种观点下,对于不合法的那部分通常被定义为财务舞弊。

综上所述,国内外学术界对盈余管理定义的分歧主要在于盈余管理的合法性上,狭义而言的盈余管理自然是合法的且真实的,但是广义而言的盈余管理其合法性就难以界定了。

本书所研究的盈余管理是广义的盈余管理,包括应计盈余管理和真实盈余管理,而且我们认为应计盈余管理是"蓄意选择形式上被会计准则所认可的会计处理方法,以达到管理当局所希望的会计数据,而实质上并不能反映公司的真实经营业绩"[《蓝带报告》(Report and Recommendations of the Blue Ribbon Committee on Improving the Effectiveness of Corporate Audit Committee,简称BRC)],因此对各外部利益相关者如股东、债权人等是有害的,应该加以限制。而真实盈余管理符合真实性的特点,对各利益相关方是否有害,是否应加以限制,不应该一概而论。

2.3.2 盈余管理的度量

2.3.2.1 应计盈余管理及其度量

分析盈余管理的主要困难在于盈余管理难以直接测量,应计盈余管理的衡量主要采用估计操纵性应计利润来检验选定样本在统计意义上是否存在盈余管理行为。应计利润分离模型是最常用的盈余管理程度的计量方法。这种模型假定在权责发生制会计模式下,公司的会计盈余(Earnings,E)包括经营现金流量(Cash Flow From Operations,CFO)和总应计利润(Total Accruals,TA)两部分。相对经营现金流量,应计利润就是在权责发生制下,当期应当确认为损益但实际并无现金流入或流出的收入或费用,因此盈余管理便可以通过操纵这部分应计利润来实现,因为现金流量不易操控,而应计项目的操纵空间较大。应计利润分离模型就是从总应计利润中分离未被操纵的部分和被操纵的部分,其中操纵性部分应计利润就用来度量盈余管理的大小。其中非操纵部分的应计利润用总应计利润的数学期望来衡量,通过建立各种回归模型对非操纵性应计利润进行估计,把总应计利润与非操控性应计利润之差作为操控性应计利润。

从最初简单的衡量应计项目总额,发展到现在相对复杂的用不同方法区分操纵性应计和非操纵性应计,研究者们已经提出了多个衡量应计盈余管理的模型,Dechow(1995)对当时已有的盈余管理计量模型的准确度进行了比较,包括 Healy 模型(Healy,1985)、DeAngelo 模型(DeAngelo,1986)、Jones 模型(Jones,1991)、修正 Jones 模型(Patricia M. Dechow R. G.,1995)、行业模型(Dechow,1991),最终发现修正 Jones 模型对盈余管理的衡量最为准确。

上述模型集中在衡量故意使用应计制来粉饰财务报告或者误导使用者上。Dechow(2002)认为即使不存在故意的盈余管理,应计质量仍会系统地和公司或者行业相关,并且这种特征很可能是显著的、重复发生的(例如,运营波动性和估计错误系统相关),而管理层机会主义决定的那部分则是不显著或者偶发的(例如,股票发行前的盈余管理)。因此 Dechow 和 Dichev(2002)并没有尝试去区分所谓"故意"估计错误和"无意"错误(因为两者都是劣质的应计或盈余,劣质的应计或盈余只会造成对公司价值的损害),而是以营运资本变动和经营活动现金流的回归残差来衡量应计项目估计错误,以此作为对盈余质量的衡量。Francis(2005)对 Dechow 和 Dichev(2002)模型的修改是为了检验投资者是否会对应计质量估价,以应计质量作为衡量信息风险的替代变量,在 Dechow 和 Dichev 的基础上进一步将应计质量细分为经济基础决定的应计质量(Innate Estimation Errors)和管理层选择决定的应计质量(Discretionary Estimation Errors)两种。

目前度量应计盈余管理的模型主要有以下几种:

1. Jones 模型

Jones(1991)在估计正常性应计利润时控制了公司经济环境的变化对正常应计利润的影响,计算公式基于横截面模型构建如下:

$$Acc_t = \alpha + \beta_1 \Delta Rev_t + \beta_2 PPE_t + \varepsilon_t \qquad (2-1)$$

$$Acc_t = EBXI_t - CFO_t \qquad (2-2)$$

其中,Acc_t 是公司 t 的应计利润,通过方程(2-2)计算得到;ΔRev_t 是公司 t 当期主营业务收入和上期主营业务收入的差额;PPE_t 是公司 t 当期期末厂场、设备等固定资产价值;$EBIX_t$ 为公司 t 当期的营业利润;CFO_t 为公司 t 当期的经营活动现金流量;方程(2-1)的残差项 ε_t 即为各公司总应计利润中的非正常性应计利润部分。

2. 修正 Jones 模型

Dechow 等(1995)考虑了针对收入确认的盈余管理,因为当收入确认受到操纵时,Jones(1991)的模型在估量非正常性应计利润时会出现误差,模型修正如下:

$$Acc_t = \alpha + \beta_1 (\Delta Rev_t - \Delta Rec_t) + \beta_2 PPE_t + \varepsilon_t \qquad (2-3)$$

其中,ΔRec_t 是公司 t 当期期末应收账款和上期期末应收账款差额,其他变量的含义和 Jones(1991)模型相同。需要注意的是方程系数的估计值是从 Jones(1991)模型中得到,而不是从修正 Jones 模型中得到。修正 Jones 模型相对 Jones(1991)模型的调整仅仅是模型中主营业务收入变化量经过了当期应收账款变化量的调整。

3. 绩效配对模型

Kothari 等(2005)的操纵性应计的计算依据为 Jones(1991)模型(或者修正 Jones 模型),此处不再重复说明。以绩效出现问题的组为样本组,配对绩效正常的样本,样本配对规则为同年份同行业,ROA 最接近,以此来控制正常操纵性应计样本的 ROA 水平。样本组的操纵性应计和配对组的操纵性应计的差额即为最终绩效问题组的操纵性应计值。

4. DD 模型

Dechow 和 Dichev(2002)模型认为应计项目和现金流的匹配非常重要，因此运用过去、现在、未来的现金流来估计盈余质量，模型如下：

$$\Delta WC = \alpha + \beta_1 CFO_{t-1} + \beta_2 CFO_t + \beta_3 CFO_{t+1} + \varepsilon_t \qquad (2-4)$$

其中，

$$\Delta WC = \frac{(\Delta AR + \Delta Inventory - \Delta AP - \Delta TP + \Delta Other\ assets)}{TA}$$

WC 表示 t 时期营运资本变动；ΔAR 表示应收账款变动；$\Delta Inventory$ 表示存货变动；ΔAP 表示应付账款变动；ΔTP 表示应交税费变动；$\Delta Other\ assets$ 表示其他流动资产变动。模型以过去($t-1$)、现在(t)、未来($t+1$)的经营活动现金流量对 WC 进行时间序列回归，基本计算原理同 Jones(1991)的模型相同，具体计算过程见 3.2.1 节。

5. 操纵性估计误差模型(FLOS 模型)

Francis 等(2005)从两方面修正并扩展了 Dechow 和 Dichev(2002)模型，一方面将收入增长 ΔRev_t 加入模型中反映绩效表现，将固定资产 PPE_t 加入模型反应折旧；另一方面，FLOS 模型将残差的标准差分解成公司层面的固有估计误差和操纵性估计误差两部分。模型如公式 2-5 和 2-6 所示：

$$TCA_t = \alpha + \beta_1 CFO_{t-1} + \beta_2 CFO_t + \beta_3 CFO_{t+1} + \beta_4 \Delta Rev_t + \beta_5 PPE_t + \varepsilon_t$$
$$(2-5)$$

$$\sigma(\varepsilon_t) = \alpha + \lambda_1 Size_t + \lambda_2 \sigma(CFO)_t + \lambda_3 \sigma(Rev)_t + \lambda_4 \log(OperCycle)_t$$
$$+ \lambda_5 NegEarn_t + \upsilon_t$$

$$(2-6)$$

首先在 Dechow 和 Dichev(2002)模型的基础上进行修正，见方程(2-5)，方程的残差即为每家公司的操纵性应计 ε_t，以五年内($t-4$ 年至 t 年)ε_t 的标准差作为总操纵性应计质量的衡量，记为 $\sigma(\varepsilon_t)$，同样的操作步骤，方程(2-6)的回归残差 υ_t，即为操纵性应计质量，由此将应计质量分解为系统固有的应计质量和操纵性应计质量两部分，前者反映公司的基本绩效表现，后者反映操纵性应计项目质量。

Dechow(2010)对当前被广泛运用的应计估计模型进行了总结，这些模型都是通过估计正常水平的应计额，用残差来表示非正常应计估计，即操纵性应计估计,具体如表 2-4 所示。

表 2-4　应计盈余管理衡量模型

应计模型	理论描述	备　注
Jones(1991)模型 $Acc_t = \alpha + \beta_1 \Delta Rev_t + \beta_2 PPE_t + \varepsilon_t$	应计项目收入增长是收入增长函数,PPE①衡量的是折旧。所有变量均控制了总资产规模	与公司绩效的相关性或者误差会影响检验。R^2 在 12% 左右。残差和应计项目、盈余、现金流相关
修正 Jones 模型(Dechow 等,1995) $Acc_t = \alpha + \beta_1 (\Delta Rev_t - \Delta Rec_t + \beta_2 PPE_t + \varepsilon_t$	排除了应计操纵当年信用销售的增长	在某些特定背景下提高了解释力(当收入被操纵时)
绩效配对模型(Kothari 等,2005) $DisAcc_t - Matched\ firm's\ DisAcc_t$	配对样本根据同年份同行业,ROA 最接近来配对,操纵性应计的计算依据 Jones 模型(或者修正 Jones 模型)	或降低检验力度,仅当绩效存在问题时适用
Dechow 和 Dichev(2002)模型 $\Delta WC = \alpha + \beta_1 CFO_{t-1} + \beta_2 CFO_t + \beta_3 CFO_{t+1} + \varepsilon_t$	基于通过改变现金流确认的时点来改变盈余的想法,根据过去、当前和未来的现金流来衡量应计项目	$\sigma(\varepsilon_t)$ 或者 $|\varepsilon_t|$ 是衡量应计误差程度的无方向变量。集中于短期应计,忽视长期应计项目的误差
应计项目估计误差(Francis 等,2005) $TCA_t = \alpha + \beta_1 CFO_{t-1} + \beta_2 CFO_t + \beta_3 CFO_{t+1} + \beta_4 \Delta Rev_t + \beta_5 PPE_t + \varepsilon_t$ $\sigma(\varepsilon_t) = \alpha + \lambda_1 Size_t + \lambda_2 \sigma(CFO)_t + \lambda_3 \sigma(Rev)_t + \lambda_4 \log(OperCycle)_t + \lambda_5 NegEarn_t + \upsilon_t$	将残差的标准误差从应计模型中分离出来,单独通过反映公司运营环境和反映管理层选择的应计项(υ_t)的固有属性来衡量	通过 $\sigma(\varepsilon_t)$ 回归推算固有属性误差

表格来源:Patricia Dechow,2010

2.3.2.2　真实盈余管理及其度量

除上述传统的以操纵性应计来衡量盈余管理之外,近几年还出现一种新的衡量方式:真实盈余管理(Real Earnings Management,简称 RM/REM)。Schipper(1989)最早在其文章中提及真实盈余管理,她定义真实盈余管理为

---

① PPE—property,plant,equipment,资产,厂房,设备。

通过改变投资或者财务决策的时点来达到改变报告盈余的目的。到 2002 年萨班斯法案(Sarbanes-Oxley Act,SOX)颁布,证券交易委员会(SEC)对应计制盈余管理日益严格,真实盈余管理才引起管理者的关注和重视。Cohen(2008)发现在 SOX 颁布后,应计制盈余管理显著减少,而真实盈余管理活动显著增长,即管理层开始从应计制盈余管理方法转向真实盈余管理。Gunny(2010)指出管理层更倾向于选择真实盈余管理主要有三点原因:(1) SOX法案颁布后证券交易委员会(SEC)对应计项目的监管非常严格;(2) 公司的应计盈余管理空间可能不够,因为应计盈余管理会受到经营周期以及以前年度盈余操纵情况的限制;(3) 应计盈余管理发生在会计期末,管理层就会面临更多不确定性,例如采用哪种会计处理方法不会被审计师否定,不会面临更多审计风险的限制。

对于真实盈余管理的衡量都是以 Roychowdhury(2006)模型为基础。Roychowdhury 首先通过检验发现经营活动现金流(CFO)、产品成本(PROD)、可操纵性费用(DISP)能够比应计更好地反映真实的营运,因此他用这三个方面来衡量真实盈余管理,并以此来检验真实盈余管理在避免亏损前后变化,结果发现公司会通过三种方法来避免亏损:(1) 提供价格折扣以临时提高销售额;(2) 通过过量生产来降低已售产品的成本;(3) 减少可操纵的费用来提高利润。但是由于这三个方面导致现金流变化的方向不一致,前两者都会降低现金流,而第三方面会提高现金流,因此相关研究在此基础上进行了不同的调整。

在 Roychowdhury(2006)的基础上,又有其他学者对真实盈余管理的衡量方法做了一些变动和改进。Cohen(2008)在比较 SOX 前后上市公司盈余管理方式和程度变化的研究中将 Roychowdhury 衡量真实盈余管理的三个方面综合成了一个综合指标(R-PROXY)),而后 Cohen(2010)又在股票增发中的盈余管理的研究中将三个基本方面综合成了两个指标(RM_1,RM_2),RM_1 综合了非常可操纵性费用和非常生产成本,RM_2 综合了非常经营活动现金流和非常可操纵性费用。Chi(2011)则是基于 Cohen 和 Zarowin(2010)的做法,以标准化非常现金流+标准化非常生产成本-标准化非常可操纵性费用作为最终真实盈余管理的度量(REM_index)。国内近几年真实盈余管理相关研究也是在 Roychowdhury(2006)模型的基础上,将三个单方面的指标综合为一个指标作为真实盈余管理的衡量。其中多数学者等均以非常生产成本-非常现金流-非常可操纵性费用,作为真实盈余管理综合衡量指标(李江涛、何苦,2012;谢柳芳等,2013;孙刚,2012;蔡春等,2013)。

上述对真实盈余管理的度量方法可总结如表2-5所示。

表2-5　真实盈余管理衡量方法

文章	标记	计算
Roychowdhury,2006	非常经营活动现金流 Abnormal CFO 非常产品生产成本 Abnormal PROD 非常可操纵性费用 Abnormal DISP	三个指标单独运用
Cohen,2008	R-PROXY	标准化非常现金流＋标准化非常生产成本＋标准化非常可操纵性费用
Cohen 和 Zarowin 2010	RM_1 RM_2	RM_1＝非常生产成本－非常可操纵性费用 RM_2＝－非常现金流－非常可操纵性费用
Chi,2011	REM_index	标准化非常现金流＋标准化非常生产成本－标准化非常可操纵性费用
李江涛、何苦,2012 谢柳芳、朱荣、何苦,2013 孙刚,2012 蔡春、李明、和辉,2013	RM	非常生产成本－非常现金流－非常可操纵性费用

综上所述,盈余管理的度量主要分为两种:基于应计制盈余管理和真实盈余管理。尽管在萨班斯法案颁布之后,对应计项目的监管越来越严格,应计制盈余管理的空间越来越小,上市公司开始越来越多的转向真实盈余管理。但Gunny(2010)同时又指出由于应计制盈余管理在会计期末财务报告公布之前还可以进行,但真实盈余管理必须在期末之前决定,这一点造成了上市公司在一定情况下还是会选择应计制盈余管理。Zang(2012)分析了管理层如何权衡应计制盈余管理和真实盈余管理,发现由于两者的成本差异和发生时间点的差异,这两种盈余管理方式互为补充,管理层会根据已实施的真实盈余管理的程度来相应调整应计盈余管理。鉴于两种盈余管理方式的运用时间点不同,能够满足管理层不同的需求,实际情况是两种方式并存。因此本书分别对应计盈余管理和真实盈余管理进行研究。

第2章　相关理论基础

·53·

2.4 所有权性质和制度环境

随着中国经济的发展,中国作为外资直接投资地的重要性和作为消费品供应地的重要性,吸引了来自世界各地的目光,在学术界,中国企业的绩效表现也已经引起广泛关注。各国学者从各种角度针对中国企业进行了研究,而中国企业由于转型经济的特殊背景造成的不同于国外企业的特点是各国学者关注的重点。

2.4.1 所有权性质

Krueger(1974)认为在转型经济中,市场配置资源的规则尚不成熟,仍处于不断完善的过程中,因此政府参与资源配置成为了一种合理的制度安排,并由此导致对竞争的阻碍。所有权性质代表了企业和政府的政治联系及其享受的政治联系优势。

1. 国有企业和非国有企业

在中国特色转型经济中存在多种企业所有权结构,包括国有、私有和半私有、外资及股份制公司。这些不同所有权结构的企业享受着不同程度的政治联系优势。最具有政治联系优势的无疑是国有企业,这些企业很大程度上依赖于政府补助、基金、税收优惠、贷款优惠、优先获得政府项目等各种优惠措施。这种政治联系可能使国有企业相对非国有企业有更好的业绩。

另一方面,在转型经济中,国有企业经常会"为政府承担某种政策性负担,而容易导致政策性亏损的发生,在这种情况下,政府常常会通过追加投资、减少税收或财政补贴等方式,为支持自己的国有企业提供融资,却很少关注企业自身状况"(王少飞等,2009)。另外,相对非国有企业,国有企业也更容易取得产权上具有同一性的国有银行的债务融资(Faccio,2006)。这些因素都可能导致国企管理层目光短浅和缺乏效率。而非国有企业更多地受制于相关法律法规的监管,并且面对更大的市场竞争,管理层的经营效率相对较高(Li,2011)。从所有权理论的角度,非国有企业的绩效应该优于国有企业,因为非国有企业中控制权和所有权具有一致性,让私企总是追求企业的利润最大化,因为这与其私人利益是一致的(Alchian,1972)。而从代理理论的角度(Jensen,1976),私企绩效应该表现更好,因为相比政府对作为代理者的管理层利用监督、约束或者奖励其去提高企业的业绩,私企的管理层具有更强烈的将企业经营好的动机。

2. 中央国企和地方国企

在国有企业的政治联系中,也存在程度不同的差异。中央国有企业直接受中央政府控制,地方国有企业受地方政府控制,中央政府和地方政府带给企业的政治联系优势自然是不同的。因此中央国企和地方国企的绩效和盈余管理的动机都会存在显著差异。Chen(2009)在其研究中也证明了中央国企和地方国企的绩效存在显著差异。

总之,在有中国特色的转型经济背景下,企业所有权性质不仅会影响企业的绩效表现,也会影响企业的盈余管理动机和程度,因此本书在财务预警模型的构建中同时考虑所有权性质这一影响因素。

2.4.2 制度环境

1. 制度环境及其影响

在制度经济学中,强调每个民族或每种经济制度都是在特定历史条件下进行活动或发展起来的。苏东剧变后从俄罗斯的缓慢恢复到中国经济的持续高速增长,使得西方世界对东方产生了强烈兴趣,而当时亚洲金融危机的爆发又让人注意到亚洲各国在金融监管中的问题,政府干预和市场自由结合问题再次被提了出来。中国作为政府干预和市场调节的并行的典型,中国特色的制度环境因素成为研究的典型。

制度是一系列影响人类行为的规则或规范。新制度主义学派代表道格拉斯. C. 诺斯说:“制度是一个社会的游戏规则,更规范地说,它们是决定人们的相互关系的系列约束。制度是由非正式约束(道德的约束、禁忌、习惯、传统和行为准则)和正式的法规(宪法、法令、产权)组成的”(俞可平,2006)。

一方面,制度经济学家认为,契约结构内生于制度约束,是契约成本最小化的结果(王少飞等,2009)。企业作为契约关系的集结,要理解企业的经营绩效表现就必须考虑特有的制度环境。另一方面,制度环境因素是一个基础性的影响因素,除会对企业本身产生影响之外,也会影响会计准则的产生和执行(夏东林、李晓强,2005),最终影响由财务报告呈现的企业经营绩效表现。曾任美国证监会主席的莱维特指出:全球性的财务报告系统必须包括制度和制定者之外的体制环境,包括高质量的审计准则、高质量的审计事务所、高质量的保障机制、有效的市场监管。既然财务报告内生于制度环境,那么制度环境必然也会影响会计信息的使用价值(夏东林、李晓强,2005)。因此要理解企业的绩效表现也必须考虑制度环境的影响。因此本书在构建预警模型时,有必要考虑到中国特色的制度环境对企业经营效率及盈余管理动机可能存在的影响,将制度因素纳入其中。

2. 制度环境的衡量

"市场经济强调自由竞争的市场对资源的配置作用,但这种自由并不是不要政府的自由,市场与政府是共存的,但又是以此消彼涨的方式存在,因此,一定程度上可以认为市场化程度反映了对政府干预行为的约束程度,也即制度环境的宽松程度"(王少飞等,2009)。因此,在很多实证研究中,使用了市场化程度指标来反映企业所面临的制度环境。

樊纲等(2003)认为在市场化改革的过程中,中国经济已经从计划经济转向市场经济,取得了举世瞩目的成功,但是各地区的市场化程度却依然存在差距,特别是沿海省份和中西部内陆省份。为了判断我国各省、直辖市、自治区的市场化相对进程,樊纲等(2003)用比较研究法从多方面对各省、直辖市、自治区的市场化的相对进程进行度量,建立了一套"中国各地区市场化进程相对指数",为中国特色制度环境的衡量提供了权威数据。这套指数共五个方面 25 个指标,衡量了各省份在市场化进程中同市场化程度最高和最低的省份相比的相对位置,是一套相对指数体系,具体见表 2-6 中国各地区市场化进程相对指数体系。

表 2-6　中国各地区市场化进程相对指数体系

第一方面	政府与市场的关系	
1a	市场分配经济资源的比重	各地财政支出占当地 GDP 的比重
1b	减轻农村居民的税费负担	各地农户税费上缴占纯收入的平均比例
1c	减少政府对企业的干预	企业主要管理者花在与政府部门和人员打交道的时间占其工作时间的比重
1d	减轻企业的税外负担	企业负担的收费、摊派等占销售收入的比例
1e	缩小政府规模	国家机关、政党机关和社会团体年底职工人数占省总人口的比例
第二方面	非国有经济的发展	
2a	非国有经济在工业总产值中的比重	

2b	非国有经济在全社会固定资产总投资中所占比重	
2c	非国有经济就业人数占城镇总就业人数的比例	
第三方面		产品市场的发育程度
3a	价格由市场决定的程度	
	3a1	社会零售商品中价格由市场决定的部分所占比重
	3a2	生产资料中价格由市场决定的部分所占比重
	3a3	农产品中价格由市场决定的部分所占比重
3b	减少商品市场上的地区贸易壁垒	本企业在全国各省市自治区销售产品时遇到的贸易壁垒(按陈述的件数计)与相应省区的经济规模(GDP)之比
第四方面		要素市场的发育程度
4a	金融业的市场化	
	4a1 金融业的市场竞争	非国有金融机构吸收存款占全部金融机构吸收存款的比例
	4a2 信贷资金分配的市场化	金融机构短期贷款中向非国有经济部门贷款(包括农业贷款、乡镇企业贷款、私营企业贷款、外资企业贷款)的比例
4b	引进外资的程度	各地外商及港澳台商投资与地方经济规模(GDP)之比
4c	劳动力流动性	外来农村劳动力占当地城镇从业人员的比重
4d	技术成果市场化	技术市场成交额与本地科技人员数的比例
第五方面		市场中介组织发育和法律制度环境
5a	市场中介组织的发育	
	5a1	市场中介组织的发育
	5a2	注册会计师人数与当地人口的比例
5b	对生产者合法权益的保护	
	5b1 市场秩序	经济案件发生数(收案数)与GDP的比例

续表

		经济案件结案率(经济案件结案数同经济案件收案数的比例)
	5b2 执法效率	经济案件结案率(经济案件结案数同经济案件收案数的比例)
5c	知识产权保护	
	5c1	三种专利申请受理数量与科技人员数的比例
	5c2	三种专利申请批准数量与科技人员数的比例
5d	消费者权益保护	
	5d1 消费市场秩序	消费者协会收到的消费者投诉案件数与 GDP 之比
	5d2 对消费者保护的程度	消费者协会收到投诉案件解决数与消费者投诉案件数之比

表格来源：樊纲等,2003。

在制度环境相关实证研究中,这一套指数也被广泛应用。例如江伟和李斌(2006)、杨华军和胡奕明(2007)等都采用其中的第一方面和第四方面分别衡量政府的干预程度和金融市场发展水平。王少飞等(2009)采用第一方面指数来衡量政府的干预程度。Wang(2005)选取了市场、政府和法律中介这三个方面来代表制度环境,并分别用第一方面、第四方面和第五方面来衡量信贷市场发展程度、政府干预程度以及法律环境。

因此,要研究财务困境预警,就涉及企业绩效的评价,这种评价一方面依据企业本身真实的绩效状况,另一方面也受到财务报表传递财务信息的真实性影响,这两个方面都受到制度环境的约束,因此就需要综合考虑制度环境对两者的影响。

2.5　本　章　小　结

根据本章对财务困境、盈余管理、所有权性质和制度环境的相关研究回顾,可以发现,财务困境预警模型中的基本预警指标是财务指标,而盈余管理问题是影响财务指标真实性的最大干扰因素,必须考虑盈余管理的影响。在中国特色的市场环境下,已有研究证明所有权性质不仅影响企业的绩效表现,也会左右企业管理层的盈余管理动机。制度环境作为企业治理效率的大前提,从整体上影响了企业的绩效表现,而中国在市场化改革的进程中,各省市地区的发展程度不均衡,因此就必须控制制度环境的影响。

针对盈余管理和财务困境已经出现了相关研究,当前的研究可总结为以下几点:

1. 当前国内外相关研究中对盈余管理的衡量还处于单一的状态,大部分研究采用修正 Jones 模型来衡量应计盈余管理。但是修正 Jones 模型集中在投机使用应计制来粉饰财务报告或者误导使用者上,忽视了应计制的系统错误,而事实上不管是系统错误还是故意错误都是劣质有害的盈余。

2. 当前国内外相关研究中对应计盈余管理的研究和真实盈余管理的研究都是独立展开的,基本没有出现真实盈余管理的相关研究,更没有出现系统的经验证据证明两者在财务困境暴露前的此消彼长关系。

3. 当前国内外研究中对财务困境的定义并不统一,国外普遍采用破产申请作为财务困境的界定标准,而国内则采用特别处理作为破产申请的替代标准。在这种二维划分中,忽视了财务困境实际上是一个动态变化的过程,而不是一个时间点的简单区分。

对于所有权性质和财务困境的研究,已有的研究结论说明了企业所有权性质不仅会影响企业的绩效表现,也会影响企业的盈余管理动机和程度,但对于具体的作用方向和大小并未得到一致结论。

对于制度环境的研究,大部分是从理论上阐述了制度环境对公司治理效率、公司绩效表现的重要性,但很少有研究探讨制度环境和盈余管理、公司绩效的关系。

第3章

财务困境及其影响因素的度量

3.1 基于 GCO 和 ST 的动态财务困境程度界定

根据上文对财务困境概念的辨析,财务困境是一个逐步发展的过程,有严重程度的区分,以往国内外财务预警模型都是预警破产或者 ST,这两个标准仅仅是财务困境的两种不同程度,并不能反映财务困境的动态发展过程。公众有对不同财务状况的预警需求,但是作为财务困境的界定标准,需要满足真实、客观且具有公信度的要求,否则该财务困境的界定就不具有意义。持续经营审计意见已经被多方证实具有财务困境的信息含量,且在 ST 的基础上有增量信息,因此在中国证券市场上,ST 和 GCO 作为两个互相补充的关于企业持续经营不确定性的信息源,可以被用作两个不同程度财务困境的划分标准,ST 来自于监管机构,GCO 来自于独立第三方审计,都满足真实、客观并且具有公信度的要求。

表 3-1 从来源法规、财务方面、经营方面和其他方面四个角度比较了应当出具持续经营审计意见和应当进行特别处理的具体情形的不同。

表 3-1 持续经营审计意见和特殊处理相关规定比较

	应当出具持续经营审计意见的情形	应当特别处理的情形
来源法规	《中国注册会计师审计准则第 1324 号——持续经营》	《上海证券交易所股票上市规则》2004 年、2008 年、2012 年修订版 《深圳证券交易所股票上市规则》2004 年、2008 年、2012 年修订版[1]
财务方面	1. 无法偿还到期债务； 2. 无法偿还即将到期且难以展期的借款； 3. 无法继续履行重大借款合同中的有关条款； 4. 存在大额的逾期未缴税金； 5. 累计经营性亏损数额巨大； 6. 过度依赖短期借款筹资； 7. 无法获得供应商的正常商业信用； 8. 难以获得开发必要新产品或进行必要投资所需资金； 9. 资不抵债； 10. 营运资金出现负数； 11. 经营活动产生的现金流量净额为负数； 12. 大股东长期占用巨额资金； 13. 重要子公司无法持续经营且未进行处理； 14. 存在大量长期未做处理的不良资产； 15. 存在因对外巨额担保等或有事项引发的或有负债	退市风险警示处理情形("＊ST") 1. 最近两个会计年度经审计的净利润连续为负值或者被追溯重述后连续为负值； 2. 最近一个会计年度经审计的期末净资产为负值或者被追溯重述后为负值； 3. 最近一个会计年度经审计的营业收入低于 1 000 万元或者被追溯重述后低于 1 000 万元。 其他特别处理情形("ST") 1. 最近一个会计年度的审计结果表明股东权益为负值； 2. 按照第 13.2.10 条由本所提出申请并获准撤销对其股票交易实行的退市风险警示后，最近一个会计年度的审计结果表明公司主营业务未正常运营，或者扣除非经常性损益后的净利润为负值
经营方面	1. 关键管理人员离职且无人替代； 2. 主导产品不符合国家产业政策； 3. 失去主要市场、特许权或主要供应商； 4. 人力资源或重要原材料短缺	退市风险警示处理情形("＊ST") 1. 公司可能被解散； 2. 法院依法受理公司重整、和解或者破产清算申请。 其他特别处理情形("ST") 1. 生产经营活动受到严重影响且预计在三个月内不能恢复正常； 2. 主要银行账号被冻结； 3. 董事会会议无法正常召开并形成决议

第 3 章　财务困境及其影响因素的度量

所有权性质、盈余管理与企业财务困境

	应当出具持续经营审计意见的情形	应当特别处理的情形
其他方面	1. 严重违反有关法律法规或政策; 2. 异常原因导致停工、停产; 3. 有关法律法规或政策的变化可能造成重大不利影响; 4. 经营期限即将到期且无意继续经营; 5. 投资者未履行协议、合同、章程规定的义务,并有可能造成重大不利影响; 6. 因自然灾害、战争等不可抗力因素遭受严重损失	退市风险警示处理情形(" * ST") 1. 因财务会计报告存在重大会计差错或者虚假记载,公司主动改正或者被中国证监会责令改正后,对以前年度财务会计报告进行追溯调整,导致最近两年连续亏损; 2. 因财务会计报告存在重大会计差错或者虚假记载,被中国证监会责令改正但未在规定期限内改正,且公司股票已停牌两个月; 3. 未在法定期限内披露年度报告或者中期报告,且公司股票已停牌两个月; 4. 因第 12.16 条股权分布不具备上市条件,公司在规定期限内向本所提交解决股权分布问题的方案,并获得本所同意; 5. 本所认定的其他情形。 其他特别处理情形("ST") 1. 最近一个会计年度的财务会计报告被会计师事务所出具无法表示意见或者否定意见的审计报告;(本条在 2012 年修订版本中被归为退市风险警示的情形); 2. 公司被控股股东及其关联方非经营性占用资金; 3. 中国证监会和本所认定的其他情形

[1] 上海证券交易所股票上市规则现已更新至 2014 年第九版。深圳证券交易所股票上市规则现已更新至 2014 年第八版,因为本书研究样本为 2007—2013 年,因此此处只涉及 2004 年、2008 年和 2012 年三个修订版本的上市规则。上交所和深交所股票上市规则的规定基本一致,仅在个别措辞上有差异,故此处仅列出上海证券交易所的上市规则。

从财政部的《中国注册会计师审计准则第 1324 号——持续经营》对持续经营审计意见的规定和上交所(深交所)《上海证券交易所股票上市规则》(《深圳证券交易所股票上市规则》)对特别处理的规定对比可以发现,在财务方面,持续经营审计意见界定标准更为细致,在程度上从轻微(无法获得供应商的正常商业信用等)到严重的(累计经营性亏损数额巨大等)都有涉及,而特别处理是明确的净利润为负值或者股东权益为负值,是最为严重的财务困境程度。因此从两者包含的财务困境信息严重程度上辨别,当持续经营审计意见代表的财务困境严重程度较低时,上市公司并不会被特别处理,当持续经营审计意见代表的财务困境严重程度较高时,上市公司同时也会被特别处理,而上市公司若满足被特别处理的条件,那也应当被出具持续经营审计意见,即从财务方面辨析两者的关系,可以发现被出具持续经营审计意见的上市公司不一定会被特别处理,而被特别处理的上市公司应该被出具持续经营审计意见。

从经营方面和其他方面的规定来看,应当予以特别处理包含了"最近一个会计年度的财务会计报告被会计师事务所出具无法表示意见或者否定意见的审计报告"的情形,这两种审计意见中可能包含因审计师对企业持续经营产生怀疑而需出具这两种持续经营审计意见的情形,因此特别处理的界定标准中其实包含了部分需出具持续经营审计意见的情形,但持续经营审计意见的界定规则中还包含了其他一些相对轻微的经营困境,如关键管理人员离职且无人替代,这种情况下是不会被特别处理的。因此从经营方面和其他方面来辨析两者的关系,与财务方面关系比较一致。

总的来说,特别处理情形和持续经营审计意见的情形的关系可以总结如下:

1. 持续经营审计意见代表较低的困境程度时,上市公司并不一定会被特别处理;

2. 若涉及需要被特别处理的情形,一般都会收到持续经营审计意见;

3. 特别处理所涉及的情形往往是应出具持续经营审计意见的情形所导致的后果。

因此,我们认为,如果上市公司既被审计师出具持续经营审计意见,又在证券市场上被特别处理,那么可以认为是处于较为严重的财务困境状态;尽管应该出具持续经营审计意见情形与应当进行特别处理的情形不完全一致,但相对持续经营审计意见的情形,特别处理涉及的情形多数更为严重。

综上,本书将企业按财务状况好坏分为财务正常公司和财务危机公司,其中财务危机公司又按财务危机程度由浅入深分为三种情况:仅被出具持续经营审计意见、仅被特别处理、既被出具持续经营审计意见又被特别处理。这三个程度代表了从低到高的企业财务困境程度,但需要注意不是每个企业都会依次经历这三个阶段,虽然财务困境的发展是从轻微到严重,但是可能上市公司从出现财务困境到财务困境程度严重经历的时间短暂,还没有到审计时间已经发展为较严重的财务困境,或者审计师低估甚至忽视了上市公司的财务困境程度而直接被特别处理,但这并不影响本书对财务困境严重程度的划分。详见表3-2财务困境程度划分表。

表 3 - 2　企业财务困境程度划分

标准	财务正常	仅被出具持续经营审计意见	仅被 ST	同时被出具持续经营审计意见和被 ST
财务困境程度	浅 ──────────────────────────────────→ 深			

3.2　对盈余管理的衡量

3.2.1　基于 DD 模型的应计盈余管理衡量

Dechow(2002)认为管理者利用应计项目进行盈余管理的好处在于能够解决企业经济损益的时点和相关联的现金流时点不一致的问题,但利用这一好处的代价是会导致应计项目的估计错误[①]。而这个估计错误的大小即可用来衡量一个企业盈余的质量。相比 Dechow(1995)的修正 Jones 模型,Dechow 和 Dichev(2002)(以下简称 DD 模型)的优势在于运用现金流来估计盈余质量,现金流相比会计账面数据而言更加真实,因此本书选用 DD 模型来衡量企业盈余管理。

DD 模型的基本方程为:

$$\Delta WC_t = \alpha_0 + \alpha_1 CFO_{t-1} + \alpha_2 CFO_t + \alpha_3 CFO_{t+1} + \varepsilon \qquad (3-1)$$

其中,

$$\Delta WC_t = \frac{(\Delta AR + \Delta Inventory - \Delta AP - \Delta TP + \Delta Other\ assets)}{TA}$$

$$(3-2)$$

WC_t 表示 t 时期营运资本变动,以应收账款变动、存货变动、应付账款变动、应交税费变动以及其他流动资产变动来衡量,作为企业 t 时期实际营运

---

① 例如,记录一项应收账款使得未来收入的现金流加速确认,从而匹配会计确认时点和销售经济利益流入时点。然而,应计项目通常都是基于假设和估计,一旦发生错误,就需要在未来的应计分录中纠正。比如,如果来自一项应收账款的净利润比原始的估计小,那么接下来的分录就要同时记录获得的现金和对估计错误的纠正。我们认为估计错误和伴随的纠正就是削减应计项目益处的噪音。因此,应计项目和盈余的质量会随着应计项目估计错误的增大而降低。我们对应计质量的衡量就是营运资本应计映射到营运现金流实现的程度,越低的匹配程度证明越低的应计质量(Dechow,2002)。

资本变动。方程(3-1)以过去($t-1$)、现在(t)、未来($t+1$)的经营活动现金流量对 WC_t 进行时间序列回归,回归方程的拟合值即作为企业 t 时期无估计误差的真实营运资本变动,残差(ε)的绝对值即作为盈余质量(AQ,Accrual Quality)的衡量,表示实际营运资本变动偏离真实营运资本变动的大小。DD 模型中各变量说明如表 3-3 所示。

表 3-3　DD 模型变量说明表

名称	符号	计算
营运资本变动	ΔWC	方程(3-2)
应收账款变动	ΔAR	本年应收账款-上年应收账款
存货变动	$\Delta Inventory$	本年存货-上年存货
应付账款变动	ΔAP	本年应付账款-上年应付账款
应交税费变动	ΔTP	本年应交税费-上年应交税费
其他流动资产变动	$\Delta Other\ assets$	本年其他流动资产-上年其他流动资产
经营活动现金流量	CFO	经营活动现金流量/平均总资产
平均总资产	TA	(年初总资产+年末总资产)/2

AQ 是有正负的,AQ 绝对值越大即实际营运资本变动偏离真实营运资本变动越多,说明应计项目估计错误越多,即盈余质量越差。对于同一会计主体而言,可以假定会计师执业能力不变,那么应计项目估计错误的增加可以认为是应计项目的增加,即存在盈余管理行为。

为了控制年份和行业对企业盈余管理质量的影响,在计算 AQ 时分年份和行业分别进行回归。

3.2.2　基于 Roychowdhury 模型的真实盈余管理衡量

Roychowdhury(2006)指出真实盈余管理的途径有:

1. 通过销售操纵(Sales Manipulation):a. 加大销售折扣(Increase Price Discounts)从而提高销量;b. 放松赊销期限(More Lenient Credit Terms),提高销量的同时会使得经营活动现金流量减小。

2. 减少可操纵性费用(Reduction of Discretionary Expenditures),但会增大经营活动现金流量。

3. 过量生产(Overproduction),使得单位固定成本降低。

经营现金净流量 CFO 为本期销售额 S_{ti} 与销售额变动 ΔS_{ti} 的函数（t 表示年份，i 表示行业，下同）

$$\frac{CFO_{ti}}{A_{ti-1}} = \beta_0 + \beta_1 \times \frac{1}{A_{ti-1}} + \beta_2 \times \frac{S_{ti}}{A_{ti-1}} + \beta_3 \times \frac{\Delta S_{ti}}{A_{ti-1}} + \varepsilon_{ti} \qquad (3-3)$$

产品总成本 PROD 等于产品销售成本与本期库存商品变动 ΔINV 之和，其中产品销售成本为本期销售额 S_t 的函数，库存商品变动 ΔINV 为本期销售额变动 ΔS_t 及上期销售额变动 ΔS_{t-1} 的函数。

$$\frac{PROD_{ti}}{A_{ti-1}} = \beta_0 + \beta_1 \times \frac{1}{A_{ti-1}} + \beta_2 \times \frac{S_{ti}}{A_{ti-1}} + \beta_3 \times \frac{\Delta S_{ti}}{A_{ti-1}} + \beta_4 \times \frac{\Delta S_{ti-1}}{A_{ti-1}} + \varepsilon_{ti}$$

$$(3-4)$$

可操纵性费用支出 DISP 用销售费用与管理费用之和表示，由于国内上市公司将研发费用和广告费用汇总于销售费用和管理费用中，因此不再单独考虑①。

$$\frac{DISP_{ti}}{A_{ti-1}} = \beta_0 + \beta_1 \times \frac{1}{A_{ti-1}} + \beta_2 \times \frac{S_{ti-1}}{A_{ti-1}} + \varepsilon_{ti} \qquad (3-5)$$

对上述三个方程分行业分年度进行 OLS 回归，三个方程的回归残差 ε_{ti} 即分别为上市公司异常经营现金净流量、异常酌量性费用、异常生产成本。

本书基于 Roychowdhury(2006)对真实盈余管理量化分析，将非常经营活动现金流量、非常生产成本、非常可操纵性费用这三个指标综合为一个指标作为上市公司真实盈余管理程度的衡量。用 ABSRM 作为上市公司进行真实盈余管理的总量，因为上市公司在向上做大利润时会有更高的异常生产成本、更低的异常酌量性费用和更低的异常经营现金净流量，因此，

$$ABSRM = |A\_PROD - A\_CFO - A\_DISP| \qquad (3-6)$$

方程(3-3)—(3-6)中涉及的变量汇总见表 3-4 所示。

---

① 根据 Roychowdhury(2006)模型，可操纵性费用＝广告费用＋研发费用＋销售费用＋管理费用。

表 3 - 4   真实盈余管理模型变量说明

变量名称	变量说明
$ABSRM$	真实盈余管理总量 $ABSRM = |A\_PROD - A\_CFO - A\_DISP|$
A_CFO	异常经营活动现金净流量,方程(3-3)回归残差
A_DISP	异常可操纵性费用,方程(3-4)回归残差
A_PROD	异常生产成本,方程(3-5)回归残差
CFO_{ti}	i 行业 t 年的经营活动现金净流量
$PROD_{ti}$	i 行业 t 年的产品总成本 $PROD_{ti} = COGS_{ti} + \Delta INV_{ti}$ ΔINV_{ti},本期库存商品变动,$\Delta INV_{ti} = INV_{ti} - INV_{ti-1}$ $COGS_{ti}$,已售产品成本,以营业成本衡量
$DISP_{ti}$	i 行业 t 年的可操纵性费用支出=销售费用+管理费用
A_{ti-1}	i 行业 t 年的资产总计
S_{ti}	i 行业 t 年的销售额(以营业收入衡量)
ΔS_{ti}	i 行业 t 年的销售额变动= $S_{ti} - S_{ti-1}$
ΔS_{ti-1}	i 行业 $t-1$ 年的销售额变动= $S_{ti-1} - S_{ti-2}$

3.3 对所有权性质和制度环境的度量

3.3.1 所有权性质的度量

对于所有权性质的判断,Chen(2009)根据第一大股东的性质将上市公司分为中央或地方的国有资产管理局或者国有资产经营公司、中央政府所属国企、地方政府所属国企、法人或者个人非国有上市公司四类,但此种分类方法仅根据第一大股东的性质判断,却忽视了第一大股东背后的最终控制人性质。

本书在此基础上调整了判断依据,根据实际控制人性质将上市公司分为中央国企、地方国企和非国企三类。其中,将中央政府机构实际控制的企业归为中央国企,例如国务院、国有资产监督管理委员会、财政部、教育部等相关政府部门实际控制的企业;将各省市政府机构实际控制的企业归为地方国企,例如省/市人民政府、省/市国资委、省/市财政局、省/市教育部等地方政府部门实际控制的企业。

3.3.2　制度环境的度量

对于制度环境的衡量,本书采用樊纲《中国市场化指数:各地区市场化相对进程 2011 年报告》中对中国各地区市场化程度打分作为上市公司所处的制度环境的衡量。在 2.4.2 节的描述中我们已经提到,这套指数共 5 个方面 25 个指标,衡量了各省份在市场化进程中同市场化程度最高和最低的省份相比的相对位置,是一套相对指数体系。樊纲等(2003)指出这里的市场化指数并不表示市场化的绝对程度,而是表示各地区在市场化进程中的同市场化程度最高和最低地区的相对位置,是一个相对指数,并且这些指数之间每年的相关性非常稳定。例如,Wang(2005)检验过 2000—2002 年的政府分散化指标的 Pearson 相关系数,从 0.865 至 0.983,相关性很大,也可以推广到其他年份。

很多关于中国制度环境的研究都采用了这套指数,但是各研究者在使用这套指数时,并不是 5 个方面的指标全部同时采用。Wang 等(2005)在研究中选取了市场、政府和法律中介机构这三个方面来代表制度环境,并分别用第一方面、第四方面和第五方面指数来衡量。本书借鉴 Wang(2005)对制度环境的衡量方法,在对企业财务困境的研究中,也将采用这三个方面分别衡量信贷市场环境、政府分散化程度以及法律中介机构的发展的影响。

3.4　控制变量的选择

对于企业经营绩效的衡量,根据《中国注册会计师审计准则第 1324 号——持续经营》的规定,对持续经营的评估涉及财务、经营和其他三个方面。胡继荣、王耀明(2009)对这三个方面的判断依据进行统计,结果发现财务方面的重大疑虑事项占 83.43%,经营方面和其他方面总共仅占 2.45%,另有 14.13% 为准则外的疑虑事项[①]。同样的,在财务困境界定一节中已经分析了特别处理和持续经营审计意见在财务方面判断标准上的相似性,因此我们选取财务方面的指标作为其他对财务困境有影响的因素。

财务方面的指标的选取共从四个方面来考虑:盈利能力、偿债能力、经营效率、成长能力。其中盈利能力的衡量选取主营业务利润率、总资产报酬率和每股收益;偿债能力的衡量选取速动比率、现金流量对流动负债比例、利

---

① 比如当年巨额亏损、主营业务萎缩停滞、资产重组未取得实质性进展等。

息保障倍数和资产负债率;经营效率的衡量选取应收账款周转率、总资产周转率;成长能力的衡量选取主营业务收入增长率。

除此之外加入公司规模来控制不同上市公司之间资产规模的差异。

使用的所有变量具体定义见表3-5变量定义表。

表 3-5　变量定义表

变量类别	变量名称	标记	变量定义
被解释变量	财务困境程度	F	既未被出具持续经营审计意见也未被特别处理,即财务正常公司,取值1①;仅被出具持续经营审计意见,取值2;仅被特别处理,取值3;同时被出具持续经营审计意见和特别处理,取值4
		f	当 $F=2/3/4$,$f=1$;当 $F=1$,$f=0$
解释变量	真实盈余管理	$ABSRM$	Roychowdhury 模型
	应计盈余管理	$ABSAQ$	Dechow Dichev 模型
	中央国企	$CENSOE$	实际控制人为中央政府或者央企,取值1;否则,取值0
	地方国企	$LOCSOE$	实际控制人为地方政府或者地方国企,取值1;否则,取值0
	非国企	$NSOE$	$CENSOE$ 和 $LOCSOE$ 均为 0 时,取值1;否则,取值0
	信贷市场指数	CMI	第四方面要素市场的发育程度总得分
	政府分散化指数	GDI	第一方面政府与市场的关系总得分
	法律环境指数	LEI	第五方面市场中介组织发育和法律制度环境总得分
控制变量	速动比率	QR	(流动资产-存货)/流动负债
	主营业务利润率	NOP	主营业务利润/主营业务收入
	总资产报酬率	ROA	净利润/年末总资产
	利息保障倍数	$EBITIR$	息税前利润/利息费用
	每股收益	EPS	税后利润/股本总数
	应收账款周转率	ART	销售收入/平均应收账款
	总资产周转率	TAT	销售收入/平均资产总额

---

① 为了保证 $F=1$ 的样本上市公司处于正常的经营状态,控制其他非标审计意见的影响,在后面的实际样本筛选时,我们删除了这类公司中被出具非持续经营非标审计意见的样本。

变量 类别	变量名称	标记	变量定义
控制 变量	现金流量对流动 负债比例	*CFCDR*	经营活动产生的现金流量净额/流动负债
	主营业务收入增 长率	*MBG*	本年主营业务收入/上年主营业务收入－1
	资产负债率	*LEV*	年末总负债/年末总资产
	公司规模	*LNA*	年末总资产取自然对数
	行业	*IND*	虚拟变量
	年份	*YEAR*	虚拟变量
	滞后年数	*year*	虚拟变量

3.5 数据和样本

我国现行的持续经营审计相关准则是 2006 年颁布的《中国注册会计师审计准则第 1324 号——持续经营》,该准则自 2007 年 1 月 1 日开始实行。为了保证准则的统一性,本书选取 2007—2013 年的沪深两市 A 股主板上市公司作为研究对象。数据来源于 CSMAR 数据库和同花顺 IFIND 数据库。

3.5.1 持续经营审计意见分布统计

2007—2013 年沪深两市 A 股主板上市公司审计意见数据来源于同花顺 IFIND,原始数据中删去 128 个缺少审计意见类型的年样本,剩余共 9 826 个公司年样本,根据表 2-2 和表 2-3 对审计意见类型和持续经营审计意见类型的说明,审计师出具的审计意见可以分为:标准无保留意见和非标准审计意见两类,而非标准审计意见又分为带强调事项段的无保留审计意见、保留意见、无法表示意见和否定意见四类,持续经营审计意见都属于非标准审计意见,可以细分为四种:带强调事项段的无保留持续经营审计意见、保留持续经营审计意见、无法表示持续经营审计意见、否定持续经营审计意见。

2007—2013 年样本公司审计意见具体分布见表 3-6 所示。表中分年列示了标准无保留意见的样本数量和四类非标审计意见的样本总数及持续经营非标审计意见的样本数量。

总体而言自 2007 年以来,沪深两市 A 股主板共出现持续经营审计意见 481 例,仅占样本总数的 4.90%,其中占非标意见总数(690)的 69.71%,即审计师出具的非标意见中将近七成涉及持续经营问题。其中 2007 年财政部发布第 1324 号持续经营准则后,出现了一个小井喷,2008 年数量马上减少,但在 2009 年和 2010 年数量又出现回升,2010 年以后数量逐年下降,特别是 2012 年和 2013 年呈骤降趋势,审计师出具持续经营审计意见的数量骤减,可以发现骤减的原因是由于非标审计意见总量本身呈骤降趋势(样本中上市公司数量稳中略有上升),而实际上持续经营审计意见占非标审计意见的比例基本平稳,约在 0.7 左右。

表 3-6 2007—2013 年审计意见分布统计

编号	审计意见类型	2007	2008	2009	2010	2011	2012	2013	合计
1.1	带强调事项段的无保留持续经营审计意见	61	58	63	66	65	45	29	387
1	带强调事项段的无保留意见	88	77	81	83	82	64	48	523
2.1	保留持续经营审计意见	6	6	5	8	6	2	2	35
2	保留意见	13	15	11	22	14	9	17	101
3.1	无法表示持续经营审计意见	14	14	17	5	4	3	2	59
3	无法表示意见	15	17	18	5	4	3	4	66
4.1	否定持续经营审计意见	0	0	0	0	0	0	0	0
4	否定意见	0	0	0	0	0	0	0	0
1.1+2.1+3.1+4.1	持续经营非标意见合计	81	78	85	79	75	50	33	481
1+2+3+4−1.1−2.1−3.1−4.1	非持续经营非标意见合计	35	31	25	31	25	26	36	209
1+2+3+4	非标意见合计	116	109	110	110	100	76	69	690
5	标准无保留意见合计	1 234	1 280	1 298	1 305	1 321	1 345	1 353	9 136
1+2+3+4+5	样本总计	1 350	1 389	1 408	1 415	1 421	1 421	1 422	9 826

具体来看,由于非标审计意见中 70%~80% 为带强调事项段的无保留意

见,因此持续经营审计意见的四种类型中持续经营审计意见带强调事项段的无保留意见也占70%～80%。保留意见和无法表示意见原本在非标意见中的比例就较低,因此这部分持续经营审计非标意见数量也很少,且呈现骤减状态,至2012年、2013年仅有两三个样本被出具了持续经营审计意见保留意见和持续经营审计意见无法表示意见。但是这两种持续经营审计意见类型在对应的非标意见类型中的比例大不相同,保留意见中仅有30%～40%为持续经营审计意见保留意见,而无法表示意见基本都是持续经营审计意见无法表示意见,说明导致审计师出具保留意见的原因很多,还存在持续经营重大疑虑以外的事项,而无法表示意见基本都是存在重大持续经营疑虑事项。另外2007年以来否定意见一例也未出现过。

3.5.2 特别处理样本的分布统计

2007—2013年沪深两市上市公司特别处理数据来源于同花顺 IFIND。根据表2-1交易情况变动类型表列出的情形,其中因状况恶化而处于特别处理状态和退市状态的变动类型共三种(戴帽和戴星):AB(从正常交易到ST)、AD(从正常交易到 * ST)、BD(从 ST 到 * ST)。2007—2013年沪深两市上市公司上述三种交易情况变动类型的数量统计见表3-7。

表 3-7 2007—2013 年上市公司特别处理交易状态变动数量统计

年份	正常到 ST	正常到 * ST	ST 到 * ST	总计
	AB	AD	BD	
2007	6	53	12	71
2008	3	20	8	31
2009	5	21	17	43
2010	1	36	21	58
2011	3	11	10	24
2012	1	21	11	33
2013	1	18	14	33
总计	20	180	93	293

2007—2013年发生特别处理交易状态变动的上市公司共940家次,其中553家次为状况好转而摘帽或摘星,占58.8%,因状况恶化变为特别处理状态(戴帽和戴星)共293家,占31.2%,被退市的共94家次,占10%。其中,

每年从正常到＊ST,即正常交易状态变为退市风险警示状态的上市公司数量是所有因状况恶化而处于特别处理状态的上市公司数量中最多的,共180家次,占特别处理变动总数的61.4%,超过半数,另外从ST到＊ST的上市公司数量也较多,共93家次,占据了31.7%,也就是说特别处理状态的上市公司超过九成处于退市风险警示状态。另外从正常交易状态变为ST共20家次,占6.8%。

3.5.3 不同财务状况样本的总体分布

根据本书对财务困境的界定,将2007—2013年的上市公司财务状况统计如表3-8所示。

表3-8 上市公司财务状况统计表

年份	2007	2008	2009	2010	2011	2012	2013	总计
仅被出具持续经营审计意见	55	65	69	58	63	41	20	371
仅被特别处理	45	18	27	37	12	24	20	183
既被出具持续经营审计意见又被特别处理	26	13	16	21	12	9	13	110
正常	1 224	1 293	1 296	1 299	1 334	1 347	1 369	9 162
总计	1 350	1 389	1 408	1 415	1 421	1 421	1 422	9 826
仅被出具持续经营审计意见	4.07%	4.68%	4.90%	4.10%	4.43%	2.89%	1.41%	3.78%
仅被特别处理	3.33%	1.30%	1.92%	2.61%	0.84%	1.69%	1.41%	1.86%
既被出具持续经营审计意见又被特别处理	1.93%	0.94%	1.14%	1.48%	0.84%	0.63%	0.91%	1.12%
正常	90.67%	93.09%	92.05%	91.80%	93.88%	94.79%	96.27%	93.24%
总计	100%	100%	100%	100%	100%	100%	100%	100%

每一年纵向来看,可以发现在三种财务困境程度中,仅被出具持续经营审计意见的上市公司数量是最多的,其次是仅被特别处理,既被出具持续经营审计意见又被特别处理的上市公司数量最少。横向来看,从2007—2013年,每种财务困境程度的上市公司数量都有一个波动减小的趋势,但是统计中的上市公司总量呈上升的趋势,因此可以发现整体而言,上市公司经营状况在改善。

3.5.4 实证样本筛选

本书以2007年1月1日开始施行的《中国注册会计师审计准则第1324号——持续经营》为节点,选取2007—2013年共7年的沪深两市A股主板上市公司为研究对象,使用样本3年(t−1年,t−2年,t−3年)的数据进行实证研究。

由于使用的盈余管理的度量指标AQ的计算涉及使用后一年(t+1年)的数据(见公式3−3、表3−4、表3−5),而2014的数据尚未公布,因此需删去2013年的样本;但是我们又想把2013年的样本包含在分析过程当中,以便最大程度地保证样本的完整性和及时性,为了解决这个问题,我们做了如下处理:

1. 建立两个不同的样本组分别检验,一是AQ样本组,即不考虑RM的计算所需要的数据缺失情况,因此样本区间是2007—2012年;二是RM样本组,即不考虑AQ的计算所需要的数据缺失情况,因此样本区间是2007—2013年。

2. 出于稳健性的考虑,建立一个综合样本组,同时考虑AQ和RM的计算所需要的数据缺失情况,因此样本区间是2007—2012年。

样本筛选过程如表3−9、表3−10、表3−11所示,其中AQ样本占总体的65%,RM样本占总体的65%,AQ和RM综合样本占总体的63%。最后实证研究所用的样本均为混合截面数据样本。

表3−9　AQ样本筛选表

AQ样本	2007—2012	2007	2008	2009	2010	2011	2012
A股主板原始样本总数	8 404	1 350	1 389	1 408	1 415	1 421	1 421
1. 删去:金融保险行业的公司	237	37	40	40	40	40	40

AQ 样本	2007—2012	2007	2008	2009	2010	2011	2012
2. 删去：前三年 AQ 数据缺失的样本	766	71	107	142	143	150	153
3. 删去：前三年其他控制变量数据缺失的公司	1 791	386	236	258	284	308	319
4. 删去：在既未被出具持续经营审计意见也未被特别处理（F＝1）的样本中，删去被出具其他非标意见的样本[1]	113	21	24	16	22	14	16
样本总数	5 497	835	982	952	926	909	893
样本/A 股主板原始样本总数	65％	62％	71％	68％	65％	64％	63％

　　[1] 这一步是为了保证 F＝1 的样本上市公司处于正常的经营状态，控制其他非标审计意见的影响。

表 3－10　RM 样本筛选表

RM 样本	2007—2013	2007	2008	2009	2010	2011	2012	2013
A 股主板原始样本总数	9 826	1 350	1 389	1 408	1 415	1 421	1 421	1 422
1. 删去：金融保险行业的公司	277	37	40	40	40	40	40	40
2. 删去：前三年 RM 数据缺失的样本	959	195	165	126	134	124	109	106
3. 删去：前三年其他控制变量数据缺失的公司	2 085	354	223	260	287	315	325	321
4. 删去：在既未被出具持续经营审计意见也未被特别处理（F＝1）的样本中，删去被出具其他非标意见的样本	142	20	23	17	23	15	18	26

续表

RM 样本	2007—2013	2007	2008	2009	2010	2011	2012	2013
样本总数	6 363	744	938	965	931	927	929	929
样本/A 股主板原始样本总数	65％	55％	68％	69％	66％	65％	65％	65％

表 3-11　综合样本筛选表

综合样本	2007—2012	2007	2008	2009	2010	2011	2012
A 股主板原始样本总数	8 404	1 350	1 389	1 408	1 415	1 421	1 421
1. 删去：金融保险行业的公司	237	37	40	40	40	40	40
2. 删去：前三年 AQ 和 RM 数据缺失的样本	992	106	145	179	182	189	191
3. 删去：前三年其他控制变量数据缺失的公司	1742	443	243	229	264	280	283
4. 删去：在既未被出具持续经营审计意见也未被特别处理($F=1$)的样本中,删去被出具其他非标意见的样本	111	20	23	16	22	14	16
样本总数	5 322	744	938	944	907	898	891
样本/A 股主板原始样本总数	63％	55％	68％	67％	64％	63％	63％

3.6　基本模型构建

本书将财务困境定义为一个离散变量,被解释变量为离散变量存在两种情况,二值选择(Binary Choices)和多值选择(Multiple Choices),本书将根据研究的需要分别构建二元和多元离散选择模型(Discrete Choice Model)进行研究。

离散选择模型通常有 Probit 和 Logit 两种模型,若被解释离散变量发生概率为标准正态累积分布函数,则采用 Probit 模型;若被解释离散变量发生概率满足逻辑分布,则采用 Logit 模型。由于逻辑分布的累积分布函数有解析表达式,并且并不需要被解释变量累积分布函数满足正态分布,因此本书选用 Logit 模型作为回归的基本模型。

1. 二元 Logit 模型

二元 Logit 模型的基本方程如公式 3-7、3-8 所示:

$$logitP = \alpha_0 + \alpha_1 X + \alpha_2 CONTROL \tag{3-7}$$

$$P = \frac{e\alpha_0 + \alpha_1 X + \alpha_2 CONTROL}{1 + e\alpha_0 + \alpha_1 X + \alpha_2 CONTROL} \tag{3-8}$$

P 表示被解释变量发生的概率。

对于二值模型的拟合优度衡量,由于不存在平方和分解公式,故无法计算 R^2,但在 Stata 中仍然汇报一个伪 R^2(Pseudo R^2)作为解释变量对被解释变量解释力的衡量。同时 stata 还会汇报一个似然比检验统计量(LR),检验除常数项以外其他所有系数的显著性。

2. 多元 Logit 模型

多元 Logit 模型根据被解释变量的类别之间是否存在大小顺序关系,还分为多元分类 Logit 模型(Multinomial Logistic Model,后面简称 Mlogit 回归)和多元有序 Logit 模型(Ordered Logistic Model,后面简称 Ologit 回归)。

(1) 多元分类 Logit 模型

多元分类 Logit 回归基本原理是:设 y 为被解释变量,$x_1, x_2, \cdots, x_p$ 为自变量。假设 y 取值 0,1,2,设置 $y=0$ 为参照组,则三类结果的模型可以表示为公式 3-9~3-12:

$$logitP_{1/0} = \ln\left[\frac{p = (y = 1 \mid x)}{p = (y = 0 \mid x)}\right] = \alpha_1 + \beta_{11}x_1 + \beta_{12}x_2 + \cdots + \beta_{1p}x_p$$
$$= g_1(x) \tag{3-9}$$

$$logitP_{2/0} = \ln\left[\frac{p = (y = 2 \mid x)}{p = (y = 0 \mid x)}\right] = \alpha_2 + \beta_{21}x_1 + \beta_{22}x_2 + \cdots + \beta_{2p}x_p$$
$$= g_2(x) \tag{3-10}$$

$$logitP_{1/2} = g_1(x) - g_2(x) \tag{3-11}$$

$$P_0 + P_1 + P_2 = 1 \tag{3-12}$$

第一个 Logit 函数表示 1 类与 0 类比的 $logit$，相应的 β_{1i} 表示 1 类与 0 类比，x_i 改变一个单位时，优势比之对数值。第二个 Logit 函数表示的意思同第一个。

(2) 多元有序 Logit 回归模型

多元有序 Logit 回归基本原理是：假设结果变量 y 为 k 个等级的有序变量，k 个等级分别用 $1,2,\cdots,k$ 表示，记等级为 $j(j=1,2,\cdots,k)$ 的概率为 $P(y=j|x)$，则等级大于等于 $j(j=1,2,\cdots,k)$ 的概率可表示为公式 3-13：

$$P(y \geqslant j \mid x) = P(y = j \mid x) + \cdots + P(y = k \mid x) \qquad (3-13)$$

$P(y \geqslant j|x)$ 称为等级大于等于 j 的累计概率(Cumulative Probability)。对公式 3-13 做 Logit 变换：

$$logitP_j = logit[P(y \geqslant j \mid x)] = \ln \frac{P(y \geqslant j \mid x)}{1 - P(y \geqslant j \mid x)} \qquad (3-14)$$

$$j = 1, 2, \cdots, k-1$$

因此，多元有序 logit 回归定义为：

$$logitP_j = logit[P(y \geqslant j \mid x)] = -\alpha_j + \sum_{i=1}^{M} \beta_i x_i$$

$$j = 1, 2, \cdots, k-1$$

因此每类结果的概率为：

$$P(y = j \mid x) = P(y \geqslant j \mid x) - P(y \geqslant j-1 \mid x)$$

第4章

盈余管理和财务困境的关系研究

4.1 理论分析和假设

    财务困境表示盈余状况恶化,而盈余管理则是对盈余的调整或者操纵,一方面,陷入财务困境的上市公司会通过盈余管理来掩盖陷入财务困境的事实,另一方面盈余管理往往会导致企业财务状况的进一步恶化,反而可能导致企业陷入财务困境。要搞清楚盈余管理和财务困境的关系,首先要研究的是盈余管理和财务困境两者间的相互作用机制。这是本章要研究的第一个出发点。

    同时,财务困境是一个动态持续的过程,处于不同程度的财务困境下,上市公司的盈余管理行为是否会存在差异? 关于这一点国内外的相关研究较少。有部分研究将上市公司按 ST 或者 GCO 的标准分为正常和陷入困境两种情况,并比较了这两类公司盈余管理的差别(刘玉华,2014;陆建桥,1999;刘继红,2009),但是几乎没有研究将财务困境视为一个动态持续的过程来研究盈余管理在这个动态过程中的变化。因此,这是本章研究的第二个出发点。

    按照我们在 3.1 中对财务困境的定义和划分,本章的研究可以借鉴当前对于盈余管理和持续经营审计意见关系的研究及盈余管理和 ST 关系的相关研究结论展开。

4.1.1　盈余管理和持续经营审计意见

4.1.1.1　国外已有的研究

国外对于盈余管理和持续经营审计意见关系的研究结论是不一致的,存在正相关和不相关两种不同的结论。

1. 盈余管理和持续经营审计意见的正相关性

持正相关态度的研究一般是把会计应计(Accounting Accruals)作为持续经营审计意见和盈余管理之间联系的桥梁,非常会计应计(Abnormal Accruals)通常被认为是存在盈余管理的证据,认为审计师出具审计意见的类型是由会计应计决定的,因为会计应计对应着盈余管理空间,而盈余管理意味着高风险,意味着更有可能被注册会计师出具持续经营审计意见。国外认为盈余管理和持续经营审计意见持正相关关系的研究一般是基于对审计报告保守性的理论。Francis(1999)将审计报告保守性定义为由于包含高应计额和未检测到的资产变现问题或者持续经营问题,审计师弥补这一风险的做法就是降低他们出具非标审计意见的标准,这样就导致增加了非标准审计报告数量,因此就减小了给应该出具非标意见的公司出具标准意见错误的可能性。

Francis(1999)证实了审计师水平越高,就会认为高应计额公司内含高风险,那么从审计报告保守性的角度,审计师就会降低对高应计额公司的持续经营不确定性判断标准,从而有更大的可能性给高应计额公司出具非标审计意见,而且正向应计额比负向应计额更可能导致审计报告保守性。Bartov(2001)在比较各种操纵性应计模型计算的盈余管理的有效性的过程中发现,收到持续经营审计意见的上市公司比收到标准无保留意见的上市公司操纵性应计更大。Janes(2003)还证明正向盈余操纵平均在公司表现出财务危机迹象的前两年达到峰值。因为经理人可能会采取措施延迟或避免持续经营审计意见,例如通过操纵盈余或转换审计师。经理人员可能操纵好几年的应计来掩盖不断恶化的财务状况,这样一来到财务危机浮出水面时,公司已经没有应计可供操纵了,因此,这种正向应计操纵在公司财务困境迹象浮出水面的前两年达到峰值。对此Bryan(2010)进行了更深入的研究,他首先证明了持续经营审计意见和破产恢复的显著正相关关系,说明持续经营审计意见是财务危机的一个有效警讯。但随后又发现在破产申请期间使用正向盈余管理方法或者在破产申请前短暂的时间内变更审计师的方法相比未使用这些方法的公司,更难从破产中恢复,但这一点只在 SAS NO. 59 时期适用,这说明在 SAS NO. 59 时期,管理层延迟或避免持续经营审计意见的能力更强。这些结论和 Francis(1999)的结论相辅相成。

2. 盈余管理和持续经营审计意见不相关

对于持续经营审计意见和高应计额所代表的盈余管理之间的因果关系还存在不一样的声音。Bradshaw(2001)发现审计师并不会在审计意见中警示公众有关公司的高额应计以及未来因此可能发生的盈余问题,并对这种现象给出了三种可能解释:第一,审计师缺乏必要知识去解释高应计项目后果;第二,审计师可能与管理层串通,掩盖高应计项目;第三,审计人员并没有这样的责任和义务向公众传达这一信息。因此审计师并不会运用审计意见来警示财务报告使用者过量盈余管理的问题或者高应计的后果。Butler(2004)通过检验审计意见类型和应计项目之间的关系也验证了这一点,但是Butler(2004)还进一步证明了持续经营审计意见和负向应计额之间本身并不存在因果关系,表现出的相关性仅仅是因为导致持续经营审计意见和负向应计额的条件是相同且是同时发生的。总之,上述研究表明会计应计并没有影响审计师出具持续经营审计意见,并且审计师在审计意见中也不会特别给出警示高应计额预示的盈余管理及其后果的信号,持续经营审计意见可能并不包含公司会计应计的相关信息,更无法体现盈余管理的相关信息。

4.1.1.2　国内已有的研究

我国目前很少有学者将持续经营审计意见作为独立研究对象专门研究持续经营审计意见和盈余管理的关系,大部分研究是用会计应计作为盈余管理的度量,研究审计意见类型和应计盈余管理的关系。

最早的有李东平等(2001)证明了盈余管理和审计意见类型并不相关,原因是由于当时我国注册会计师行业竞争十分激烈,僧多粥少,为了生存部分事务所首先不会筛选高风险审计项目,又为了避免被雇主解聘,并不会出具非标审计意见,即审计师根本不关注公司盈余管理导致的潜在诉讼风险。但在此之后的研究对盈余管理以及审计相关属性进行了更为细致的划分,并不同程度地证明了审计意见类型和盈余管理相关。一部分文献对盈余管理属性进行了细分,徐浩萍(2004)首先从多个维度检验了盈余管理和独立审计质量的关系,发现国内审计师能够鉴别非经营性操纵应计和负向盈余管理,但不能鉴别经营性操纵应计和正向盈余管理。李维安等(2004)也专门研究了非经营性操纵应计和非标审计意见的关系,证明了非经营性操纵应计所代表的盈余管理程度越大,越可能收到"带说明段的无保留意见"审计报告,但与其他类型的非标审计意见出具并不存在关系。刘运国等(2006)同样证明了在我国特有的监管制度下,审计师对负向盈余管理给予了更多关注。刘继红(2009)也发现盈余管理程度越高,审计师出具非标审计意见的可能性越大,即审计师能够鉴别上市公司的盈余管理,并能保持相对的独立性。这与李东平等(2001)的研究结论相悖,但可以证明我国的市场环境和法律环境都在发生着变化,审计师的独立性在不断提高。陈小林和林昕(2011)则区别以往文献对盈余管理的划分,认为以往文献将所有盈余管理作为同质风险考察其与审计意见的关系存在不妥,因此将盈余管理分为机会主义盈余管理和决策有用性盈余管理两种①,实证结果表明审计师能够区分不同属性的盈余管理,并且更可能对高风险的机会主义盈余管理出具非标审计意见。

另有部分文献考虑了审计任期对盈余管理和审计意见类型关系的影响,但结论比较一致。刘启亮(2006)以五年为限将事务所任期分为长短两种,并将盈余管理也分为正向盈余管理和负向盈余管理两种。结果发现正向盈余管理和事务所任期呈 U 型关系,负向盈余管理和事务所任期呈倒 U 型关系,即对于正向盈余管理而言,在短任期内,事务所任期和正向操纵性应计呈负相关,这一阶段体现出了审计师对盈余管理的抑制作用,而长任期内,即任期超过 5 年后,两者呈正相关关系,审计师已经没有抑制作用,可能存在管理层勾结的可能性。陈信元和夏立军(2006)并没有区分正负盈余管理,而是对盈余管理的度量取绝对值,结果同样证明了审计任期与盈余管理之间的 U 型关系。

从上述对国内研究现状的阐述可以得出:(1)随着我国制度环境的改善,审计独立性在提高,审计师越来越能够鉴别并在审计意见中披露盈余管理问题;(2)国内的研究很少将持续经营审计意见作为独立研究对象来研究其与盈余管理的关系。

4.1.1.3 盈余管理对持续经营审计意见的影响机制

从上述对盈余管理和持续经营审计意见关系研究的相关的文献中,我们可以发现盈余管理对持续经营审计意见的影响机制可以描述如下:

1. 当企业发生了盈余管理行为,如果审计师不但能够识别这种行为,而

---

① 首先采用基本琼斯模型估计出全部样本公司的可操控应计额,然后在此基础上分离出盈余分布分别处于"保牌""配股""增发新股"阈值区的公司,并将该组公司定义为机会主义盈余管理的样本,其他为决策有用性盈余管理样本。(陈小林、林昕,2011)

且认为盈余管理行为严重以至会带来高审计风险,出于审计保守性,审计师更有可能会出具持续经营审计意见,此时盈余管理对持续经营审计意见的关系是正向的;

2. 当企业发生盈余管理行为,如果审计师不能识别这种行为,或不愿意识别这种行为,或者即使能识别但认为盈余管理行为不足以带来高审计风险,则审计师可能不会出具持续经营审计意见,此时盈余管理对审计师出具持续经营审计意见是没有影响的。

4.1.1.4 对持续经营审计意见和盈余管理关系研究的评价

1. 现有研究存在的问题

国内外对应计盈余管理和持续经营审计意见关系的研究主要存在以下问题:

(1)对于盈余管理和持续经营审计意见关系的研究结论是不一致的甚至是相反的。研究者之所以得出不一致的结论,可能是因为没有综合考虑企业陷入财务困境是一个从轻微到严重的动态发展过程,在不同的财务困境中,管理者的盈余管理行为可能会存在差异,从而影响审计师对企业盈余管理行为是否意味着高审计风险以及是否要出具持续经营审计意见的判断。

(2)已有的研究主要集中在研究持续经营审计意见和会计应计(应计盈余管理)的因果关系上,没有考虑隐蔽性更强的真实盈余管理和持续经营审计意见的关系。

(3)国内专门针对持续经营审计意见和盈余管理关系研究的文章很少,主要集中于非标审计意见和盈余管理的关系研究。

2. 本书的改进思路

从1999年首次发布持续经营审计准则到现在,我国持续经营审计意见发展已经经历了近15年的发展,已经积累了较多的持续经营审计意见的样本,因此我们将把持续经营审计意见作为专门的研究对象研究其与盈余管理的关系,并考虑现有研究的上述缺陷,在以下几个方面进行改进:

(1)将企业财务困境视为一个动态的渐进过程,将企业财务状况划分为四个不同的阶段来研究盈余管理和财务困境的关系。

(2)在研究中加入真实盈余管理的指标度量盈余管理程度,并比较两种不同的盈余管理方式——真实盈余管理和应计盈余管理对持续经营审计意见影响的不同。

4.1.2 盈余管理和特别处理

4.1.2.1 国内外已有的研究

我国自1998年4月颁布特别处理相关规定后,就陆续出现了研究ST前后公司的盈余管理行为,这些研究可分为两类,第一类以亏损作为研究的界点,第二类以特别处理作为研究的界点,这两类的区别在于特别处理的判断标准包括了亏损,但不仅仅是亏损,特别处理还包括了其他财务状况以及其他非财务状况方面的变化,从表3-1持续经营审计意见和特殊处理相关规定比较中可以发现,亏损是上市公司被特别处理的一种主要财务状况,因此出现了部分文献以亏损作为研究的对象(详见2.2.2.2节特别处理的阐述)。因此第一类的研究实际上是缩小了特别处理的范围。

国外盈余管理的动机主要包括管理人员报酬计划、债务契约和政治成本等,而在国内,上市公司盈余管理的主要动机都是为了应付证券市场特殊的监管政策,例如发行上市政策、配股政策、特别处理政策以及暂停交易政策等(夏立军和杨海斌,2002)。因此,国内关于盈余管理和特别处理的研究集中在为了避免被特别处理而进行盈余管理这个方向,少有研究关注其他动机产生的盈余管理本身是否可能导致业绩恶化,从而导致被特别处理。国内相关研究结论也比较一致:为了避免被特别处理,上市公司会进行盈余管理。

国内外关于盈余管理和特别处理关系的研究可以归纳为以下三种类型:

1. 针对盈余管理方式的研究

在大部分盈余管理和特别处理关系的研究中,对盈余管理的衡量都是采用操纵性应计利润,即应计盈余管理来进行研究。杜兴强和杜颖洁(2010)发现ST、*ST、SL(Suspending Listing,暂停上市)类民营上市公司交易状态的改善往往并非通过真实业绩的改善,而是依靠应计盈余管理,并且政治联系的存在和较高的政治联系强度都对ST、*ST、SL类民营上市公司通过应计盈余管理改善其交易状态起到了催化作用。蔡春等(2012)在其研究中考察了不同盈余管理方式对濒死企业(即为ST和*ST企业)状况改善的影响,研究表明濒死企业同时实施了应计盈余管理和真实盈余管理,来达到"保壳"的目的。

2. 针对盈余管理发生的时间点的研究

陆建桥(1999)针对1999年上海证券交易所的22家亏损上市公司的研究,发现在首次出现亏损的前一年份,上市公司会采取正向应计盈余管理以尽量推迟被 ST 的时点,在首次出现亏损的年份则会采取负向应计盈余管理,以此来为下面的年份积累盈余管理空间,到了扭亏为盈的年份又会采取正向应计盈余管理,从而有效避免公司出现连续亏损而被 ST。张昕和杨再惠(2007)将这个一年的时间点缩短了,具体到季度,发现上市公司会在第四季度通过盈余管理来实现当年扭亏为盈或者调低利润为下一年扭亏为盈做准备,具体而言微亏企业(本书定义为 ROE 介于−20%~0 之间)会在第四季度通过正向盈余管理增加利润,实现扭亏为盈;严重亏损企业(本书定义为 ROE 小于等于−20%)会在第四季度通过负向盈余管理压低利润,从而提高下年扭亏利润的空间。

3. 针对盈余管理手段的研究

张昕和杨再惠(2007)研究了利润表各项目和企业亏损的关系,发现主营业务成本、管理费用、投资收益以及营业外收支项目更容易受到上市公司的人为操控,来达到扭亏的目的。陈晓和戴翠玉(2004)发现关联交易活动和重组活动是亏损上市公司扭亏的主要手段,而应计盈余管理对我国亏损公司的扭亏作用十分有限,主要被扭亏公司用来做大亏损。除此之外还证明了财政补贴并不是扭亏为盈的主要手段。

4.1.2.2 盈余管理和特别处理的作用机制

从当前文献研究的结果来看,我们可以总结出盈余管理对特别处理的作用机制:

1. 特别处理会诱导盈余管理的产生。我国资本市场目前对股票发行仍然采取核准制,因此上市公司"壳"资源十分珍贵,在巨大的保"壳"压力下,即将被特别处理的上市公司在短期内一般是无法彻底改善经营业绩,因此只能通过盈余管理这种方式来避免被特别处理。

2. 这种政策制度诱导的盈余管理往往对公司具有很大的伤害。因为这种迫不得已的盈余操纵行为分散了公司经理层管理公司的精力,他们不得不花费时间去避免亏损的出现(姜国华、王汉生,2005),根本无暇顾及公司长远发展。那么这种盈余管理在未来也可能导致经营业绩恶化而被特别处理。

3. 第三方独立审计并没有对这种盈余管理行为产生有效的约束。夏立军和杨海斌(2002)的研究表明注册会计师并没有揭示出上市公司的监管政策(包括股票特别处理、暂停交易以及配股的政策)而诱导的盈余管理,因此助长了诱导性盈余管理的产生。

4.1.2.3 对特别处理和盈余管理关系研究的评价

1. 现有研究存在的问题

回顾国内对盈余管理和特别处理关系的相关研究,可以发现现有研究主要存在以下几个问题:

(1) 在对盈余管理和特别处理关系的研究中,当前的研究大部分仅关注应计盈余管理,少有研究针对真实盈余管理展开。

(2) 国内部分研究将范围缩小到亏损,回避了其他财务状况和非财务状况导致的特别处理和盈余管理之间的关系。

(3) 对盈余管理和特别处理关系的研究集中在证明特别处理对盈余管理的诱导性,少有研究涉及盈余管理本身导致业绩亏损被特别处理的可能性。

(4) 在国内的研究中除出现过政治联系对特别处理和盈余管理关系的影响之外,很少有研究考虑过其他会对特别处理和盈余管理关系产生影响的因素。

2. 本书的改进思路

(1) 将企业财务困境视为一个动态的渐进过程,将企业财务状况划分为四个不同的阶段来研究盈余管理对财务困境的影响关系。

(2) 在研究中加入真实盈余管理的指标度量盈余管理程度,并比较两种不同的盈余管理方式真实盈余管理和应计盈余管理对财务困境影响的不同。

(3) 除了亏损导致的特别处理外,将研究范围扩大到其他财务状况和非财务状况导致的特别处理的情形。

4.1.3 假设的提出

4.1.3.1 应计盈余管理和财务困境

许多研究证明特别处理或者持续经营审计意见会带来负面市场反应(Jones,1996;Chen 和 Church,1996;陆建桥,1999;厉国威等,2010),因此,当上市公司管理层预感到公司当前的财务状况恶化时,出于资本市场、契约或监管等动机,可能会通过操纵盈余延迟避免财务危机爆发。

但是,从长远来看,应计盈余管理行为会影响公司价值,加重企业财务危机的程度。这个判断基于以下三个理由:

1. 应计盈余管理会损害公司未来的价值,因为这种迫不得已的盈余操纵行为分散了公司经理层管理公司的精力,他们不得不花费时间去避免亏损的出现(姜国华、王汉生,2005),同时,也将破坏投资者对收益质量的判断,导致企业市场价值下降,进而导致更严重的财务危机(厉国威等,2010)。

2. 已有针对持续经营审计意见和会计应计之间关系的研究证明,审计师会把高应计额理解成盈余管理的后果,出于审计保守性,就导致了更高概率的持续经营审计意见(Francis,1999)。

3. 由于应计盈余管理往往伴随着高风险,审计师或者监管机构对此特别关注。根据4.1.1.3中盈余管理对持续经营审计意见的影响机制的分析以及4.1.2中盈余管理对特别处理的影响机制的分析,进行盈余管理的公司会不会被出具持续经营审计意见或被特别处理,取决于审计师或者监管当局能不能识别并披露盈余管理行为及由此带来的风险。随着我国监管法规的不断完善,证券监管机构和审计师监管水平的不断加强,上市公司利用应计盈余管理手段逃避或延迟被出具持续经营审计意见或者被特别处理的成功率越来越低。因此,有越高的会计应计额往往伴随着越高的财务困境程度,带着高会计应计额的公司越容易被出具持续经营审计意见或被特别处理。

基于上述分析,我们提出假设1:

H1:应计盈余管理程度越高,陷入财务困境的可能性越大,即应计盈余管理和财务困境是正相关关系。

4.1.3.2 真实盈余管理和财务困境

对于真实盈余管理和财务困境之间的关系,可以从以下两个方面进行解释:

1. 从盈余管理空间观点来解释(Bryan,2010)。相比应计盈余管理,真实盈余管理通过真实经营活动和交易实现,但是当企业处于财务困境时,已经无法正常经营,更无法通过真实经营活动或交易实现调整盈余的目的,因此当企业处于财务困境时,真实盈余管理的程度反而会下降,即真实盈余管理的存在一定程度上意味着企业处于正常经营的状态。

2. 从真实盈余管理满足真实性的特点来解释。只要在财务报告中恰当披露相关真实交易,并不会引起审计师过多的关注(Cohen,2008),审计师并不会将真实盈余管理同高风险联系起来。并且由于真实盈余管理的真实性,一定程度上能够帮助企业摆脱财务困境,因为管理层在进行真实盈余管理时运用了私人信息,管理层会仔细评估真实盈余管理活动的成本效益,避免损害未来的绩效(Tan,2006)。Taylor(2010)证实了真实盈余管理一般而言并不会显著损害公司后期的经营绩效,那么真实盈余管理程度越高,意味着企业财务正常。

基于上述分析,我们提出假设 2:

H2:真实盈余管理程度越高,陷入财务困境的可能性越小。

4.2 研究设计

基于中国资本市场上的两个客观信号——持续经营审计意见和 ST,将企业的财务状况按财务危机的严重程度划分为四类:财务正常、仅被出具持续经营审计意见、仅被特别处理、既被出具持续经营审计意见又被特别处理。由于存在严重程度的差异,本书选用多元有序 Logit 模型(Ologit 模型)来检验盈余管理和财务困境的关系。本章使用的 Ologit 模型构建如式 4 - 1 所示。

$$
\begin{aligned}
logitF =\ & \alpha_0 + \alpha_1 ABSAQ + \alpha_2 ABSRM + \alpha_3 ZABSAQ \times ZABSRM + \alpha_4 QR \\
& + \alpha_5 NOP + \alpha_6 EBITR + \alpha_7 EPS + \alpha_8 ART + \alpha_9 TAT + \alpha_{10} CFCDR \\
& + \alpha_{11} MBG + \alpha_{12} LEV + \alpha_{13} LNA + \sum_{k=14}^{24} \alpha_k IND + \sum_{k=25}^{31} \alpha_k YEAR \\
& + \sum_{k=32}^{34} \alpha_k year
\end{aligned}
$$

$$
logitF = \ln \frac{P(F \geqslant j \mid x)}{1 - P(F \geqslant j \mid x)} \quad j = 1,2,3,4 \qquad (4-1)
$$

其中,F 表示财务困境程度,1 表示既未被出具持续经营审计意见也未被特别处理,即财务正常公司,2 表示仅被出具持续经营审计意见,3 表示仅被特别处理,4 表示同时被出具持续经营审计意见和特别处理;$ZABSAQ$ 和 $ZABSRM$ 表示标准化的 $ABSAQ$ 和 $ABSRM$。其他变量的定义详见表 3 - 5 变量定义表。

本章采用 t 检验对不同程度财务困境的样本进行盈余管理和其他财务指标的均值比较。因为本书组建了三个不同的样本组:AQ 样本组、RM 样本组和综合样本组来进行实证检验(具体见 3.5.4 节),因此我们的分析也分三个样本组进行。

4.3 描述性统计

4.3.1 盈余管理的财务困境组间均值比较

4.3.1.1 AQ样本组盈余管理程度分析

从样本数量分布上来看,AQ样本,2007—2012年F=1样本有5 030个(15 090/3)[①],F=2样本有250个(750/3),F=3样本有134个(402/3),F=4样本有83个(249/3)。

表4-1列示了AQ样本组的均值。其中Panel A中分别列出四组的均值,其中F=2/3/4(财务危机公司)分别和F=1(财务正常公司)进行比较。发现三组财务困境样本ABSAQ均显著大于财务正常样本组,即陷入财务困境的公司应计盈余管理程度均值显著高于财务正常的公司,初步证实假设1。

表4-1 AQ样本财务困境组间均值比较

Panel A 财务困境组和正常组均值比较			
F	1	2	3	4
N	15 090	750	402	249
ABSAQ	0.056 9	0.092 6***	0.081 6***	0.111 3***
QR	0.782 8	0.414 6***	0.590 7***	0.388 3***
NOP	0.049 7	−0.571 3***	−0.249 4***	−0.765 7***
ROA	0.030 0	−0.072 7***	−0.067 2***	−0.127 8***
EBITIR	8.776 4	0.196 5***	−0.661 1***	−3.136 1***
EPS	0.077 6	−0.053 8***	−0.098 3***	−0.123 0***
ART	58.801 3	50.029 7	35.127 9***	26.056 7***
TAT	0.748 2	0.485 1***	0.602 5***	0.420 9***
CFCDR	0.139 0	0.018 1***	0.055 0***	0.024 7***
MBG	0.240 2	0.028 6***	0.113 2***	−0.055 5***
LEV	0.559 5	1.133 3***	0.710 4***	1.103 1***
LNA	21.834 2	20.396 2***	21.060 8***	20.389 0***

---

① 表中N表示的是3年的数据量,因此样本个数应为N/3。

续表

Panel B 财务困境组内均值比较

F	3 vs. 2	4 vs. 2	4 vs. 3
ABSAQ	−0.011 0***	0.018 8***	0.029 7***
QR	0.176 1***	−0.026 3	−0.202 5***
NOP	0.321 8***	−0.194 4***	−0.516 3***
ROA	0.005 4	−0.055 1***	−0.060 5***
EBITIR	−0.857 6	−3.332 6***	−2.474 9***
EPS	−0.044 5***	−0.069 1***	−0.024 6*
ART	−14.901 8	−23.9730*	−9.071 3
TAT	0.117 4***	−0.064 3**	−0.181 7***
CFCDR	0.036 9***	0.006 7	−0.030 3**
MBG	0.084 6*	−0.0841*	−0.168 7***
LEV	−0.422 9***	−0.030 2	0.392 7***
LNA	0.664 6***	−0.007 2	−0.671 8***

* $p<0.1$, ** $p<0.05$, *** $p<0.01$

Panel B 分别对 $F=2/3/4$ 三组财务困境子样本进行两两均值比较。发现三组财务困境子样本之间 ABSAQ 均存在显著差异，且仅被 ST 的子样本（$F=3$）应计盈余管理程度显著小于仅被 GCO 的子样本（$F=2$），既被出具 GCO 又被 ST 的子样本（$F=4$）ABSAQ 显著大于另外两组，存在最多的应计盈余管理。从上述 ABSAQ 均值比较的结果来看，被出具 GCO 的上市公司（$F=2$）存在更多的应计盈余管理。

4.3.1.2 RM 样本组盈余管理程度分析

RM 样本，2007—2013 年 $F=1$ 样本有 5 865 个（17 595/3），$F=2$ 样本有 261 个（783/3），$F=3$ 样本有 146 个（438/3），$F=4$ 样本有 91 个（273/3），随着财务困境程度的逐步加深，样本数量逐渐减少。

表 4-2 列示了 RM 样本组的均值。其中 Panel A 中分别列出四组的均值，其中 $F=2/3/4$ 分别和 $F=1$ 进行比较。发现三组财务困境样本 ABSRM 均显著小于财务正常样本组，即陷入财务困境的公司真实盈余管理的程度反而较低，财务正常的公司存在更多的真实盈余管理，初步证实假设 2。

而在 RM 样本的组间均值比较中发现三组财务困境子样本之间 ABSRM 不存在显著差异。这可能是因为真实盈余管理需要通过正常经营活动来管理盈余管理，而陷入财务困境的公司已经无法正常经营，也就不能通过生产、销售和费用等来调整盈余,因此真实盈余管理程度反而较低,自然差异也就越不显著。

表 4 - 2　RM 样本财务困境组间均值比较

Panel A　财务困境组和正常组均值比较

F	1	2	3	4
N	17 595	783	438	273
ABSRM	0. 242 8	0. 185 1***	0. 197 6***	0. 179 2***
QR	0. 781 3	0. 413 9***	0. 576 8***	0. 417 8***
NOP	0. 051 1	−0. 536 6***	−0. 246 1***	−0. 663 2***
ROA	0. 029 4	−0. 068 7***	−0. 064 3***	−0. 117 5***
EBITIR	8. 823 2	0. 204 3***	−0. 622 8***	−2. 983 0***
EPS	0. 072 5	−0. 049 4***	−0. 086 3***	−0. 105 6***
ART	67. 472 2	64. 290 1	37. 258 0***	26. 324 5***
TAT	0. 742 4	0. 497 3***	0. 603 7***	0. 421 3***
CFCDR	0. 135 0	0. 015 7***	0. 050 5***	0. 018 9***
MBG	0. 230 6	0. 058 4***	0. 099 6***	−0. 045 3***
LEV	0. 563 4	1. 099 1***	0. 723 2***	1. 056 4***
LNA	21. 939 3	20. 441 4***	21. 117 9***	20. 487 3***

Panel B　财务困境组内均值比较

F	3 vs. 2	4 vs. 2	4 vs. 3
ABSRM	0. 012 5	−0. 005 9	−0. 018 4
QR	0. 162 8***	0. 003 9	−0. 158 9***
NOP	0. 290 5***	−0. 126 6 **	−0. 417 1***
ROA	0. 004 4	−0. 048 9***	−0. 053 3***
EBITIR	−0. 827 1	−3. 187 3***	−2. 360 1***
EPS	−0. 036 9***	−0. 056 1***	−0. 019 2
ART	−27. 032 1*	−37. 965 6**	−10. 933 5
TAT	0. 106 4***	−0. 075 9***	−0. 182 3***
CFCDR	0. 034 8***	0. 003 3	−0. 031 6***
MBG	0. 041 1	−0. 1037**	−0. 144 9***
LEV	−0. 375 9***	−0. 042 7	0. 333 2***
LNA	0. 676 5***	0. 045 9	−0. 630 6***

* $p<0.1$, ** $p<0.05$, *** $p<0.01$

4.3.1.3　综合样本组盈余管理程度分析

从样本数量分布上来看,综合样本,2007—2012 年 $F=1$ 样本有 4 862 个 (14 586/3),$F=2$ 样本有 248 个(744/3),$F=3$ 样本有 132 个(396/3),$F=4$ 样本有 80 个(240/3)。

表 4-3 列示了综合样本组的均值。其中 Panel A 中分别列出四组的均值,其中 $F=2/3/4$(财务危机公司)分别和 $F=1$(财务正常公司)进行比较。发现三组财务困境样本 ABSAQ 均显著大于财务正常样本组,即陷入财务困境的公司应计盈余管理程度均值显著高于财务正常的公司,这与 AQ 样本和 RM 样本的均值比较结果均一致,再一次证实假设 1。

表 4-3　综合样本财务困境组间均值比较

Panel A 财务困境组和正常组均值比较			
F	1	2	3	4
N	14 586	744	396	240
ABSAQ	0.056 9	0.092 2***	0.081 6***	0.110 8***
ABSRM	0.242 4	0.180 0***	0.200 7***	0.178 2***
QR	0.781 9	0.409 5***	0.588 5***	0.383 6***
NOP	, 0.048 7	−0.571 4***	−0.252 3***	−0.743 5***
ROA	0.029 5	−0.072 5***	−0.067 4***	−0.126 4***
EBITIR	8.673 8	0.217 8***	−0.628 9***	−3.027 5***
EPS	0.074 1	−0.054 3***	−0.096 0***	−0.117 6***
ART	60.723 5	52.049 4	36.063 0***	27.329 2***
TAT	0.745 2	0.486 8***	0.594 3***	0.428 8***
CFCDR	0.137 3	0.018 4***	0.055 5***	0.022 6***
MBG	0.238 6	0.030 2***	0.116 8***	−0.049 6***
LEV	0.561 1	1.144 2***	0.711 6***	1.113 2***
LNA	21.827 7	20.397 0***	21.044 1***	20.401 6***

Panel B 财务困境组内均值比较		
F	3 vs. 2	4 vs. 2	4 vs. 3
ABSAQ	−0.010 6**	0.018 6**	0.029 2***
ABSRM	0.020 7	−0.001 8	−0.022 5

Panel B 财务困境组内均值比较		
QR	0.179 1***	−0.025 8	−0.204 9***
NOP	0.319 1***	−0.172 1**	−0.491 2***
ROA	0.005 1	−0.0539***	−0.059 0***
EBITIR	−0.846 7	−3.2453***	−2.398 6***
EPS	−0.041 7***	−0.063 3***	−0.021 6
ART	−15.986 3	−24.7202**	−8.733 9
TAT	0.107 6***	−0.057 9*	−0.165 5***
CFCDR	0.037 2***	0.004 2	−0.032 9**
MBG	0.086 6**	−0.0798	−0.166 4***
LEV	−0.432 6***	−0.031 0	0.401 6***
LNA	0.647 1***	0.004 7	−0.642 5***

* $p<0.1$, ** $p<0.05$, *** $p<0.01$

Panel B 分别对 $F=2/3/4$ 三组财务困境子样本进行两两均值比较。发现三组财务困境子样本之间 ABSAQ 均存在显著差异,且仅被 ST 的子样本($F=3$)应计盈余管理程度显著小于仅被 GCO 的子样本($F=2$),既被出具 GCO 又被 ST 的子样本($F=4$)ABSAQ 显著大于另外两组,存在最多的应计盈余管理。

总体而言,综合样本组的财务困境组组内均值比较和财务困境组与财务正常组的均值比较结果均和 AQ 样本及 RM 样本一致,结果具有一定的稳定性。

4.3.1.4 其他财务指标分析

从其他财务指标的比较结果来看,无论是 AQ 样本组还是 RM 样本组(还是综合样本组),结论基本一致,也即:

1. 财务困境子样本的盈利能力、经营效率、偿债能力、流动性、成长性都要显著差于财务正常子样本,且差异巨大。

2. 财务困境各子样本之间,既被出具 GCO 又被 ST 的子样本($F=4$)的各方面财务表现显著劣于另外两组,仅被 ST 的子样本($F=3$)和仅被 GCO 的子样本($F=2$)差异也十分显著。但是从具体指标,如 QR、NOP、TAT、CFCDR、MBG 来看,仅被 ST 的子样本($F=3$)略优于仅被 GCO 的子样本

($F=2$),但是 EPS 显著低于仅被 GCO 的子样本($F=2$),财务困境子样本之间虽然存在显著差异,但是差异较小。总体而言这些结果符合我们的预期,财务困境组样本的绩效表现显著差于财务正常组,但在财务困境各个子样本之间,仅被 GCO 的子样本($F=2$)和仅被 ST 的子样本($F=3$)的绩效表现差异并不是那么显著,这可能是因为只被出具持续经营审计意见组和只被特别处理组之间存在交叉,GCO 和 ST 界定规则部分重合导致。

4.3.2 盈余管理的滞后年间均值比较

我们分别对财务困境样本组 $F=2/3/4$、$F=2$、$F=3$、$F=4$ 前三年的盈余管理和财务指标进行年间均值比较。

1. AQ 样本应计盈余管理程度年间均值比较分析

表 4-4 列示了 AQ 样本组的比较结果。我们发现财务困境样本在被出具 GCO 或者被 ST 的前三年中[①]应计盈余管理程度($ABSAQ$)波动性并不大,结合上节组间均值比较的结果,说明上市公司在陷入财务困境前三年就开始通过应计盈余管理来粉饰利润。这也在一定程度上反映出除了监管动机诱发的应计盈余管理之外,还存在其他动机的应计盈余管理。

2. RM 样本真实盈余管理程度年间均值比较分析

表 4.5 列示了 RM 样本组的均值比较结果。我们发现财务困境样本组的真实盈余管理程度($ABSRM$)在被披露的前三年中存在显著差异,但从数值上来看,差异并不大。其中仅被 ST($F=3$)的样本在被 ST 的前三年中真实盈余管理呈逐年递增的趋势,而只被出具持续经营审计意见($F=2$)的样本和同时被出具持续经营审计意见和被特别处理($F=4$)的样本在危机暴露前期真实盈余管理的变动并不显著,说明被出具持续经营审计意见的上市公司在被出具 GCO 前期的真实盈余管理程度并不会有太大变化。

3. 综合样本盈余管理年间均值比较

表 4-6 列示了综合样本组的均值比较结果,与 AQ 样本和 RM 样本单独比较的结果基本一致,此处不再重述。

---

① 被出具 GCO 或者被 ST 的前一年为报告所属的年份,t−1,t−2,t−3 年表示前三年的数据。

表 4 - 4 AQ样本 $F=(2,3,4)$ 样本组财务困境年间均值比较

变量	$F=(2,3,4)$ $N=467$		$F=2$ $N=250$		$F=3$ $N=176$		$F=4$ $N=83$	
	t−1 vs. t	t−2 vs. t	t−1 vs. t	t−2 vs. t	t−1 vs. t	t−2 vs. t	t−1 vs. t	t−2 vs. t
ABSAQ	0.002 1	0.001 3	−0.002 5	0.011 5	0.004 2	−0.011 0	0.017 7	−0.015 2
QR	0.010 5	0.076 0***	0.075 8***	0.072 2**	−0.079 1***	0.074 6**	0.026 8	0.238 7***
NOP	0.007 4	0.114 1**	0.283 4***	0.227 7***	−0.348 8***	−0.078 3	−0.274 5**	0.239 9*
ROA	−0.042 9***	−0.028 8***	0.062 3***	0.031 9**	−0.173 9***	−0.116 0***	−0.152 6**	−0.058 2**
EBITIR	−3.790 2***	−3.996 9***	1.651 0	−0.251 8	−11.125 7***	−9.324 0***	−5.350 5***	−3.140 2**
EPS	−0.044 5***	−0.065 8***	−0.002 0	−0.050 6***	−0.108 0***	−0.089 5***	−0.080 5**	−0.067 1**
ART	−9.937 8*	−13.817 9*	−1.502 9	−0.186 1	−23.479 9	−34.848 9*	−22.763 0	−26.223 5
TAT	−0.021 5*	−0.023 7	0.008 1	−0.023 1	−0.070 8***	−0.030 8	−0.001 3	0.044 2
CFCDR	−0.009 3	−0.006 9	0.029 4**	0.022 8*	−0.066 8***	−0.055 3***	−0.004 8	0.007 7
MBG	−0.119 1***	−0.120 1***	0.111 1**	0.046 8	−0.453 4***	−0.366 0***	−0.209 3*	−0.088 6
LEV	−0.041 3***	−0.141 2***	−0.088 8***	−0.141 1***	0.026 9	−0.123 0***	−0.087 4***	−0.331 9***
LNA	0.105 6***	0.219 0***	0.169 0***	0.248 1***	−0.015 6	0.126 7**	0.222 0***	0.468 1***

* $p<0.1$，** $p<0.05$，*** $p<0.01$，双尾。

所有权性质、盈余管理与企业财务困境

表4-5 RM样本 $F=(2,3,4)$ 样本组财务困境年间均值比较

变量	$F=(2,3,4)$ $N=498$		$F=2$ $N=261$		$F=3$ $N=146$		$F=4$ $N=91$	
	t−1 vs. t	t−2 vs. t	t−1 vs. t	t−2 vs. t	t−1 vs. t	t−2 vs. t	t−1 vs. t	t−2 vs. t
ABSRM	−0.047 1***	−0.054 4***	0.003 6	0.043 3*	−0.100 9***	−0.120 2***	−0.018 0	−0.044 2*
QR	0.001 4	0.066 3***	0.456 8***	0.454 2***	−0.197 7***	−0.168 2***	0.020 9	0.220 0***
NOP	−0.017 7	0.072 4*	0.685 5***	0.729 3***	−0.375 2***	−0.381 0***	−0.278 9***	0.162 4
ROA	−0.047 3***	−0.034 3***	0.114 9***	0.125 3***	−0.118 4***	−0.139 9***	−0.148 1***	−0.063 7***
EBITIR	−3.786 1***	−4.063 7***	6.616 5***	10.111 0***	−9.561 4***	−9.996 8***	−5.570 6***	−3.489 5***
EPS	−0.037 6***	−0.052 8***	0.074 1***	0.109 5***	−0.016 5	0.011 3	−0.061 5***	−0.045 0***
ART	−9.051 7	−12.515 4	24.901 7	42.504 0	1.688 9	3.510 5	−25.364 9	−28.135 1
TAT	−0.026 1**	−0.026 4	0.210 6***	0.257 7***	−0.144 2***	−0.151 8***	−0.003 2	0.037 7
CFCDR	−0.008 5	−0.001 7	0.115 9***	0.081 8***	−0.085 9***	−0.068 4***	0.010 0	0.017 7
MBG	−0.098 9**	−0.105 4*	0.101 9**	0.260 1***	−0.400 6***	−0.437 8***	−0.183 9*	−0.060 8
LEV	−0.028 6**	−0.120 6***	−0.581 1***	−0.587 9***	0.294 1***	0.213 8***	−0.071 7**	−0.283 3***
LNA	0.102 8***	0.199 8***	1.906 5***	1.798 4***	−0.637 1***	−0.585 6***	0.220 4***	0.446 7***

* $p<0.1$, ** $p<0.05$, *** $p<0.01$,双尾。

表 4-6　综合样本 $F=(2,3,4)$ 样本组财务困境年间均值比较

变量	$F=(2,3,4)$ $N=460$		$F=2$ $N=248$		$F=3$ $N=132$		$F=4$ $N=80$	
	t−2 vs. t−1	t−3 vs. t−1	t−2 vs. t−1	t−3 vs. t−1	t−2 vs. t−1	t−3 vs. t−1	t−2 vs. t−1	t−3 vs. t−1
ABSAQ	0.001 9	0.002 4	−0.001 1	0.013 2*	0.000 7	−0.007 0	0.013 1	−0.015 2
ABSRM	−0.036 2***	−0.046 9***	−0.031 3*	−0.028 4*	−0.064 7**	−0.090 7***	−0.004 4	−0.032 1
QR	0.006 8	0.069 5***	0.071 7***	0.067 1***	−0.120 4**	−0.015 6	0.015 9	0.217 4***
NOP	0.003 5	0.105 4**	0.270 6***	0.214 3***	−0.336 2**	−0.177 0***	−0.263 9**	0.234 0*
ROA	−0.042 7***	−0.029 7***	0.060 1***	0.029 5*	−0.171 8***	−0.124 8***	−0.148 6***	−0.056 4*
EBITIR	−3.815 5***	−4.095 0***	1.544 3	−0.375 0	−13.026 6***	−11.622 7***	−5.232 8**	−3.206 0***
EPS	−0.042 7***	−0.065 8***	−0.004 1	−0.053 7***	−0.096 0***	−0.091 2***	−0.074 5**	−0.061 3**
ART	−10.269 9*	−14.203 8*	−1.515 7	0.198 8	−17.970 5	−32.725 5	−24.702 1	−28.291 2
TAT	−0.022 2*	−0.024 6	0.006 5	−0.024 5	−0.089 4***	−0.065 8***	−0.000 2	0.043 5
CFCDR	−0.009 5	−0.006 1	0.025 3**	0.021 3*	−0.086 6***	−0.069 5***	0.010 0	0.013 6
MBG	−0.124 2***	−0.125 5***	0.105 9**	0.043 5	−0.503 4***	−0.462 3***	−0.211 7*	−0.093 5
LEV	−0.040 2***	−0.138 5***	−0.087 8***	−0.140 8***	0.076 5*	−0.023 5	−0.085 4*	−0.321 1***
LNA	0.102 6***	0.213 0***	0.166 7***	0.246 5***	−0.086 1*	0.006 8	0.215 6***	0.449 0***

* $p<0.1$,** $p<0.05$,*** $p<0.01$,双尾。

综上分析可以发现,在组间均值比较中已经初步得出了应计盈余管理和财务困境的正相关性以及真实盈余管理和财务困境的负相关性,即财务困境组子样本的应计盈余管理程度较大,但是年间均值比较的结果显示财务困境组各年间的差异并不显著;财务困境子样本的真实盈余管理程度很小,年间均值比较的结果显示财务困境组各年间均值存在显著差异。

4.4 回归结果分析

4.4.1 盈余管理和财务困境的 Ologit 回归检验

4.4.1.1 AQ 样本回归结果分析

表 4-7 列示了 AQ 样本组应计盈余管理和财务困境的回归结果。方程(1)检验了应计盈余管理和二维度财务困境的关系,方程(2)检验了真实盈余管理和四维度财务困境的关系,结果均显示 ABSAQ 和陷入财务困境的概率显著正相关,分别在 0.05 和 0.001 的显著性水平上显著,即应计盈余管理的程度越高,陷入财务困境的可能性越大,证实了假设 1。

从其他财务指标的回归结果来看,盈利能力、偿债能力、经营效率、成长性都和财务困境发生概率呈显著的负相关性。

表 4-7　AQ 样本实证检验结果

被解释变量 方程	f (1)	F (2)
ABSAQ	1.249**	1.515***
	(0.016)	(0.001)
QR	−0.511***	−0.780***
	(0.000)	(0.000)
NOP	−0.326***	−0.093
	(0.000)	(0.185)
ROA	−3.116***	−2.030***
	(0.000)	(0.000)
EBITIR	−0.013***	−0.016***
	(0.003)	(0.000)

被解释变量 方程	f (1)	F (2)
EPS	−3.774***	−3.975***
	(0.000)	(0.000)
ART	0.000	0.000
	(0.304)	(0.715)
TAT	−0.671***	−0.541***
	(0.000)	(0.000)
CFCDR	−0.958***	−1.186***
	(0.000)	(0.000)
MBG	−0.051	−0.083
	(0.413)	(0.154)
LEV	2.486***	1.226***
	(0.000)	(0.000)
LNA	−0.543***	−0.518***
	(0.000)	(0.000)
IND	YES	YES
YEAR	YES	YES
year	YES	YES
CONS	8.232***	
	(0.000)	
CUT1		−8.836***
		(0.000)
CUT2		−7.709***
		(0.000)
CUT3		−6.551***
		(0.000)
LR chi²	3 855.513	3 462.163
Prob>chi²	0.000 0	0.000 0

续表

被解释变量 方程	f (1)	F (2)
Pseudo R²	0.402	0.279
N	16 491	16 491

1. 方程采用 AQ 样本；

2. 加入新变量 f 作为被解释变量，取值 1：$F=2$、3、4；取值 0：$F=1$；$f=1$ 表示财务困境，$f=0$ 表示财务正常；其他变量定义见附录；

3. 方程(1)被解释变量为 f，采用多元 Logit 回归检验陷入财务困境的概率和真实盈余管理、应计盈余管理的关系；方程(2)被解释变量为 F，采用多元有序 Ologit 回归检验陷入财务困境的概率和真实盈余管理、应计盈余管理的关系；为了控制异常值的影响，对所有的连续变量进行了 $\pm 1\%$ 的缩尾处理；

4. LR chi² 代表整个方程的拟合度，可以看到两个方程的 Prob > chi² 显著性均在 0.000 0 的水平上，因此方程整体拟合度很高；

5. Pseudo R² 显示解释变量对二分类财务困境变量 f 的解释力在 0.40，对四分类财务困境变量 F 的解释力在 0.28，因此六个方程都能够很好地解释因变量；

6. $* \ p<0.1$，$** \ p<0.05$，$*** \ p<0.01$，双尾

4.4.1.2　RM 样本回归结果分析

表 4-8 列示了真实盈余管理和财务困境发生概率关系的回归结果，方程(1)检验了真实盈余管理和二维度财务困境的关系，方程(2)检验了真实盈余管理和四维度财务困境的关系，结果均显示：$ABSRM$ 和财务困境的概率显著负相关，均在 0.001 的显著性水平上显著，即真实盈余管理程度越高，陷入财务困境的可能性越小，证实了假设 2。其他财务指标的回归结果同 AQ 样本的回归结果，此处不再重述。

表 4-8　RM 样本实证检验结果

被解释变量 方程	f (1)	F (2)
ABSRM	-0.678^{***}	-0.608^{***}
	(0.000)	(0.001)
QR	-0.421^{***}	-0.658^{***}
	(0.000)	(0.000)
NOP	-0.440^{***}	-0.170^{**}
	(0.000)	(0.023)
ROA	-2.882^{***}	-2.116^{***}
	(0.000)	(0.000)

被解释变量 方程	f (1)	F (2)
EBITIR	−0.014***	−0.016***
	(0.001)	(0.000)
EPS	−4.230***	−4.412***
	(0.000)	(0.000)
ART	0.000	0.000
	(0.111)	(0.387)
TAT	−0.578***	−0.477***
	(0.000)	(0.000)
CFCDR	−0.993***	−1.226***
	(0.000)	(0.000)
MBG	0.062	0.023
	(0.275)	(0.659)
LEV	2.561***	1.392***
	(0.000)	(0.000)
LNA	−0.533***	−0.514***
	(0.000)	(0.000)
IND	YES	YES
YEAR	YES	YES
year	YES	YES
CONS	8.121***	
	(0.000)	
CUT1		−8.832***
		(0.000)
CUT2		−7.757***
		(0.000)
CUT3		−6.618***
		(0.000)

第4章 盈余管理和财务困境的关系研究

续表

被解释变量 方程	f (1)	F (2)
LR chi^2	4 148.630	3 747.749
Prob>chi^2	0.000 0	0.000 0
Pseudo R^2	0.396	0.278
N	19 089	19 089

1. 方程采用 RM 样本。

2. 加入新变量 f 作为被解释变量,取值 1:$F=2$、3、4;取值 0:$F=1$;$f=1$ 表示财务困境,$f=0$ 表示财务正常;其他变量定义见附录。

3. 方程(1)被解释变量为 f,采用多元 Logit 回归检验陷入财务困境的概率和真实盈余管理、应计盈余管理的关系;方程(2)被解释变量为 F,采用多元有序 Ologit 回归检验陷入财务困境的概率和真实盈余管理、应计盈余管理的关系;为了控制异常值的影响,对所有的连续变量进行了 $\pm 1\%$ 的缩尾处理。

4. LR chi^2 代表整个方程的拟合度,可以看到两个方程的 Prob>chi^2 显著性均在 0.000 0 的水平上,因此方程整体拟合度很高。

5. Pseudo R^2 显示解释变量对二分类财务困境变量 f 的解释力在 0.40,对四分类财务困境变量 F 的解释力在 0.28,因此六个方程都能够很好地解释因变量。

6. $*\ p<0.1$,$**\ p<0.05$,$***\ p<0.01$,双尾。

4.4.1.3　综合样本回归结果分析

表 4-9 综合样本实证检验结果列示了真实盈余管理和财务困境发生概率的回归结果、应计盈余管理和财务困境发生概率的回归结果,以及真实盈余管理和应计盈余管理两者的相互影响。方程(1)(4)检验了应计盈余管理和财务困境的关系,方程(2)(5)检验了真实盈余管理和财务困境的关系,方程(3)(6)进一步检验了应计盈余管理和真实盈余管理是否存在相互影响。结果均显示:

1. ABSAQ 和陷入财务困境的概率显著正相关,即应计盈余管理的程度越高,陷入财务困境的可能性越大,与 AQ 样本检验结果一致,说明假设 1 的结论具有稳健性。

2. ABSRM 和财务困境的概率显著负相关,即真实盈余管理程度越高,陷入财务困境的可能性越小,与 RM 样本的检验结果一致,说明假设 2 的结论具有稳健性。

表 4-9 综合样本实证检验结果

被解释变量	f			F		
方程	(1)	(2)	(3)	(4)	(5)	(6)
ABSAQ	1.208**		1.496***	1.500***		1.759***
	(0.021)		(0.005)	(0.001)		(0.000)
ABSRM		−0.722***	−0.937***		−0.638***	−0.724***
		(0.001)	(0.000)		(0.001)	(0.001)
ZABSAQ *ZABSRM			0.038			−0.001
			(0.186)			(0.963)
QR	−0.562***	−0.536***	−0.544***	−0.828***	−0.799***	−0.814***
	(0.000)	(0.000)	(0.000)	(0.000)	(0.000)	(0.000)
NOP	−0.319***	−0.368***	−0.344***	−0.086	−0.131*	−0.107
	(0.001)	(0.000)	(0.000)	(0.226)	(0.067)	(0.133)
ROA	−3.141***	−3.188***	−3.073***	−2.070***	−2.197***	−2.058***
	(0.000)	(0.000)	(0.000)	(0.000)	(0.000)	(0.000)
EBITIR	−0.012***	−0.011***	−0.012***	−0.016***	−0.014***	−0.015***
	(0.004)	(0.009)	(0.004)	(0.000)	(0.000)	(0.000)
EPS	−3.791***	−3.753***	−3.756***	−3.964***	−3.929***	−3.925***
	(0.000)	(0.000)	(0.000)	(0.000)	(0.000)	(0.000)
ART	0.000	0.000	0.000	0.000	0.000	0.000
	(0.310)	(0.280)	(0.286)	(0.729)	(0.700)	(0.674)
TAT	−0.667***	−0.626***	−0.614***	−0.534***	−0.499***	−0.489***
	(0.000)	(0.000)	(0.000)	(0.000)	(0.000)	(0.000)
CFCDR	−0.977***	−0.930***	−0.826***	−1.224***	−1.208***	−1.115***
	(0.000)	(0.000)	(0.000)	(0.000)	(0.000)	(0.000)
MBG	−0.040	0.009	−0.013	−0.072	−0.026	−0.045
	(0.514)	(0.886)	(0.842)	(0.212)	(0.664)	(0.442)
LEV	2.403***	2.448***	2.415***	1.157***	1.185***	1.151***
	(0.000)	(0.000)	(0.000)	(0.000)	(0.000)	(0.000)

所有权性质、盈余管理与企业财务困境

续表

被解释变量	f			F		
方程	(1)	(2)	(3)	(4)	(5)	(6)
LNA	−0.551***	−0.569***	−0.566***	−0.527***	−0.545***	−0.537***
	(0.000)	(0.000)	(0.000)	(0.000)	(0.000)	(0.000)
IND	YES	YES	YES	YES	YES	YES
YEAR	YES	YES	YES	YES	YES	YES
year	YES	YES	YES	YES	YES	YES
CONS	8.545***	9.055***	8.931***			
	(0.000)	(0.000)	(0.000)			
CUT1				−9.179***	−9.727***	−9.449***
				(0.000)	(0.000)	(0.000)
CUT2				−8.042***	−8.591***	−8.312***
				(0.000)	(0.000)	(0.000)
CUT3				−6.874***	−7.427***	−7.144***
				(0.000)	(0.000)	(0.000)
LR chi²	3 760.676	3 767.677	3 777.293	3 367.351	3 368.259	3 382.876
Prob>chi²	0.000 0	0.000 0	0.000 0	0.000 0	0.000 0	0.000 0
Pseudo R²	0.400	0.401	0.402	0.277	0.277	0.279
N	15966	15 966	15 966	15 966	15 966	15 966

1. 回归所用样本为 AQ 样本和 RM 样本综合，删去了 2013 年的 RM 样本以及部分 AQ 和 RM 数据不全的样本，剩余共 15 966 个公司样本年。

2. 加入新变量 f 作为被解释变量，取值 1：$F=2、3、4$；取值 0：$F=1$；$f=1$ 表示财务困境，$f=0$ 表示财务正常；其他变量定义见附录。

3. 方程(1)～(3)被解释变量为 f，采用多元 Logit 回归检验陷入财务困境的概率和真实盈余管理、应计盈余管理的关系；方程(4)～(6)被解释变量为 F，采用多元有序 Ologit 回归检验陷入财务困境的概率和真实盈余管理、应计盈余管理的关系；为了控制异常值的影响，对所有的连续变量进行了 ±1% 的缩尾处理。

4. LR chi² 代表整个方程的拟合度，可以看到所有方程的 Prob>chi² 显著性均在 0.000 0 的水平上，因此方程整体拟合度很高。

5. Pseudo R² 显示解释变量对二分类财务困境变量 f 的解释力在 0.40，对四分类财务困境变量 F 的解释力在 0.28，因此六个方程都能够很好地解释因变量。

6. * $p<0.1$，** $p<0.05$，*** $p<0.01$，双尾。

3. ABSAQ 和 ABSRM 的标准化交互项并不显著，说明在盈余管理对陷入财务困境可能性的影响中，应计盈余管理和真实盈余管理并不会对对方财务困境的作用产生影响,两者对财务困境的影响作用是独立的。

其他财务指标的检验结果均同 AQ 样本及 RM 样本,不再赘述。

4.4.2 盈余管理和财务困境分年 Ologit 回归检验

表 4-10 列示了分别以 AQ 样本和 RM 样本检验的分年度盈余管理和财务困境关系。表 4-6 中,方程(1)~(3)分别检验了 t-1 年,t-2 年,t-3 年应计盈余管理和财务困境概率的关系,方程(4)~(6)分别检验了 t-1 年,t-2 年,t-3 年真实盈余管理和财务困境概率的关系。从结果来看,*ABSAQ* 和 *F* 在 t-1 年和 t-2 年显著正相关,t-3 年并不相关,并且从系数比较上来看,t-1 年的 *ABSAQ* 对陷入财务困境的概率影响更大,说明越靠近财务困境曝光的时点,应计盈余管理的程度越高,管理层越希望借助应计盈余管理来掩盖财务困境,但是由于应计盈余管理的高风险性和高关注度,无法避免被出具持续经营审计意见或者被特别处理,这进一步论证了假设 1。*ABSRM* 和 *F* 在 t-1 年并不相关,在 t-2 和 t-3 年显著负相关,同样从系数大小上比较可以发现 t-3 年的 *ABSRM* 对陷入财务困境的概率影响更大,这与应计盈余管理的结论完全相反,一方面说明真实盈余管理受到企业经营状况的限制,在财务困境时期或者临近财务困境时期,上市公司经营处于失常状态,此时上市公司无法通过真实的经营活动来调节盈余,另一方面,前两年的真实盈余管理程度和财务困境发生概率的显著负相关性也可说明真实盈余管理并不会使企业未来的经营业绩恶化,因为管理层在进行真实盈余管理时运用了私人信息,管理层会仔细评估真实盈余管理活动的成本效益,避免损害未来的绩效,假设 2 进一步得到证实。

表 4-10 盈余管理和财务困境分年度回归检验结果

被解释变量	*F*					
方程	(1)t-1	(2)t-2	(3)t-3	(4)t-1	(5)t-2	(6)t-3
ABSAQ	2.338***	1.982**	-0.338			
	(0.003)	(0.014)	(0.660)			
ABSRM				-0.089	-0.820**	-1.265***
				(0.732)	(0.017)	(0.000)
QR	-0.981***	-0.759***	-0.522***	-0.839***	-0.639***	-0.389**
	(0.000)	(0.000)	(0.003)	(0.000)	(0.001)	(0.021)

被解释变量	F					
方程	(1)t-1	(2)t-2	(3)t-3	(4)t-1	(5)t-2	(6)t-3
NOP	-0.227*	-0.143	0.361***	-0.266**	-0.201	0.247*
	(0.057)	(0.267)	(0.006)	(0.034)	(0.143)	(0.071)
ROA	0.684	-5.713***	-0.396	1.020*	-6.241***	-0.656
	(0.249)	(0.000)	(0.616)	(0.095)	(0.000)	(0.406)
EBITIR	-0.008*	-0.026**	-0.093***	-0.009**	-0.024**	-0.090***
	(0.079)	(0.024)	(0.000)	(0.048)	(0.032)	(0.000)
EPS	-9.040***	-4.726***	-2.436***	-8.855***	-5.023***	-2.854***
	(0.000)	(0.000)	(0.000)	(0.000)	(0.000)	(0.000)
ART	-0.000	0.000	0.000	-0.000	0.000	0.000*
	(0.525)	(0.631)	(0.111)	(0.616)	(0.368)	(0.057)
TAT	-0.536***	-0.535***	-0.722***	-0.520***	-0.487***	-0.605***
	(0.001)	(0.001)	(0.000)	(0.000)	(0.002)	(0.000)
CFCDR	-0.408	-1.129***	-1.637***	-0.590*	-1.260***	-1.215***
	(0.219)	(0.004)	(0.000)	(0.071)	(0.001)	(0.001)
MBG	0.151*	-0.186	-0.391***	0.167**	0.032	-0.247**
	(0.058)	(0.115)	(0.002)	(0.030)	(0.742)	(0.035)
LEV	1.413***	1.298***	1.235***	1.714***	1.453***	1.295***
	(0.000)	(0.000)	(0.000)	(0.000)	(0.000)	(0.000)
LNA	-0.666***	-0.472***	-0.373***	-0.685***	-0.460***	-0.350***
	(0.000)	(0.000)	(0.000)	(0.000)	(0.000)	(0.000)
IND	YES	YES	YES	YES	YES	YES
YEAR	YES	YES	YES	YES	YES	YES
CUT1	-11.830***	-7.457***	-5.839***	-12.315***	-7.314***	-5.312***
	(0.000)	(0.000)	(0.000)	(0.000)	(0.000)	(0.000)
CUT2	-10.639***	-6.132***	-4.797***	-11.182***	-6.063***	-4.312***
	(0.000)	(0.000)	(0.000)	(0.000)	(0.000)	(0.001)
CUT3	-9.455***	-4.720***	-3.706***	-10.016***	-4.700***	-3.233**
	(0.000)	(0.001)	(0.005)	(0.000)	(0.000)	(0.010)
LR chi^2	1 314.118	1 458.936	999.929	1 404.274	1 561.628	1 098.714
Prob>chi^2	0.000 0	0.000 0	0.000 0	0.000 0	0.000 0	0.000 0

被解释变量	F					
方程	(1)t−1	(2)t−2	(3)t−3	(4)t−1	(5)t−2	(6)t−3
Pseudo R²	0.318	0.353	0.242	0.312	0.347	0.244
N	5 497	5 497	5 497	6 363	6 363	6 363

1. 方程(1)~(3)采用 AQ 样本,分别为 t−1/t−2/t−3 年子样本数据,方程(4)~(6)采用 RM 样本,分别为 t−1/t−2/t−3 年子样本数据。

2. 被解释变量为 F,采用多元有序 Ologit 回归检验陷入财务困境的概率和真实盈余管理、应计盈余管理的关系;为了控制异常值的影响,对所有的连续变量进行了 ±1% 的缩尾处理。

3. LR chi² 代表整个方程的拟合度,可以看到所有方程的 Prob > chi² 显著性均在 0.000 0 的水平上,因此方程整体拟合度很高。

4. Pseudo R² 显示总体而言解释变量的解释力都较高,其中 t−2 年的数据解释力最高,t−3 年的解释力最低,即财务困境所属年份的前一年的盈余管理和财务指标最能解释未来陷入财务困境的可能性。

5. * $p<0.1$,** $p<0.05$,*** $p<0.01$,双尾。

表 4−11 列示了以综合样本检验的应计盈余管理、真实盈余管理和财务困境的分年度关系,回归结果与表 4−10 一致,证明了回归结果的稳健性。

表 4−11　盈余管理和财务困境分年度回归检验结果——综合样本

被解释变量	F					
方程	(1)t−1	(2)t−2	(3)t−3	(4)t−1	(5)t−2	(6)t−3
ABSAQ	2.339***	1.946**	−0.308			
	(0.004)	(0.017)	(0.690)			
ABSRM				−0.154	−0.792**	−1.164***
				(0.597)	(0.025)	(0.003)
QR	−0.983***	−0.818***	−0.582***	−0.945***	−0.785***	−0.549***
	(0.000)	(0.000)	(0.001)	(0.000)	(0.000)	(0.002)
NOP	−0.203 *	−0.138	0.370***	−0.262**	−0.190	0.342***
	(0.090)	(0.284)	(0.005)	(0.029)	(0.146)	(0.009)
ROA	0.637	−5.706***	−0.333	0.491	−5.863***	−0.432
	(0.285)	(0.000)	(0.674)	(0.412)	(0.000)	(0.585)
EBITIR	−0.008 *	−0.025**	−0.095***	−0.006	−0.023**	−0.093***
	(0.089)	(0.028)	(0.000)	(0.185)	(0.040)	(0.000)
EPS	−9.477***	−4.633***	−2.458***	−9.516***	−4.565***	−2.445***
	(0.000)	(0.000)	(0.000)	(0.000)	(0.000)	(0.000)

所有权性质、盈余管理与企业财务困境

被解释变量	F					
方程	(1)t−1	(2)t−2	(3)t−3	(4)t−1	(5)t−2	(6)t−3
ART	−0.000	0.000	0.000	−0.000	0.000	0.000
	(0.535)	(0.655)	(0.109)	(0.493)	(0.592)	(0.108)
TAT	−0.534***	−0.525***	−0.718***	−0.523***	−0.483***	−0.638***
	(0.001)	(0.002)	(0.000)	(0.001)	(0.004)	(0.000)
CFCDR	−0.445	−1.198***	−1.594***	−0.507	−1.152***	−1.417***
	(0.189)	(0.002)	(0.000)	(0.144)	(0.005)	(0.000)
MBG	0.160**	−0.179	−0.385***	0.207**	−0.129	−0.371***
	(0.042)	(0.126)	(0.002)	(0.010)	(0.282)	(0.003)
LEV	1.332***	1.234***	1.178***	1.367***	1.267***	1.195***
	(0.000)	(0.000)	(0.000)	(0.000)	(0.000)	(0.000)
LNA	−0.679***	−0.479***	−0.383***	−0.694***	−0.504***	−0.387***
	(0.000)	(0.000)	(0.000)	(0.000)	(0.000)	(0.000)
IND	YES	YES	YES	YES	YES	YES
YEAR	YES	YES	YES	YES	YES	YES
CUT1	−12.226***	−7.714***	−6.174***	−12.758***	−8.438***	−6.332***
	(0.000)	(0.000)	(0.000)	(0.000)	(0.000)	(0.000)
CUT2	−11.026***	−6.383***	−5.120***	−11.559***	−7.112***	−5.275***
	(0.000)	(0.000)	(0.000)	(0.000)	(0.000)	(0.000)
CUT3	−9.831***	−4.973***	−4.016***	−10.372***	−5.709***	−4.172***
	(0.000)	(0.000)	(0.003)	(0.000)	(0.000)	(0.002)
LR chi^2	1 282.165	1 412.826	977.074	1 274.201	1 412.677	986.867
Prob>chi^2	0.000 0	0.000 0	0.000 0	0.000 0	0.000 0	0.000 0
Pseudo R^2	0.317	0.349	0.241	0.315	0.349	0.244
N	5 322	5 322	5 322	5 322	5 322	5 322

1. 方程均采用综合样本,分别为 t−1/t−2/t−3 年子样本数据。

2. 被解释变量为 F,采用多元有序 Ologit 回归检验陷入财务困境的概率和真实盈余管理、应计盈余管理的关系;为了控制异常值的影响,对所有的连续变量进行了±1%的缩尾处理。

3. LR chi^2 代表整个方程的拟合度,可以看到所有方程的 Prob>chi^2 显著性均在 0.000 0 的水平上,因此方程整体拟合度很高。

4. Pseudo R^2 显示总体而言解释变量的解释力都较高,其中 t−2 年的数据解释力最高,t−3 年的解释力最低,即财务困境所属年份的前一年的盈余管理和财务指标最能解释未来陷入财务困境的可能性。

5. * $p<0.1$,** $p<0.05$,*** $p<0.01$,双尾。

4.5 本章小结

综上对应计盈余管理、真实盈余管理和财务困境的关系的研究结果发现：

1. 应计盈余管理具有投机性，在临近财务困境发生前1~2年大量出现，因此应计盈余管理一方面代表着高风险，审计师特别关注，另一方面也是一种劣质的盈余管理行为，会损害企业价值，因此应计盈余管理程度越高，财务困境发生的概率越高。

2. 真实盈余管理具有真实性，一方面需要依靠真实的经营活动才能发生，因此在临近财务困境发生的阶段，企业处于非常经营状态，缺乏真实盈余管理的空间；另一方面真实盈余管理依赖真实的经营活动，管理层在运用时通常糅合了部分私人信息，也会避免损害企业未来的绩效。这一方面说明有一些真实盈余管理行为，能够降低财务困境发生概率。综上真实盈余管理程度越高，财务困境发生的概率越低；另一方面也说明真实盈余管理相对不会引起监管者和审计师的注意，暴露的风险较小。

3. 应计盈余管理和真实盈余管理同时存在于企业的经营活动中，两者对财务困境发生概率的作用并不受到对方的影响，是相互独立的。

第5章

所有权性质、盈余管理和财务困境

5.1 问题的提出

5.1.1 我国上市公司的股权结构现状

企业的所有权及控制权与其经营绩效之间的关系是管理学研究中经常讨论的一个议题(刘勺佳等,2003)。其中,控股股东的类型是研究关注的重要方面。中国正处于转型经济时期,市场资源配置能力较弱,配套的市场规则仍需完善,因此政府参与市场配置就成了是和当前中国转型经济发展阶段相适应的制度安排。与发达国家市场中以私有产权为主导的股权结构相比,中国大多数上市公司目前仍然直接或间接地被政府最终控制着。

表5-1以2013年沪深两市A股上市公司为例,统计了我国上市公司具体的股权结构情况。其中,国家控股企业又可以分为中央政府机构实际控制的企业,包括国务院、国有资产监督管理委员会、财政部、教育部等相关政府部门实际控制的企业;地方各级政府机构实际控制的企业,包括省/市人民政府、省/市国资委、省/市财政局、省/市教育部等地方政府部门实际控制的企业。从表5-1我们可以看出,地方政府部门控制的上市公司数量最多,为599家,占2013年沪深两市A股主板上市公司总数的42%,中央政府部门控制的上市公司数量最少,占22%,非国家控股的上市公司为512家,数量居

中,占比为 36%。从实际控制人拥有的上市公司控制权比例上来看,中央政府部门作为最终控股股东拥有上市公司控制权的平均比例最高,为 43.56%,地方政府部门随后,比例为 40.80%,非政府部门作为实际控制人的平均控制权比例最低,为 31.55%。

表 5-1 2013 年中国上市公司的股权结构

最终控股股东类型		公司数量	占上市公司总数的比例	实际控制人拥有上市公司控制权比例①
国家控股	中央政府部门	308	22%	43.56%
	地方政府部门	599	42%	40.80%
非国家控股		512	36%	31.55%

5.1.2 所有权性质相关文献综述

5.1.2.1 所有权性质和盈余管理

现有的很多文献都研究了所有权结构对公司治理和盈余质量的影响,认为所有权结构在公司治理和财务绩效方面扮演了重要角色。但是他们的研究得到了两种不同的结论:一种观点认为,国有控股公司相对非国有控股公司来说,代理权争夺问题较小,破产危机较小,因此,有较少的盈余管理的动机(Wang 和 Yung,2011;Kato、Long,2006;Gao,2008;Word Bank,2006)。还有一些研究则显示了相反的结果,他们认为国有控股企业普遍存在股权集中、相互持股问题,这造成控股股东和外部投资者的代理冲突,因此,有更强烈的盈余管理的动机(Aharony 等,2010;Chen 和 Yuan,2004;Fan 和 Wong,2002)。

5.1.2.2 所有权性质和企业绩效

如前文所述(见 2.4.1 节),一方面国有企业拥有与政府的政治联系优势,这可能使国企的业绩优于非国企(Wong,2008);另一方面,与国家所有权相连的政治成本和代理成本可能导致国有企业有更低的效率和业绩(薛云奎和白云霞,2008)。因此,针对中国市场上企业所有权性质和绩效关系的研究结论并未统一,存在正相关、负相关和 U 型关系三种结论,其中 U 型关系又分为正 U 型、倒 U 型两种结论。

---

① 控制权股份指有表决权的股份。

有不少研究也显示,中国政府对公司业绩有正向的影响(Blanchard 和 Shleifer,2001;Qian,2003)。Chen(2009)将中国的企业按照第一大股东的性质细分为四类,SAMB——国有资产管理局持股,SOECG——中央政府直接持有或建立,SOELG——地方政府直接持有,PI——私人持股。比较不同所有权性质企业的绩效表现发现,国有资产管理局持股(SAMB)和私人持股(PI)绩效表现最差,中央政府直接持有或建立的国企(SOECG)绩效表现最好,地方政府直接持有的国企(SOELG)其次,这在一定程度上证明了国企表现优于非国有企业。Chen(1998)也发现国家持股和企业业绩是正相关关系。

也有一些研究得出了相反的结论(Xu 和 Wang 1999;Qi 等,2000;Sun 和 Tong 2003;Bai 等,2004;Xu 等,2005;Sun 等,2005)。谢梅、郑爱华(2009)比较了股权分置改革前后企业最终所有权性质对企业绩效的影响,研究发现无论是股改前还是股改后,国家控股权对企业绩效具有显著的负面影响。夏立军和方轶强(2005)将中国上市公司细分为政府控制和非政府控制两类,以 2001 年至 2003 年期间的上市公司为样本,发现政府控制尤其是县级和市级政府控制对公司价值产生了负面影响。Sun 和 Tong(2003)发现公司上市后,国家股对公司业绩存在不利的影响,而法人股对公司业绩存在正面影响。

也有一些学者得出国家所有权和企业业绩是 U 型关系的结论。其中,Tian 和 Estrin(2005)的研究表明国家所有权和企业业绩是正 U 型关系,即在转折点之前呈负相关关系,即越多国有权性质(可以理解为越多政治联系),绩效表现越差,在转折点之后呈正相关关系,即越多国有权性质(可以理解为越多政治联系),绩效表现越好;Sun 等(2002)则得出了和 Tian 和 Estrin(2005)相反的结论,即国家所有权和企业业绩是倒 U 型关系,也即在转折点之前呈正相关关系,即越多国有权性质,绩效表现越好,在转折点之后呈负相关关系,即越多国有权性质,绩效表现越差;Ng 等(2009)在上述研究基础上扩大了样本容量,研究结论支持倒 U 型关系。

5.1.2.3 对已有研究的评价及本章的研究思路

从上述文献回顾中,我们可以发现,已有研究对所有权性质和企业业绩关系的结论是不一致的。之所以产生不一致的原因可能是没有考虑所有权性质通过盈余管理对财务危机产生的间接影响。企业所有权性质不仅会直接影响企业的绩效表现,也会影响企业的盈余管理动机和程度,结合第 4 章的研究结果,盈余管理会对企业财务状况造成影响,因此,我们可以推理出所有权性质可以通过盈余管理对财务危机产生间接影响。国内这方面的研究很少,其中刘继红(2009)研究了国有股权、应计盈余管理和审计意见的关系。结果发现,国企正向应计盈余管理和被出具非标意见的概率显著正相关,非国企中虽然也存在这样的正相关关系,但正相关关系相对弱一些;在负向应计盈余管理中无论是国企还是非国企,均存在盈余管理程度和非标审计意见的正相关关系,即所有权性质此时并不存在影响。但是,刘继红(2009)的研究没有考虑真实盈余管理在所有权对非标审计意见的关系中的作用。我们在第4章的研究中已经发现,真实盈余管理和应计盈余管理对财务困境的影响体现了不同的特性。

因此,本章有必要基于第4章的研究结果,进一步将所有权性质结合进盈余管理和财务困境关系的讨论中,并分别考虑应计盈余管理和真实盈余管理在这个关系中的不同作用。本章的讨论将在分别分析所有权性质对盈余管理和财务危机的直接影响的基础上,讨论盈余管理在所有权性质和财务危机关系中的中介作用,并将所有权性质对财务危机的直接和间接作用进行综合分析得出最终结论。

5.2 理论分析和假设

5.2.1 所有权性质和盈余管理的关系分析

在前面我们已述及由于现代公司制委托代理关系所带来的契约摩擦(Contracting Frictions)和沟通摩擦(Communication Frictions),使管理层产生了各种不同的盈余管理动机。国外盈余管理的实证研究中验证了各种不同的盈余管理动机,主要可归纳为三类:(1)资本市场动机,管理当局通过操纵盈余来影响公司股票短期价格的表现;(2)契约动机,会计数据被用来监控管理当局和公司众多利益关系人之间的契约,包括债务契约和管理报酬契约;(3)监管动机,包括行业监管和反托拉斯监管(Healy,1999)。

关于国有控股和盈余管理的关系,我们认为国有企业相对非国有企业来说国有企业管理者有较少的盈余管理动机。这主要基于以下几点分析:

1. 国有企业市场竞争压力较小。相对于非国有企业,国有企业具有政治联系优势,更容易获得政府财务和政治上的支持,竞争压力较小。国有企业可以比较方便地获得政府采购或与其他国企的合作机会,市场竞争压力较小,所以较非国企盈余管理的动机不强(高燕,2008)。

2. 国有企业债务合约压力较小。依据 T. J. Wong(2008)的需求论(Demand Argument),国企有优先资本获取路径,证券市场机构和国有银行出于政治、社会、税收等方面的目的会首先优待国企。和私营企业相比,国企更容易获得银行贷款,相对不需要用好的盈余去争取贷款(Liu 和 Lu,2002)。

3. 国有企业盈余压力较小。由于存在预算软约束问题,国有企业亏损经常由政府买单,危机意识缺乏。我国目前还处于从计划经济向市场经济转型过程中,预算软约束问题仍普遍存在,即政府不能承诺不去解救亏损的国有企业,这些解救措施包括财政补贴、贷款支持等(林毅夫和李志赟,2004)。因为国有企业比民营企业更多的承担了政策性负担[①],因此,国有企业一旦发生亏损,政府会追加投资或者贷款,并提供财政补贴。而且由于信息不对称,政府往往不能分辨国有企业亏损是由于政策性负担造成的还是由于自身经营管理不当造成的,那么就会对企业亏损全盘买单。这使国有企业管理者面临较少的盈余压力。

4. 薪酬压力较小。我国国有企业的管理者的薪酬很少和企业业绩直接相关(Cao 等,2011),股权激励在国企中也并不十分普遍(Aharony 等,2000),因此,管理者为了薪酬而进行盈余管理的动机较弱。

5. 满足投资者盈余预期的压力较小。在转型经济中,由于公司治理结构不完善,市场规范不充分,使管理者很少面临满足投资者盈余预期的压力(Wang 和 Yung,2011)。

综上所述,我们提出假设 3:

H3:相比非国有企业,国有企业的盈余管理程度更低。

对于国有企业我们又可细分为中央国企和地方国企,它们的区别在于:(1) 实际控制人的监控力度存在差异。相关研究显示企业上报的政府级别越高,政府对企业的直接控制程度越小(Walder,1995),因此地方政府相对而言和企业的联系更加紧密,因为地方政府依赖这些企业获得收入。相比地方国企,中央国企和中央政府的利益关系弱,因此会受到中央政府及其相关部门更为严格的监管(Chen,2009);(2) 法律法规监管力度的差异。离党中央

---

① 中国国有企业普遍承担着两方面的政策性负担:战略性政策负担和社会性政策负担。前者是指在传统的赶超战略影响下,投资于我国不具备比较优势的资本密集型产业或产业区段所形成的负担,后者是指由于国有企业承担过多的冗员和工人福利等社会性职能而形成的负担(林毅夫、李志赟,2004)。

越远,法律法规执行难度越大,因此地方国企受到法律法规的监管相对较弱;
(3)高管动机的差异。中央国企的董事长通常按照能力来筛选任命,最终会
走上仕途,因此中央国企的高管必须在工作中好好表现,才会有好的升迁
机会。

总之,相比地方国企,中央国企面对的市场竞争压力、债务合约压力、盈
余压力、薪酬压力、满足投资者预期的压力都更小,因此中央国企的盈余管理
动机更弱,基于此,提出假设4:

H4:地方国企的盈余管理程度高于中央国企,但是低于非国企。

5.2.2 所有权性质和财务困境的关系分析

我们认为,所有权性质和财务困境的关系应该从直接影响和间接影响两
个方面来进行分析。

1. 所有权性质对财务困境的直接影响

很多研究认为,国有企业相对非国有企业来说有更差的业绩和效率,更
容易陷入财务困境。这种分析主要是基于以下几个原因:(1)由于要承担政
策性负担,不会将精力完全集中于经济业绩;(2)国有企业面临着比私营企
业更严重的代理问题;(3)公司治理不完善,市场竞争不充分(Wang 和
Yung,2011)。

但是,我们认为,随着中国特色市场经济改革的不断深入,法律法规的不
断完善,情况可能已经发生了改变,认为国有股权对业绩有促进作用主要是
基于以下几个原因:(1)国有企业有优先资本获取路径,证券市场机构和国
有银行出于政治、社会、税收等方面的目的会首先优待国企,国企绩效表现应
当优于非国企(T. J. Wong,2008);(2)国有企业能比较容易地从银行等金融
机构获得贷款,融资成本相对较低;(3)国企高管通常由政府任命,这些高管
一般以走上仕途为最终目标,这种政治升迁对国企高管来说是除了薪酬激励
以外的另一种激励方式,总体而言,高管的政治升迁是基于国企的业绩表现,
因此国企管理层会选择努力经营企业,避免陷入财务困境中。

从上面的分析中我们可以看到,所有权性质对企业财务困境的影响是不
确定的,既有正向的影响因素存在,又有负向的影响因素存在,这些因素的综
合作用可能会导致所有权对财务困境影响的不确定。因此研究所有权性质
对财务困境的影响有必要考虑所有权性质通过中介对财务困境产生的间接
影响。

2. 所有权性质通过盈余管理对财务困境的间接影响（盈余管理对所有权性质和财务困境关系的中介作用）

我们基于第 4 章中关于盈余管理和财务困境关系的研究结果对所有权性质和财务困境的间接影响进行分析。

在第 4 章中，我们得到的关于盈余管理和财务困境的基本关系是：盈余管理会对企业财务困境造成显著的影响，其中应计盈余管理和财务困境是正相关关系，真实盈余管理和财务困境是负相关关系。如果 5.2.1 节中国有企业盈余管理程度更低的假设成立，也即国家所有权对盈余管理是负向的影响，那么我们可以推理得到：（1）盈余管理充当着连接所有权性质和财务困境的中介；（2）相比非国有企业，国有企业应计盈余管理程度更低，陷入财务困境的可能性也就更低；（3）相比非国有企业，国有企业真实盈余管理的程度更低，因此相比非国有企业陷入财务困境的可能性更高。所有权性质通过不同的中介，和财务困境产生了相反的关系，这两种作用相互抵消，那么所有权性质对财务困境发生的概率的影响可能便不存在了。

综上两方面的分析，虽然从企业本身的绩效而言，国有企业的绩效表现优于非国有企业，但是若以盈余管理为中介，所有权性质对财务困境发生概率的影响可能会由于应计盈余管理和真实盈余管理的相互抵消而不存在，因此提出假设 5：

H5：盈余管理对所有权性质和财务困境的关系有中介作用，但应计盈余管理和真实盈余管理的中介作用相反，因此导致所有权性质和财务困境的关系不相关。

5.2.3 所有权性质、盈余管理和财务困境的作用机制

根据假设 1、2、3、4 的分析，我们可以将所有权性质、盈余管理和财务困境三者之间的作用机制整理如图 5-1 所示。即所有权性质对盈余管理程度产生影响，盈余管理程度又对业绩产生影响，而根据第 4 章的结论，应计盈余管理和真实盈余管理对企业业绩产生的影响相反，那么这两条中介传导路线的共同作用即为所有权性质对财务困境发生概率的最终影响。其中 c 代表了不考虑中介作用的所有权性质对财务困境的关系。假设 1 和假设 2 分别对应关系 b（应计盈余管理对财务困境的关系）和 b′（真实盈余管理对财务困境的关系），假设 3 对应关系 a（所有权性质对应计盈余管理的关系）和 a′（所有权性质对真实盈余管理的关系），假设 5 对应关系 c′（考虑应计盈余管理中

介作用后的所有权性质对财务困境的关系)和 c''(考虑真实盈余管理中介作用后的所有权性质对财务困境的关系)。其中第 4 章中已经证明了假设 1 和假设 2,其中,b 为正相关关系,即应计盈余管理和财务困境发生概率正相关,b' 为负相关关系,即真实盈余管理和财务困境发生概率负相关。根据本章假设,a 线(包括 a 和 a')期望为负相关关系,c 线(包括 c' 和 c'')期望为不相关。

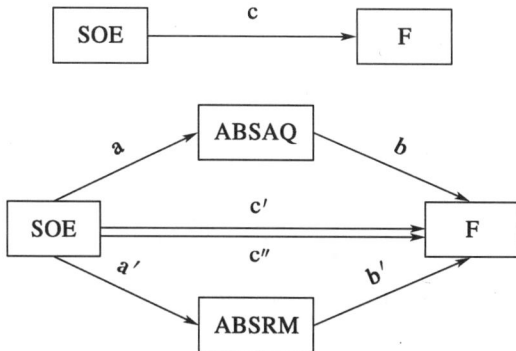

图 5-1 所有权性质、盈余管理和财务困境作用机制图

5.3 研究设计

本章所用的变量已在表 3-5 中统一描述,此处不再重述。

5.3.1 样本

总体的样本分布情况详见表 5-2。我们认为,由于国有企业又可以分为中央国企和地方国企,而且在一些研究中发现中央国企和地方国企有不同的政治联系程度,展现了不同的特点(详见 2.4.1 节),因此我们想对所有权性质做更细致的分析,进一步将国有企业划分为中央国企和地方国企两类,分别考察它们的影响。所以,表 5-2 列示了区分中央国企和地方国企后研究样本的分布状况。其中,子样本 1 表示除去地方国企,保留中央国企和非国企的样本分布,子样本 2 表示除去中央国企,保留地方国企和非国企的样本分布。

表 5 - 2　样本分布统计表

所有权性质	SOE		NSOE	Total
	CENSOE	LOCSOE		
Panel A　AQ样本子样本分布				
全样本	1 101	2 558	1 838	5 497
子样本 1	1 101	0	1 838	2 939
子样本 2	0	2 558	1 838	4 396
Panel B　RM样本子样本分布				
全样本	1 283	2 962	2 118	6 363
子样本 1	1 283	0	2 118	3 401
子样本 2	0	2 962	2 118	5 080
Panel C　综合样本子样本分布				
全样本	1 050	2 482	1 790	5 322
子样本 1	1 050	0	1 790	2 840
子样本 2	0	2 482	1 790	4 272

5.3.2　方法和模型

根据上文针对所有权性质、盈余管理和财务困境构建的作用机制,盈余管理在所有权性质和财务困境的关系中充当了中介的角色,因此采用中介效应的检验方法来检验盈余管理在所有权性质和财务困境关系中的中介作用。用下列回归方程(5-1、5-2、5-3)来描述变量之间的关系,则简单中介模型路径图如图 5-2 所示:

$$Y = cX + e1 \qquad (5-1)$$

$$M = aX + e2 \qquad (5-2)$$

$$Y = c'X + bM + e3 \qquad (5-3)$$

其中方程(5-1)的系数 c 为自变量 X 对因变量 Y 的总效应;方程(5-2)的系数 a 为自变量 X 对中介变量 M 的效应;方程(5-3)的系数 b 是在控制了自变量 X 的影响后,中介变量 M 对因变量 Y 的效应;系数 c' 是在控制了中介变量 M 的影响后,自变量 X 对因变量 Y 的直接效应;$e1 \sim e3$ 是回归残差。

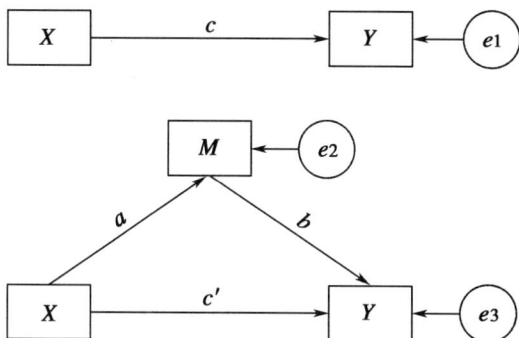

图 5 - 2　中介模型示意图(温忠麟、叶宝娟,2014)

检验中介效应的方法有多种,我们按照温忠麟、叶宝娟(2014)中提出的新的中介效应检验流程结合其他相关的方法,针对应计盈余管理和真实盈余管理分别构建三个模型来检验它们各自的中介效应。这三个模型如公式5-4~5-8所示。其中,模型(5-4)检验所有权性质对财务困境发生概率的总效应,模型(5-5)(5-7)分别检验所有权性质对应计盈余管理、真实盈余管理的影响,模型(5-6)(5-8)分别检验在应计盈余管理、真实盈余管理的影响下,所有权性质对财务困境发生概率的直接效应。

对上述模型进行检验的具体步骤如下:

(1)用模型(5-4)检验总效应系数是否 c 显著,即自变量与因变量之间是否存在显著关系。如果显著,按中介效应理论,否则按遮掩效应①(Suppressing Effects)(Kenny,2003;MacKinnon,2008;MacKinnon 等,2000,2002;Shrout 和 Bolger,2002)理论。但无论是否显著,都要进行后续检验。

(2)分别用模型(5-5)和(5-7)检验自变量作用于中介变量的效应 a 和 a' 是否显著;分别用模型(5-6)和(5-8)检验中介变量作用于因变量效应 b 和 b' 是否显著;如果 $a(a')$ 和 $b(b')$ 都显著则表示间接效应显著,转到步骤(4);如果至少有一个不显著,则转到步骤(3)。

(3)用 Sobel 法直接检验 H0: $ab(a'b') = 0$。如果显著,则间接效应显著,进行步骤(4);否则间接效应不显著,停止分析。

(4)分别用模型(5-6)和(5-8)检验考虑中介效应后的直接效应 $c'(c'')$ 是否显著。如果不显著,即直接效应不显著,说明只有中介效应。如果显著,

---

①　按遮掩效应解释时的理论就变为"X 为何不影响 Y"(温忠麟、叶宝娟,2014)

即直接效应显著,进行步骤(5)。

(5) 比较 $ab(a'b')$ 和 c 的符号,如果同号,属于部分中介效应,报告中介效应占总效应的比例 $ab/c(a'b'/c')$。如果异号,属于遮掩效应,报告间接效应与直接效应的比例的绝对值 $|ab/c|(|a'b'/c'|)$。

$$
\begin{aligned}
logit\ F = {}& c_0 + c_1 SOE + c_2 QR + c_3 NOP + c_4 EBITR \\
& + c_5 EPS + c_6 ART + c_7 TAT + c_8 CFCDR + c_9 MBG + c_{10} LEV \\
& + c_{11} LNA + \sum_{k=12}^{22} c_k IND + \sum_{k=23}^{29} c_k YEAR
\end{aligned}
$$

$$(5-4)$$

$$
其中, logit\ F = \ln \frac{P(F \geqslant j \mid x)}{1 - P(F \geqslant j \mid x)} \quad j = 1,2,3,4
$$

$$
\begin{aligned}
ABSAQ = {}& a_0 + a_1 SOE + a_2 QR + a_3 NOP + a_4 EBITR + a_5 EPS \\
& + a_6 ART + a_7 TAT + a_8 CFCDR + a_9 MBG + a_{10} LEV \\
& + a_{11} LNA + \sum_{k=12}^{22} a_k LND + \sum_{k=23}^{29} a_k YEAR
\end{aligned}
$$

$$(5-5)$$

$$
\begin{aligned}
logit\ F = {}& b_0 + c_1' SOE + b_1 ABSAQ + b_2 QR + b_3 NOP + b_4 EBITR \\
& + b_5 EPS + b_6 ART + b_7 TAT + b_8 CFCDR + b_9 MBG + b_{10} LEV \\
& + b_{11} LNA + \sum_{k=12}^{22} b_k IND + \sum_{k=23}^{29} b_k YEAR
\end{aligned}
$$

$$(5-6)$$

$$
其中, logit\ F = \ln \frac{P(F \geqslant j \mid x)}{1 - P(F \geqslant j \mid x)} \quad j = 1,2,3,4
$$

$$
\begin{aligned}
ABSRM = {}& a_0' + a_1' SOE + a_2' QR + a_3' NOP + a_4' EBITR \\
& + a_5' EPS + a_6' ART + a_7' TAT + a_8' CFCDR \\
& + a_9' MBG + a_{10}' LEV + a_{11}' LNA + \sum_{k=12}^{22} a_k' IND \\
& + \sum_{k=23}^{29} a_k' YEAR
\end{aligned}
$$

$$(5-7)$$

$$logit\ F = b'_0 + c''_1 SOE + b'_1 ABSRM + b'_2 QR + b'_3 NOP + b'_4 EBITR$$
$$+ b'_5 EPS + b'_6 ART + b'_7 TAT + b'_8 CFCDR + b'_9 MBG$$
$$+ b'_{10} LEV + b'_{11} LNA + \sum_{k=12}^{22} b'_k IND + \sum_{k=23}^{29} b'_k YEAR$$

$$(5-8)$$

其中,$logit\ F = \ln \dfrac{P(F \geqslant j \mid x)}{1 - P(F \geqslant j \mid x)} \quad j = 1, 2, 3, 4$

5.4 描述性统计分析

5.4.1 所有权性质和盈余管理

表 5-3 列示了国有企业和非国有企业盈余管理均值的比较结果。其中,Panel A 为应计盈余管理样本组的均值比较结果,从应计盈余管理程度来看,中央国企和地方国企的应计盈余管理程度均显著低于非国有企业,并且差异较大,但中央国企和地方国企之间差异微小且不显著。说明国有企业存在相对较少的应计盈余管理行为,非国有企业中应计盈余管理行为更为普遍和严重,初步证明了假设 3。

表 5-3 不同所有权性质样本组间均值比较

均值	NSOE	CENSOE	LOCSOE	CENSOE VS. NSOE	LOCSOE VS. NOSE	CENSOE VS. LOCSOE
Panel A AQ 样本						
F	1.199 7	1.119 9	1.104 8	−0.079 8***	−0.094 9***	0.015 1
GCO	0.094 1	0.047 2	0.042 2	−0.046 9***	−0.051 9***	0.005 0
ST	0.052 8	0.036 3	0.031 3	−0.016 4***	−0.021 5***	0.005 1
$ABSAQ$	0.074 7	0.052 5	0.052 6	−0.022 2***	−0.022 1***	−0.000 1
QR	0.799 0	0.761 6	0.721 5	−0.037 4***	−0.077 5***	0.040 1***

均值	NSOE	CENSOE	LOCSOE	CENSOE VS. NSOE	LOCSOE VS. NOSE	CENSOE VS. LOCSOE
NOP	−0.050 4	0.019 0	0.032 1	0.069 4***	0.082 5***	−0.013 1**
ROA	0.018 3	0.019 5	0.022 6	0.001 2	0.004 2***	−0.003 1**
EBITIR	7.871 6	7.678 8	8.179 6	−0.192 8	0.308 0	−0.500 8
EPS	0.051 1	0.059 0	0.076 0	0.007 9**	0.025 0***	−0.017 0***
ART	53.296 2	47.480 0	64.469 8	−5.816 2	11.173 7***	−16.989 9***
TAT	0.659 6	0.794 8	0.747 8	0.135 2***	0.088 2***	0.047 1***
CFCDR	0.105 7	0.134 5	0.145 0	0.028 8***	0.039 3***	−0.010 5**
MBG	0.233 5	0.216 1	0.218 5	−0.017 4	−0.015 0	−0.002 4
LEV	0.630 1	0.583 8	0.579 9	−0.046 4***	−0.050 2***	0.003 9
LNA	21.293 3	22.082 6	21.888 0	0.789 3***	0.594 6***	0.194 6***
Panel B　RM 样本						
F	1.179 9	1.127 0	1.095 2	−0.052 8***	−0.084 7***	0.031 8***
GCO	0.082 6	0.046 0	0.039 8	−0.036 6***	−0.042 8***	0.006 1
ST	0.048 6	0.040 5	0.027 7	−0.008 1*	−0.020 9***	0.012 8***
ABSRM	0.258 9	0.217 2	0.233 1	−0.041 7***	−0.025 8***	−0.015 9***
QR	0.800 9	0.766 3	0.720 2	−0.034 6***	−0.080 7***	0.046 1***
NOP	−0.033 0	0.020 9	0.036 0	0.053 8***	0.069 0***	−0.015 1***
ROA	0.020 0	0.020 0	0.022 6	0.000 0	0.002 6**	−0.002 6**
EBITIR	8.081 5	8.088 0	8.084 3	0.006 5	0.002 8	0.003 7
EPS	0.049 6	0.057 1	0.071 6	0.007 5***	0.022 0***	−0.014 5***
ART	61.624 3	54.721 1	74.143 2	−6.903 2	12.518 9***	−19.422 1***
TAT	0.654 2	0.802 3	0.741 1	0.148 1***	0.086 9***	0.061 2***
CFCDR	0.101 8	0.135 5	0.140 2	0.033 7***	0.038 4***	−0.004 7
MBG	0.235 7	0.199 9	0.210 1	−0.035 8***	−0.025 7**	−0.010 2
LEV	0.620 8	0.584 0	0.583 7	−0.036 7***	−0.037 1***	0.000 4
LNA	21.404 7	22.187 9	21.996 7	0.783 2***	0.592 1***	0.191 2***

$^{*} p < 0.1$, $^{**} p < 0.05$, $^{***} p < 0.01$

表 5－3 的 Panel B 为真实盈余管理样本组的均值比较结果,从真实盈余管理程度来看,非国企、中央国企和地方国企之间均存在显著差异,其中非国企的真实盈余管理程度最高,中央国企最低(三组均值分别为 0.258 9、0.217 2、0.233 1),真实盈余管理在中央国企和地方国企之间的差异也十分显著,地方国企的真实盈余管理程度显著高于中央国企。初步证明了假设 3 和假设 4。

从财务困境程度的均值比较结果来看,CENSOE 组(中央国企)F、GCO、ST 的均值显著小于 NSOE 组(非国企),LOCSOE 组(地方国企)F、GCO、ST 的均值也显著小于 NSOE 组(非国企),说明国有企业的财务状况显著好于非国有企业,国有企业中被出具持续经营审计意见或者被 ST 的比例都要小于非国有企业,初步证明了假设 4。在 AQ 样本中 CENSOE 组 F、GCO、ST 的均值都大于 LOCSOE 组,但差异并不显著,在 RM 样本中 CENSOE 组 F、ST 的均值都显著大于 LOCSOE 组,一定程度上可以说明中央国企财务状况略差于地方国企,即中央国企被出具持续经营审计意见或者被 ST 的可能性大一些。

从其他财务指标来看,盈利能力上,国有企业均强于非国有企业。非国有企业主营业务利润率均值为负值,国企的主营业务利润率均显著高于非国企,其中地方国有企业的主营业务利润率最高,并且也显著高于中央国企。地方国企的 ROA 均显著大于中央国企和非国有企业,但中央国企和非国有企业差异并不显著。另外地方国企的每股收益为三组之中最高,且三组均有显著差异。偿债能力上,地方国企的偿债能力最高,具体来看,$CFCDR$、LEV 均为地方国企表现最好,中央国企次之,非国企最差,但是非国有企业的速动比例 QR 最高,地方国企的速动比例最低。说明非国有企业的流动资产比例较高,国有企业可能因为存在政府、银行的优待,因此并不需要预备较高的流动性准备。另外利息保障倍数三组差异并不显著。经营效率上,国企的应收账款周转率和总资产周转率均要高于非国有企业,并且地方国企的表现最好。最后主营业务增长率并不显著。因此总体而言,国有企业的财务表现要明显好于非国有企业,并且地方国有企业的财务表现要优于中央国企。因此从财务指标的比较上也可以初步证明假设 4。

综上描述性统计分析可以初步得出如下结论:(1)国有企业的经营状况和财务表现都要显著好于非国有企业,被出具持续经营审计意见和被 ST 的比例也相对较低,其中地方国企的表现更优;(2)国有企业的应计盈余管理程度和真实盈余管理程度都要显著低于非国有企业,国有企业由于有政治联系作为保障,因此表现会优于非国有企业,而非国有企业为了在资本市场上分得一杯羹,就会通过应计盈余管理的方式来粉饰业绩,避免财务危机暴露;(3)地方国企的真实盈余管理程度显著高于中央国企,但地方国企和中央国企之间应计盈余管理程度的差异并不大。

5.4.2 所有权性质和财务困境

表5-4统计了不同所有权性质的上市公司财务困境程度的数量分布。总数上,地方国企数量最多,中央国企数量最少,非国有企业数量居中。随着财务困境程度的加深,企业数量越来越少。非国有企业中陷入财务困境的上市公司比例超过11%(AQ样本中为12.40%,RM样本中为11.10%),大于中央国企的7%(AQ样本中为6.90%,RM样本中为7.01%)和地方国企的6%(AQ样本中为6.37%,RM样本中为5.84%),说明国有企业的财务状况总体而言优于非国有企业,从比例上来看,地方国企的表现还略优于中央国企。具体来看,$F=2$仅被出具持续经营审计意见的比例非国有企业远高于中央国企和地方国企,中央国企和地方国企比例差异不大,即审计师对非国有企业出具持续经营审计意见的概率更大,可见一方面国有企业的绩效表现确实优于非国有企业,另一方面国有企业的政治联系在一定程度上也可能影响了审计师的独立性。$F=3$和$F=4$组即被特别处理的分布中,地方国有企业的比例最低,中央国企次之,非国有企业最高,一方面再一次说明地方国企的绩效表现最好,中央国企次之,非国有企业绩效表现最差,但是另一方面三组比例的差距相对$F=2$仅被出具持续经营审计意见组而言较小,说明政治联系对监管机构的影响相比对审计师的影响而言较小。

表5-4 不同所有权性质样本的财务困境程度分布

组别	$F=1$	$F=2$	$F=3$	$F=4$	total
Panel A AQ样本					
CENSOE	1 025	36	24	16	1 101
LOCSOE	2 395	83	55	25	2 558
NSOE	1 610	131	55	42	1 838
total	5 030	250	134	83	5 497
CENSOE	93.10%	3.27%	2.18%	1.45%	1
LOCSOE	93.63%	3.24%	2.15%	0.98%	1

组别	$F=1$	$F=2$	$F=3$	$F=4$	total
NSOE	87.60%	7.13%	2.99%	2.29%	1
Panel B RM 样本					
CENSOE	1 193	38	31	21	1 283
LOCSOE	2 789	91	55	27	2 962
NSOE	1 883	132	60	43	2 118
total	5 865	261	146	91	6 363
CENSOE	92.99%	2.96%	2.42%	1.64%	1
LOCSOE	94.16%	3.07%	1.86%	0.91%	1
NSOE	88.90%	6.23%	2.83%	2.03%	1

综上分析可初步得到结论：(1)绩效表现上地方国企最优,中央国企次之,非国有企业最差;(2)政治联系对审计师独立性和监管机构都存在一定的影响,并且对审计师的影响更大。因此相对而言,非国有企业更容易陷入财务困境,并且被暴露。

5.5 回归结果分析

为了更好地检验不同所有权性质对盈余管理和财务困境的影响,我们将在使用国有企业 SOE(包含中央国企和地方国企)进行回归分析后,再区分中央国企(CENSOE)和地方国企(LOCSOE)分别进行回归来检验是否中央国企和地方国企在这个关系中的作用有所不同。

5.5.1 SOE 回归结果分析

表 5-5 Panel A 六个方程分别检验了应计盈余管理、真实盈余管理在所有权性质和财务困境关系中的中介效应,方程(1)~(3)为 AQ 样本回归结果,检验应计盈余管理的中介效应,方程(4)~(6)为 RM 样本回归结果,检验真实盈余管理的中介效应。

从回归结果来看:

1. 方程(1)和(4)显示 *SOE* 和 *F* 的 Ologit 回归结果不显著,说明所有权性质总体上而言对企业财务困境发生的概率的影响并不显著;但是 c 是否显著并非中介检验的必要前提,因为在有些情况下尽管 c 不显著仍然存在实质的中介效应(MacKinnon 等,2000),因此继续检验。

2. 方程(2)的结果显示 SOE 对 ABSAQ 具有显著的负效应,即国有企业的应计盈余管理程度更低,非国有企业存在更多的应计盈余管理行为;方程(5)的结果显示 SOE 对 ABSRM 具有显著的负效应,说明国有企业的真实盈余管理程度也更低,非国有企业同时存在更多的真实盈余管理行为。方程(2)(5)的结果证明了假设 3。

3. 方程(3)的结果显示应计盈余管理程度对财务困境发生概率具有显著正方向的作用,这一点已经在第 4 章中得到证明,但是方程(3)的回归结果中 SOE 和 F 并不存在显著关系,说明在考虑了中介变量 ABSAQ 的情况下,所有权性质对财务困境发生概率不存在直接的影响,应计盈余管理具有完全中介效应;同样的,方程(6)的结果显示真实盈余管理程度对财务困境发生概率具有显著负方向的作用,这一点已经在第 4 章中得到证明,但是方程(6)的回归结果中 SOE 和 F 同样不存在显著关系,说明在考虑了中介变量 ABSRM 的情况下,所有权性质对财务困境发生概率不存在直接的影响,真实盈余管理也具有完全中介效应。

综上三点的分析可以发现,应计盈余管理和真实盈余管理在所有权性质和财务困境发生概率的关系中都具有完全中介效应。作用机制可解释如下:

从应计盈余管理的角度,国有企业应计盈余管理程度更低,应计盈余管理程度对财务困境发生概率具有正向作用,因此国有企业发生财务困境的概率更低。

从真实盈余管理的角度,国有企业真实盈余管理程度更低,而真实盈余管理程度对财务困境发生概率具有反向作用,因此国有企业发生财务困境的概率更高。

可以发现,应计盈余管理的传导路径和真实盈余管理的传导路径,会导致所有权性质对财务困境发生概率产生相反的影响,这两种影响作用相互抵消,那么所有权性质对财务困境发生概率的总体效应不显著,证明了假设 5。

表 5-5 Panel B 使用综合样本再一次检验了真实盈余管理和应计盈余管理的中介效应,回归结果和分别用 AQ 样本及 RM 样本的回归结果完全一致,证明了上述中介效应的稳健性。

表 5-5　Panel A　AQ 样本和 RM 样本 SOE 回归结果

样本 被解释变量 方程	AQ 样本			RM 样本		
	F (1)	ABSAQ (2)	F (3)	F (4)	ABSRM (5)	F (6)
SOE	0.008	−0.012***	0.027	0.056	−0.008**	0.049
	(0.909)	(0.000)	(0.709)	(0.427)	(0.015)	(0.484)
ABSAQ			1.528***			
			(0.001)			
ABSRM						−0.605***
						(0.001)
QR	−0.765***	0.004***	−0.778***	−0.671***	0.018***	−0.654***
	(0.000)	(0.000)	(0.000)	(0.000)	(0.000)	(0.000)
NOP	−0.117*	−0.015***	−0.093	−0.145*	−0.054***	−0.170**
	(0.096)	(0.000)	(0.185)	(0.050)	(0.000)	(0.022)
ROA	−2.149***	−0.049***	−2.020***	−2.091***	0.297***	−2.099***
	(0.000)	(0.000)	(0.000)	(0.000)	(0.000)	(0.000)
EBITIR	−0.015***	0.000***	−0.016***	−0.017***	0.001***	−0.016***
	(0.000)	(0.000)	(0.000)	(0.000)	(0.000)	(0.000)
EPS	−3.972***	−0.003	−3.972***	−4.447***	0.094***	−4.404***
	(0.000)	(0.409)	(0.000)	(0.000)	(0.000)	(0.000)
ART	0.000	−0.000	0.000	0.000	−0.000	0.000
	(0.727)	(0.342)	(0.700)	(0.386)	(0.238)	(0.366)
TAT	−0.547***	−0.000	−0.545***	−0.523***	0.066***	−0.484***
	(0.000)	(0.762)	(0.000)	(0.000)	(0.000)	(0.000)
CFCDR	−1.266***	−0.028***	−1.187***	−1.297***	0.205***	−1.228***
	(0.000)	(0.000)	(0.000)	(0.000)	(0.000)	(0.000)
MBG	−0.061	0.020***	−0.083	−0.002	0.072***	0.024
	(0.293)	(0.000)	(0.155)	(0.976)	(0.000)	(0.649)
LEV	1.257***	0.031***	1.231***	1.406***	0.020**	1.402***
	(0.000)	(0.000)	(0.000)	(0.000)	(0.010)	(0.000)
LNA	−0.526***	−0.004***	−0.520***	−0.507***	−0.019***	−0.519***
	(0.000)	(0.000)	(0.000)	(0.000)	(0.000)	(0.000)
IND	YES	YES	YES	YES	YES	YES
year	YES	YES	YES	YES	YES	YES
YEAR	YES	YES	YES	YES	YES	YES
CONS		0.128***			0.470***	
		(0.000)			(0.000)	

第
5
章
　
所
有
权
性
质
、
盈
余
管
理
和
财
务
困
境

样本	AQ样本			RM样本		
被解释变量 方程	F (1)	ABSAQ (2)	F (3)	F (4)	ABSRM (5)	F (6)
CUT1	−9.119***		−8.900***	−8.637***		−8.950***
	(0.000)		(0.000)	(0.000)		(0.000)
CUT2	−7.993***		−7.773***	−7.562***		−7.875***
	(0.000)		(0.000)	(0.000)		(0.000)
CUT3	−6.838***		−6.615***	−6.423***		−6.737***
	(0.000)		(0.000)	(0.000)		(0.000)
LR chi²/F	3 450.805	129.92	3 462.302	3 735.679	208.64	3 748.240
Prob>chi²/F	0.000	0.000	0.000	0.000	0.000	0.000
pseudo R²/ adj R²	0.279	0.190	0.279	0.277	0.252	0.278
N	16 491	16 491	16 491	19 089	19 089	19 089

1. 方程(1)(2)(3)使用的样本为 AQ 样本,检验应计盈余管理的中介效应;方程(4)(5)(6)使用的样本为 RM 样本,检验真实盈余管理的中介效应。

2. 方程(1)(4)采用多元有序 Logit 模型检验所有权性质对财务困境发生概率的综合效应,方程(2)(5)采用多元线性回归检验所有权性质对盈余管理的影响,方程(3)(6)采用多元有序 Logit 模型检验考虑了盈余管理后,所有权性质对财务困境发生概率的直接效应。为了控制异常值的影响,对所有的连续变量进行了±1%的缩尾处理。

3. LR chi²/F 代表整个方程的拟合度,LR chi² 为 Ologit 模型的方程整体拟合度,F 为多元线性回归模型的方程整体拟合度,可以看到所有方程的 Prob > chi2/F 显著性均在 0.000 的水平上,因此方程整体拟合度很高。

4. pseudo R²/ adj R² 表示方程对变量的解释力,prseudo R² 为 Ologit 模型的指标,adj R² 为多元线性回归模型的指标,显示解释变量的解释力除方程(2)为 0.190 以外,其余均在 0.25 以上,能够较好地解释因变量。

5. * $p<0.1$, ** $p<0.05$, *** $p<0.01$,双尾。

Panel B 综合样本 SOE 回归结果

被解释变量 方程	F (1)	ABSAQ (2)	F (3)	ABSRM (4)	F (5)
SOE	0.014	−0.013***	0.033	−0.007*	0.005
	(0.852)	(0.000)	(0.655)	(0.071)	(0.946)
ABSAQ			1.516***		
			(0.001)		
ABSRM					−0.638***
					(0.001)
QR	−0.813***	0.004***	−0.826***	0.015***	−0.798***
	(0.000)	(0.000)	(0.000)	(0.000)	(0.000)

被解释变量方程	F (1)	ABSAQ (2)	F (3)	ABSRM (4)	F (5)
NOP	−0.108	−0.015***	−0.086	−0.046***	−0.131*
	(0.126)	(0.000)	(0.227)	(0.000)	(0.067)
ROA	−2.185***	−0.050***	−2.058***	0.225***	−2.196***
	(0.000)	(0.000)	(0.000)	(0.000)	(0.000)
EBITIR	−0.015***	0.000***	−0.016***	0.001***	−0.014***
	(0.000)	(0.000)	(0.000)	(0.000)	(0.000)
EPS	−3.961***	−0.006	−3.961***	0.074***	−3.928***
	(0.000)	(0.130)	(0.000)	(0.000)	(0.000)
ART	0.000	−0.000	0.000	−0.000	0.000
	(0.738)	(0.362)	(0.710)	(0.386)	(0.697)
TAT	−0.541***	−0.001	−0.538***	0.072***	−0.499***
	(0.000)	(0.547)	(0.000)	(0.000)	(0.000)
CFCDR	−1.301***	−0.027***	−1.225***	0.224***	−1.208***
	(0.000)	(0.000)	(0.000)	(0.000)	(0.000)
MBG	−0.050	0.020***	−0.072	0.071***	−0.026
	(0.383)	(0.000)	(0.214)	(0.000)	(0.665)
LEV	1.188***	0.030***	1.163***	0.019**	1.186***
	(0.000)	(0.000)	(0.000)	(0.015)	(0.000)
LNA	−0.537***	−0.004***	−0.531***	−0.016***	−0.546***
	(0.000)	(0.000)	(0.000)	(0.000)	(0.000)
IND	YES	YES	YES	YES	YES
YEAR	YES	YES	YES	YES	YES
year	YES	YES	YES	YES	YES
CONS		0.127***		0.403***	
		(0.000)		(0.000)	
CUT1	−9.480***		−9.257***		−9.739***
	(0.000)		(0.000)		(0.000)
CUT2	−8.345***		−8.121***		−8.603***
	(0.000)		(0.000)		(0.000)
CUT3	−7.180***		−6.953***		−7.439***
	(0.000)		(0.000)		(0.000)
LR chi²/F	3 356.394	126.65	3 367.551	193.23	3 368.264

第5章 所有权性质、盈余管理和财务困境

·129·

被解释变量 方程	F (1)	ABSAQ (2)	F (3)	ABSRM (4)	F (5)
Prob>chi²/F	0.000	0.000	0.000	0.000	0.000
pseudo R²/adj R²	0.276	0.191	0.277	0.265	0.277
N	15 966	15 966	15 966	15 966	15 966

1. 方程均使用综合样本,分别检验应计盈余管理和真实盈余管理的中介效应。

2. 方程(1)(3)(5)采用多元有序 Logit 模型检验所有权性质对财务困境发生概率的综合效应,方程(2)(4)采用多元线性回归检验所有权性质对盈余管理的影响。为了控制异常值的影响,对所有的连续变量进行了±%的缩尾处理。

3. LR chi²/F 代表整个方程的拟合度,LR chi² 为 Ologit 模型的方程整体拟合度,F 为多元线性回归模型的方程整体拟合度,可以看到所有方程的 Prob > chi2/F 显著性均在 0.000 的水平上,因此方程整体拟合度很高。

4. pseudo R²/ adj R² 表示方程对变量的解释力,prseudo R² 为 Ologit 模型的指标,adj R² 为多元线性回归模型的指标,显示解释变量的解释力除方程(2)为 0.191 以外,其余均在 0.25 以上,能够较好地解释因变量。

5. * $p<0.1$,** $p<0.05$,*** $p<0.01$,双尾。

5.5.2　CENSOE 回归结果分析

5.5.1 节中将企业所有权性质分为国有和非国有两类,并且证明了应计盈余管理和真实盈余管理的中介效应,以及这两个效应的相互抵消关系。下面我们将国有性质进一步细分为中央政府所有和地方政府所有,研究中央国企(CENSOE)和地方国企(LOCSOE)是否存在差异。

表 5-6 列示了 CENSOE 对财务困境发生概率的影响中盈余管理的中介效应。

表 5-6 Panel A 中,方程(1)~(3)为 AQ 样本子样本 1 的回归结果,检验应计盈余管理的中介效应,方程(4)~(6)为 RM 样本子样本 1 的回归结果,检验真实盈余管理的中介效应。

从回归结果来看:

1. 方程(1)显示在 AQ 样本组 CENSOE 和 F 的 Ologit 回归结果不显著,但是方程(4)显示在 RM 样本组 CENSOE 和 F 的 Ologit 回归结果在 0.05 的水平上显著;这个差异的存在可能是由于 RM 样本多了 2013 年的数据,沪深两市上市公司股票交易准则均在 2012 年 7 月进行过一次修订,因此推测是规则变动导致了 CENSOE 和 F 回归结果的不一致,但并不影响接下去对盈余管理中介效应的分析。

2. 方程(2)的结果显示 CENSOE 对 ABSAQ 具有显著的负效应,即相比非国有企业,中央国企的应计盈余管理程度更低,非国有企业存在更多的应计盈余管理行为;方程(5)的结果显示 $CENSOE$ 对 $ABSRM$ 具有显著的负效应,说明中央国企的真实盈余管理程度也更低,非国有企业同时存在更多的真实盈余管理行为。

3. 方程(3)的结果显示应计盈余管理程度对财务困境发生概率具有显著正方向的作用,但是方程(3)的回归结果中 $CENSOE$ 和 F 并不存在显著关系,说明在考虑了中介变量 $ABSAQ$ 的情况下,中央政府控制对财务困境发生概率不存在直接的影响,应计盈余管理具有完全中介效应;方程(6)的结果显示真实盈余管理程度对财务困境发生概率具有显著负方向的作用,方程(6)的回归结果中 $CENSOE$ 和 F 显著相关,说明在考虑了中介变量 $ABSRM$ 的情况下,中央政府控制对财务困境发生概率还存在直接的影响,真实盈余管理具有不完全中介效应。

综上三点的分析可以发现,应计盈余管理在中央政府控制和财务困境发生概率的关系中存在完全中介效用,而真实盈余管理在中央政府控制和财务困境发生概率的关系中具有不完全中介效应。作用机制可解释如下:

从应计盈余管理的角度,中央国企应计盈余管理程度更低,应计盈余管理程度对财务困境发生概率具有正向作用,因此中央国企发生财务困境的概率更低。

从真实盈余管理的角度,中央国企真实盈余管理程度更低,而真实盈余管理程度对财务困境发生概率具有反向作用,因此中央国企发生财务困境的概率更高。

可以发现,应计盈余管理的传导路径和真实盈余管理的传导路径,会导致中央政府控制对财务困境发生概率产生相反的影响,这两种影响作用相互抵消,那么中央政府控制对财务困境发生概率的总体效应仍然不显著。

表 5-6 Panel B 使用 AQ 和 RM 的综合样本子样本 1 再一次检验了真实盈余管理和应计盈余管理的中介效应,此样本中并不涉及 2013 年的样本,因此结果和 AQ 样本组的结果完全一致,应计盈余管理和真实盈余管理具有完全中介效应,且两者效应最终的效果相互抵消,因此 $CENSOE$ 和 F 的综合效应依然不显著。

表 5－6　Panel A　AQ 样本和 RM 样本 CENSOE 回归结果

样本 被解释变量 方程	AQ 样本			RM 样本		
	F (1)	$ABSAQ$ (2)	F (3)	F (4)	$ABSRM$ (5)	F (6)
$CENSOE$	0.104	−0.010***	0.132	0.241**	−0.018***	0.234**
	(0.293)	(0.000)	(0.183)	(0.010)	(0.000)	(0.013)
$ABSAQ$			1.814***			
			(0.001)			
$ABSRM$						−0.551***
						(0.008)
QR	−0.691***	0.004**	−0.704***	−0.615***	0.022***	−0.601***
	(0.000)	(0.026)	(0.000)	(0.000)	(0.000)	(0.000)
NOP	−0.062	−0.011***	−0.044	−0.089	−0.053***	−0.113
	(0.455)	(0.000)	(0.595)	(0.306)	(0.000)	(0.197)
ROA	−2.341***	−0.068***	−2.174***	−2.293***	0.262***	−2.318***
	(0.000)	(0.000)	(0.000)	(0.000)	(0.000)	(0.000)
$EBITIR$	−0.015***	0.000***	−0.017***	−0.018***	0.001***	−0.017***
	(0.001)	(0.000)	(0.000)	(0.000)	(0.000)	(0.000)
EPS	−2.867***	−0.010*	−2.854***	−3.339***	0.078***	−3.314***
	(0.000)	(0.082)	(0.000)	(0.000)	(0.000)	(0.000)
ART	0.000	−0.000*	0.000	0.000	−0.000***	0.000
	(0.391)	(0.055)	(0.343)	(0.135)	(0.000)	(0.140)
TAT	−0.626***	−0.001	−0.622***	−0.504***	0.066***	−0.465***
	(0.000)	(0.388)	(0.000)	(0.000)	(0.000)	(0.000)
$CFCDR$	−1.352***	−0.025***	−1.250***	−1.372***	0.197***	−1.302***
	(0.000)	(0.000)	(0.000)	(0.000)	(0.000)	(0.000)
MBG	−0.032	0.024***	−0.060	0.002	0.074***	0.023
	(0.640)	(0.000)	(0.386)	(0.969)	(0.000)	(0.720)
LEV	1.204***	0.034***	1.175***	1.375***	0.022**	1.371***
	(0.000)	(0.000)	(0.000)	(0.000)	(0.024)	(0.000)
LNA	−0.528***	−0.004***	−0.521***	−0.502***	−0.018***	−0.513***
	(0.000)	(0.000)	(0.000)	(0.000)	(0.000)	(0.000)
IND	YES	YES	YES	YES	YES	YES
$YEAR$	YES	YES	YES	YES	YES	YES
$year$	YES	YES	YES	YES	YES	YES
$CONS$		0.136***			0.438***	
		(0.000)			(0.000)	

样本 被解释变量 方程	AQ 样本			RM 样本		
	F (1)	ABSAQ (2)	F (3)	F (4)	ABSRM (5)	F (6)
CUT1	−9.309***		−9.037***	−8.726***		−9.012***
	(0.000)		(0.000)	(0.000)		(0.000)
CUT2	−8.094***		−7.820***	−7.620***		−7.906***
	(0.000)		(0.000)	(0.000)		(0.000)
CUT3	−7.048***		−6.770***	−6.558***		−6.844***
	(0.000)		(0.000)	(0.000)		(0.000)
LR chi^2/F	2 143.783	72.07	2 155.246	2 300.650	107.74	2 307.955
Prob>chi^2/F	0.000	0.000	0.000	0.000	0.000	0.000
pseudo R^2/adj R^2	0.279	0.195	0.281	0.273	0.245	0.274
N	8 817	8 817	8 817	10 203	10 203	10 203

1. 方程(1)(2)(3)使用的样本为 AQ 样本子样本 1,检验应计盈余管理的中介效应,方程(4)(5)(6)使用的样本为 RM 样本子样本 1,检验真实盈余管理的中介效应。

2. 方程(1)(4)采用多元有序 Logit 模型检验所有权性质对财务困境发生概率的综合效应,方程(2)(5)采用多元线性回归检验所有权性质对盈余管理的影响,方程(3)(6)采用多元有序 Logit 模型检验考虑了盈余管理后,所有权性质对财务困境发生概率的直接效应。为了控制异常值的影响,对所有的连续变量进行了±1%的缩尾处理。

3. LR chi^2/F 代表整个方程的拟合度,LR chi^2 为 ologit 模型的方程整体拟合度,F 为多元性线性回归模型的方程整体拟合度,可以看到所有方程的 Prob > chi2/F 显著性均在 0.000 的水平上,因此方程整体拟合度很高。

4. pseudo R^2/ adj R^2 表示方程对变量的解释力,prseudo R^2 为 Ologit 模型的指标,adj R^2 为多元线性回归模型的指标,显示解释变量的解释力除方程(2)为 0.195 以外,其余均在 0.25 以上,能够较好地解释因变量。

5. *$p<0.1$,**$p<0.05$,***$p<0.01$,双尾。

Panel B 综合样本 CENSOE 回归结果

被解释变量 方程	F (1)	ABSAQ (2)	F (3)	ABSRM (4)	F (5)
CENSOE	0.136	−0.011***	0.166*	−0.015***	0.130
	(0.172)	(0.000)	(0.098)	(0.002)	(0.191)
ABSAQ			1.787***		
			(0.001)		
ABSRM					−0.378*
					(0.086)
QR	−0.756***	0.004**	−0.768***	0.019***	−0.747***
	(0.000)	(0.034)	(0.000)	(0.000)	(0.000)

所有权性质、盈余管理与企业财务困境

被解释变量 方程	F (1)	ABSAQ (2)	F (3)	ABSRM (4)	F (5)
NOP	−0.054	−0.011***	−0.038	−0.050***	−0.068
	(0.517)	(0.000)	(0.652)	(0.000)	(0.416)
ROA	−2.321***	−0.069***	−2.160***	0.196***	−2.332***
	(0.000)	(0.000)	(0.000)	(0.000)	(0.000)
EBITIR	−0.015***	0.001***	−0.017***	0.001***	−0.015***
	(0.001)	(0.000)	(0.000)	(0.000)	(0.002)
EPS	−2.904***	−0.012**	−2.881***	0.070***	−2.893***
	(0.000)	(0.047)	(0.000)	(0.000)	(0.000)
ART	0.000	−0.000*	0.000	−0.000***	0.000
	(0.408)	(0.058)	(0.358)	(0.001)	(0.413)
TAT	−0.599***	−0.002	−0.594***	0.072***	−0.572***
	(0.000)	(0.339)	(0.000)	(0.000)	(0.000)
CFCDR	−1.403***	−0.023***	−1.309***	0.217***	−1.347***
	(0.000)	(0.000)	(0.000)	(0.000)	(0.000)
MBG	−0.027	0.023***	−0.054	0.069***	−0.015
	(0.691)	(0.000)	(0.429)	(0.000)	(0.825)
LEV	1.137***	0.033***	1.110***	0.017*	1.134***
	(0.000)	(0.000)	(0.000)	(0.080)	(0.000)
LNA	−0.530***	−0.004***	−0.523***	−0.015***	−0.536***
	(0.000)	(0.000)	(0.000)	(0.000)	(0.000)
IND	YES	YES	YES	YES	YES
YEAR	YES	YES	YES	YES	YES
year	YES	YES	YES	YES	YES
CONS		0.132*** (0.000)		0.381*** (0.000)	
CUT1	−9.531***		−9.262***		−9.695***
	(0.000)		(0.000)		(0.000)
CUT2	−8.313***		−8.041***		−8.478***
	(0.000)		(0.000)		(0.000)
CUT3	−7.249***		−6.974***		−7.414***
	(0.000)		(0.000)		(0.000)
LR chi²/F	2 081.710	69.63	2 092.667	96.83	2 084.752

被解释变量方程	F (1)	ABSAQ (2)	F (3)	ABSRM (4)	F (5)
Prob＞chi²/F	0.000	0.000	0.000	0.000	0.000
pseudo R²/adj R²	0.276	0.195	0.277	0.252	0.276
N	8 520	8 520	8 520	8 520	8 520

1. 方程均使用综合样本子样本 1,分别检验应计盈余管理和真实盈余管理的中介效应。

2. 方程(1)(3)(5)采用多元有序 Logit 模型检验所有权性质对财务困境发生概率的综合效应,方程(2)(4)采用多元线性回归检验所有权性质对盈余管理的影响。为了控制异常值的影响,对所有的连续变量进行了±1%的缩尾处理。

3. LR chi²/F 代表整个方程的拟合度,LR chi² 为 Ologit 模型的方程整体拟合度,F 为多元性线性回归模型的方程整体拟合度,可以看到所有方程的 Prob＞chi2/F 显著性均在 0.000 的水平上,因此方程整体拟合度很高。

4. pseudo R²/ adj R² 表示方程对变量的解释力,prseudo R² 为 ologit 模型的指标,adj R² 为多元线性回归模型的指标,显示解释变量的解释力除方程(2)为 0.195 以外,其余均在 0.25 以上,能够较好地解释因变量。

5. * $p<0.1$,** $p<0.05$,*** $p<0.01$,双尾。

5.5.3 LOCSOE 回归结果分析

表 5－7 列示了 LOCSOE 对财务困境发生概率的影响中盈余管理的中介效应。

表 5－7 Panel A 中,方程(1)～(3)为 AQ 样本子样本 2 的回归结果,检验应计盈余管理的中介效应,方程(4)～(6)为 RM 样本子样本 2 的回归结果,检验真实盈余管理的中介效应。

从回归结果来看:

1. 方程(1)和(4)显示 LOCSOE 和 F 的 Ologit 回归结果均不显著,说明地方政府控制对企业财务困境发生概率的影响并不显著,按照 5.5.1 节的处理,仍然继续检验。

2. 方程(2)的结果显示 LOCSOE 对 ABSAQ 具有显著的负效应,即相比非国有企业,地方国企的应计盈余管理程度更低,非国有企业存在更多的应计盈余管理行为;方程(5)的结果显示 LOCSOE 对 ABSRM 不具有显著影响,说明地方国企的真实盈余管理程度和非国有企业不存在显著差异。

3. 方程(3)的结果显示应计盈余管理程度对财务困境发生概率具有显著正方向的作用,但是方程(3)的回归结果中 LOCSOE 和 F 并不存在显著关系,说明在考虑了中介变量 ABSAQ 的情况下,地方政府控制对财务困境发生概率不存在直接的影响,应计盈余管理具有完全中介效应;方程(6)的结果显示真实盈余管理程度对财务困境发生概率具有显著负方向的作用,按照 5.3.2 节中描述的中介效应的检验步骤,如果 a 不显著,b 显著①,因此进一步进行 Sobel 检验。检验结果 $t=1.37$,$p=0.17$,并不显著,即真实盈余管理对于 LOCSOE 和 F 的中介效应不存在。

综上三个步骤的检验结果可以发现,应计盈余管理在地方国企和财务困境的关系中存在完全中介效用,而真实盈余管理在地方国企和财务困境的关系不存在中介效应。但是地方国企对财务困境的综合效应依然不显著,一方面可能是盈余管理程度的差异,地方国企和非国企盈余管理的差异小于中央国企和非国企的差异,另一方面不排除还可能存在其他因素抵消了应计盈余管理的中介效应。

表 5 - 7 Panel B 分别使用 AQ 和 RM 样本组中的综合样本子样本 2 再一次检验了真实盈余管理和应计盈余管理的中介效应,结果和分别用 AQ 样本和 RM 样本的回归结果完全一致,证明了上述实证结果的稳健性。

表 5 - 7 　Panel A 　AQ 样本和 RM 样本 LOCSOE 回归结果

样本 被解释变量 方程	AQ 样本			RM 样本		
	F (1)	ABSAQ (2)	F (3)	F (4)	ABSRM (5)	F (6)
LOCSOE	−0.026	−0.013***	−0.008	−0.003	−0.006	−0.010
	(0.742)	(0.000)	(0.918)	(0.968)	(0.106)	(0.898)
ABSAQ			1.609***			
			(0.001)			
ABSRM						−0.655***
						(0.001)
QR	−0.703***	0.004***	−0.719***	−0.622***	0.023***	−0.603***
	(0.000)	(0.008)	(0.000)	(0.000)	(0.000)	(0.000)
NOP	−0.084	−0.015***	−0.059	−0.088	−0.058***	−0.118
	(0.255)	(0.000)	(0.430)	(0.260)	(0.000)	(0.136)
ROA	−1.635***	−0.043***	−1.512***	−1.636***	0.295***	−1.649***
	(0.000)	(0.000)	(0.000)	(0.000)	(0.000)	(0.000)
EBITIR	−0.015***	0.000***	−0.016***	−0.015***	0.001***	−0.015***
	(0.000)	(0.000)	(0.000)	(0.000)	(0.000)	(0.000)

---

① a 为自变量 X 对中介变量 M 的效应,b 是控制了 X 的影响后,中介变量 M 对 Y 的效应。

样本	AQ 样本			RM 样本		
被解释变量 方程	F (1)	ABSAQ (2)	F (3)	F (4)	ABSRM (5)	F (6)
EPS	−3.954***	−0.003	−3.968***	−4.408***	0.111***	−4.344***
	(0.000)	(0.474)	(0.000)	(0.000)	(0.000)	(0.000)
ART	0.030	−0.000	0.000	0.000	−0.000	0.000
	(0.690)	(0.456)	(0.649)	(0.804)	(0.953)	(0.779)
TAT	−0.641***	0.001	−0.639***	−0.700***	0.072***	−0.654***
	(0.000)	(0.588)	(0.000)	(0.000)	(0.000)	(0.000)
CFCDR	−1.030***	−0.029***	−0.954***	−1.078***	0.196***	−0.993***
	(0.000)	(0.000)	(0.000)	(0.000)	(0.000)	(0.000)
MBG	−0.050	0.019***	−0.073	0.020	0.070***	0.047
	(0.408)	(0.000)	(0.231)	(0.707)	(0.000)	(0.388)
LEV	1.245***	0.031***	1.216***	1.379***	0.018**	1.377***
	(0.000)	(0.000)	(0.000)	(0.000)	(0.036)	(0.000)
LNA	−0.539***	−0.005***	−0.529***	−0.538***	−0.020***	−0.552***
	(0.000)	(0.000)	(0.000)	(0.000)	(0.000)	(0.000)
IND	YES	YES	YES	YES	YES	YES
YEAR	YES	YES	YES	YES	YES	YES
year	YES	YES	YES	YES	YES	YES
CONS		0.156***			0.484***	
		(0.000)			(0.000)	
CUT1	−9.493***		−9.172***	−9.419***		−9.789***
	(0.000)		(0.000)	(0.000)		(0.000)
CUT2	−8.326***		−8.003***	−8.267***		−8.636***
	(0.000)		(0.000)	(0.000)		(0.000)
CUT3	−7.155***		−6.831***	−7.110***		−7.479***
	(0.000)		(0.000)	(0.000)		(0.000)
LR chi²/F	2 853.949	104.55	2 865.203	3 106.521	156.96	3 118.797
Prob>chi²/F	0.000	0.000	0.000	0.000	0.000	0.000
pseudo R²/adj R²	0.279	0.191	0.280	0.284	0.241	0.285
N	13 188	13 188	13 188	15 240	15 240	15 240

1. 方程(1)(2)(3)使用的样本为 AQ 样本子样本 2,检验应计盈余管理的中介效应,方程(4)(5)(6)使用的样本为 RM 样本子样本 2,检验真实盈余管理的中介效应。

2. 方程(1)(4)采用多元有序 Logit 模型检验所有权性质对财务困境发生概率的综合效应,方程(2)(5)采用多元线性回归检验所有权性质对盈余管理的影响,方程(3)(6)采用多元有序 Logit 模型检验考虑了盈余管理后，所有权性质对财务困境发生概率的直接效应。为了控制异常值的影响，对所有的连续变量进行了±1%的缩尾处理。

3. LR chi² / F 代表整个方程的拟合度，LR chi² 为 Ologit 模型的方程整体拟合度，F 为多元线性回归模型的方程整体拟合度，可以看到所有方程的 Prob > chi2/F 显著性均在 0.000 的水平上，因此方程整体拟合度很高。

4. pseudo R^2 / adj R^2 表示方程对变量的解释力，prseudo R^2 为 Ologit 模型的指标，adj R^2 为多元线性回归模型的指标，显示解释变量的解释力除方程(2)为 0.191 以外，其余均在 0.25 以上，能够较好地解释因变量。

5. * $p<0.1$，** $p<0.05$，*** $p<0.01$，双尾。

Panel B 综合样本 LOCSOE 回归结果

被解释变量 方程	F (1)	ABSAQ (2)	F (3)	ABSRM (4)	F (5)
LOCSOE	−0.034	−0.013***	−0.016	−0.005	−0.044
	(0.671)	(0.000)	(0.839)	(0.238)	(0.575)
ABSAQ			1.573***		
			(0.001)		
ABSRM					−0.815***
					(0.000)
QR	−0.759***	0.004***	−0.774***	0.021***	−0.738***
	(0.000)	(0.009)	(0.000)	(0.000)	(0.000)
NOP	−0.071	−0.014***	−0.047	−0.047***	−0.102
	(0.341)	(0.000)	(0.530)	(0.000)	(0.177)
ROA	−1.672***	−0.043***	−1.553***	0.220***	−1.683***
	(0.000)	(0.000)	(0.000)	(0.000)	(0.000)
EBITIR	−0.014***	0.000***	−0.015***	0.001***	−0.014***
	(0.001)	(0.000)	(0.000)	(0.000)	(0.001)
EPS	−3.948***	−0.006	−3.963***	0.085***	−3.888***
	(0.000)	(0.153)	(0.000)	(0.000)	(0.000)
ART	0.000	−0.000	0.000	0.000	0.000
	(0.720)	(0.475)	(0.678)	(0.923)	(0.671)
TAT	−0.637***	0.000	−0.635***	0.076***	−0.582***
	(0.000)	(0.828)	(0.000)	(0.000)	(0.000)
CFCDR	−1.036***	−0.028***	−0.963***	0.213***	−0.909***
	(0.000)	(0.000)	(0.000)	(0.000)	(0.000)
MBG	−0.041	0.019***	−0.063	0.069***	−0.011
	(0.492)	(0.000)	(0.293)	(0.000)	(0.862)

被解释变量 方程	F (1)	ABSAQ (2)	F (3)	ABSRM (4)	F (5)
LEV	1.179***	0.030***	1.151***	0.019**	1.179***
	(0.000)	(0.000)	(0.000)	(0.026)	(0.000)
LNA	−0.551***	−0.005***	−0.541***	−0.016***	−0.565***
	(0.000)	(0.000)	(0.000)	(0.000)	(0.000)
IND	YES	YES	YES	YES	YES
YEAR	YES	YES	YES	YES	YES
year	YES	YES	YES	YES	YES
CONS		0.159***		0.393***	
		(0.000)		(0.000)	
CUT1	−9.861***		−9.539***		−10.238***
	(0.000)		(0.000)		(0.000)
CUT2	−8.683***		−8.359***		−9.058***
	(0.000)		(0.000)		(0.000)
CUT3	−7.500***		−7.174***		−7.876***
	(0.000)		(0.000)		(0.000)
LR chi^2/F	2 774.824	102.20	2 785.417	146.10	2 790.968
Prob＞chi^2/F	0.000	0.000	0.000	0.000	0.000
pseudo R^2/ adj R^2	0.277	0.192	0.278	0.254	0.279
N	12 816	12 816	12 816	12 816	12 816

1. 方程均使用综合样本子样本 2,分别检验应计盈余管理和真实盈余管理的中介效应。

2. 方程(1)(3)(5)采用多元有序 Logit 模型检验所有权性质对财务困境发生概率的综合效应,方程(2)(4)采用多元线性回归检验所有权性质对盈余管理的影响。为了控制异常值的影响,对所有的连续变量进行了±1%的缩尾处理。

3. LR chi^2/F 代表整个方程的拟合度,LR chi^2 为 Ologit 模型的方程整体拟合度,F 为多元线性回归模型的方程整体拟合度,可以看到所有方程的 Prob＞chi2/F 显著性均在 0.000 的水平上,因此方程整体拟合度很高。

4. pseudo R^2/ adj R^2 表示方程对变量的解释力,prseudo R^2 为 Ologit 模型的指标,adj R^2 为多元线性回归模型的指标,显示解释变量的解释力除方程(2)为 0.192 以外,其余均在 0.25 以上,能够较好地解释因变量。

5. * $p<0.1$,** $p<0.05$,*** $p<0.01$,双尾。

5.5.4　实证结果汇总

总结整理本节的研究结论如下:

1. 盈余管理在所有权性质和财务困境的作用关系中具有中介效应。国有企业市场竞争压力、债务合约压力、盈余压力、高管薪酬压力、满足投资者盈余预期的压力较小,因此相比非国有企业,盈余管理动机较小,存在较少的盈余管理行为。而应计盈余管理程度越大,越可能导致企业陷入财务困境,真实盈余管理却反而降低了企业财务困境发生的可能性。那么国有企业一方面因为较低的应计盈余管理而降低了发生财务困境的可能性,而另一方面因为较低的真实盈余管理提高了发生财务困境的可能性,这两种作用相互抵消,使得所有权性质和财务困境表现出的综合效应不显著。见表 5-8 SOE 的作用机制图。

2. 盈余管理在中央国企和财务困境的关系中也具有中介效应。相比非国企和地方国企,中央国企面对的市场竞争压力、债务合约压力、盈余压力、高管薪酬压力、满足投资者预期的压力都更小,因此中央国企的政治联系优势更加明显,因此中央国企比地方国企的盈余管理动机更弱,程度更小。而按照应计盈余管理和真实盈余管理对财务困境的相反作用,两种中介效应依然相互抵消,因此中央国企和财务困境的综合效应不显著。见表 5-8 CEN-SOE 的作用机制图。

3. 应计盈余管理在地方国企和财务困境的关系中具有中介效应,而真实盈余管理不具有中介效应。地方国企的政治联系强度处于中央国企和地方国企之间,市场竞争压力、债务合约压力、盈余压力、高管薪酬压力、满足投资者盈余预期的压力都居于中间,因此盈余管理的程度也处于中央国企和非国企之间。其中应计盈余管理在地方国企和财务困境的关系中依然具有中介效应,而真实盈余管理则不具有中介效应。但是地方国企对财务困境的综合影响并不显著,一方面可能是地方国企和非国企的盈余管理差异不够大,另一方面不排除存在其他中介变量的可能性。见表 5-8 LOCSOE 的作用机制图。

表 5-8　所有权性质、盈余管理和财务困境作用机制图

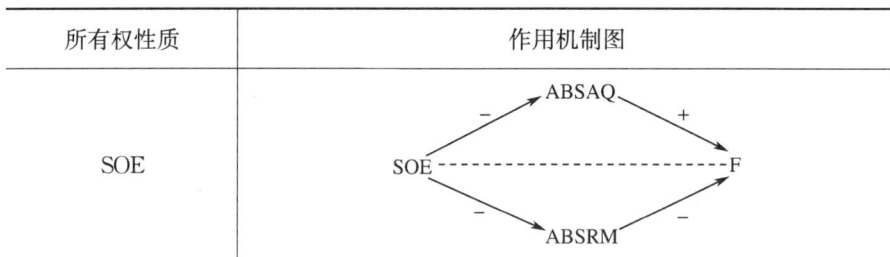

所有权性质	作用机制图
SOE	ABSAQ（SOE 经 "−" 指向 ABSAQ，ABSAQ 经 "+" 指向 F；SOE 经虚线直接指向 F；SOE 经 "−" 指向 ABSRM，ABSRM 经 "−" 指向 F）

所有权性质	作用机制图
CENSOE	CENSOE，向 ABSAQ 方向（−），ABSAQ 向 F（+）；CENSOE 虚线至 F；CENSOE 向 ABSRM（−），ABSRM 向 F（−）
LOCSOE	LOCSOE，向 ABSAQ 方向（−），ABSAQ 向 F（+）；LOCSOE 虚线至 F；LOCSOE 向 ABSRM（−），ABSRM 向 F（−）

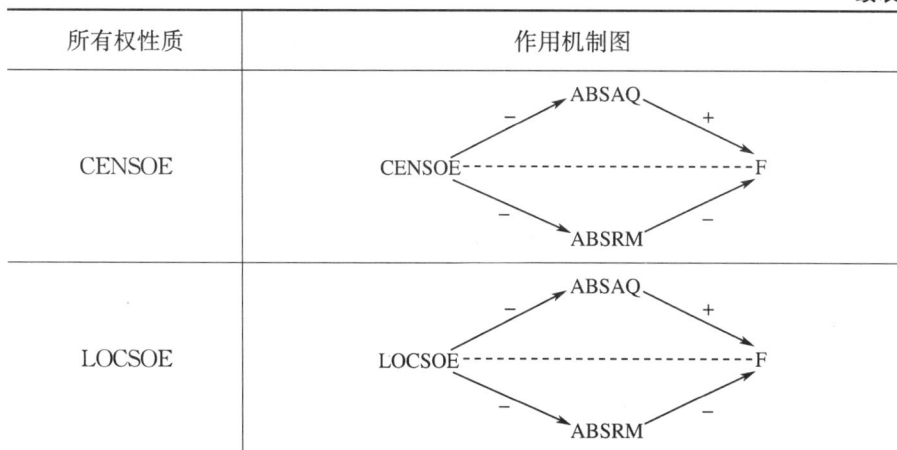

说明：实线表示存在显著影响，虚线表示不存在影响。

5.6 本章小结

在第 4 章中我们已经证明：应计盈余管理和财务困境发生概率的正相关性；真实盈余管理和财务困境发生概率负相关。在上述研究结果的基础上，本章结合所有权性质进行深入研究发现：

1. 国有企业市场竞争压力、债务合约压力、盈余压力、高管薪酬压力、满足投资者盈余预期的压力较小，因此相比非国有企业，盈余管理动机较小，存在较少的应计盈余管理和真实盈余管理行为。

2. 国有企业中，中央国企和地方国企的政治联系强度还存在差异，因此地方国企的盈余管理程度介于中央国企和非国有企业之间。

3. 应计盈余管理和真实盈余管理在所有权性质和财务困境的关系中具有中介效应，在应计盈余管理的传导下，国有企业相对非国有企业来说陷入财务困境的可能性更低，而在真实盈余管理的传导下，国有企业陷入财务困境的可能性更高，两种中介效应相互抵消，最终导致所有权性质对财务困境的综合影响并不显著。深入研究发现，应计盈余管理和真实盈余管理的这种中介抵消效应完全存在于中央国企和财务困境的关系中，而在地方国企和财务困境的关系中，应计盈余管理的中介效应依然存在，真实盈余管理的中介效应并不明显，体现了中央国企和地方国企盈余管理程度的差异，这正好印证了中央国企和地方国企在政治联系上的差异。

第6章

制度环境、盈余管理和财务困境

6.1 我国企业面临制度环境的现状

我国作为新兴经济体,与发达国家的企业组织结构与经济行为有着巨大差异,忽视制度因素的对比研究可能产生误导性的结论(Fan 等,2011)。企业作为契约关系的集结,要理解企业的经营绩效表现就必须考虑特有的制度环境。另外,制度环境还会对会计准则的制定和执行产生影响并最终影响由财务报告所体现的企业经营业绩(关于制度环境的影响详见 2.4.2 节中的论述)。因此,本章将制度因素纳入盈余管理和财务困境关系的研究中,综合考虑在转型经济背景下有中国特色的制度环境对盈余管理和财务困境的影响。

制度环境因素主要包括信贷市场环境、政府权力的分散化程度以及法律环境等几个方面(Wang,2005)(详见 2.4.2 节中的论述)。市场化程度反映了对政府干预行为的约束程度,也即制度环境的宽松程度。市场化程度越高,政府的权力越分散,对市场的约束越小,法律体系越完善,企业面临的制度环境越宽松。

总体而言,在我国转型经济的发展过程中,我国企业的发展还面临着政府权力过于集中、法律体系不完善、金融市场不发达的问题。

1. 政府权力过于集中

在转型经济国家,政府可能通过频繁地施加不必要的管制手段来干预甚至掠夺企业(Johnson 等,2000;Hellman 和 Kaufmann,2003),在这些国家,政府官员会通过"掠夺之手"(Frye 和 Shleifer,1997;Shleifer,1997;Shleifer 和 Vishny,1998)来侵害企业的利益。如政府部门或政府官员对企业进行的"乱摊派、乱收费"现象。

2. 法律体系不完善

在转型经济时期,相关法律缺失或无法实施,法律中介机构不发达,企业难以依赖于法律体系来保护其产权和合同的实施(Frye 和 Zhuravskaya,2000;Johnson 等,2002)。我国法律改革的步伐远远落后于经济改革(余明桂、潘红波,2008),在产权保护和合同实施中的法律的保护作用非常有限,中小投资者或者私人投资者的权益经常受到侵害而又得不到法律的有效保护。

3. 金融市场不发达

由于信用市场不发达,信贷市场主要由国有银行占据主要地位,企业不能完全依赖市场来获取资金,尤其是私营企业融资难问题一直没有得到解决。

另一方面,"由于资源禀赋、地理位置以及国家政策等方面的差异,我国市场化进程很不平衡,各地区的市场化程度存在较大的差异"(孙铮等,2005)。在某些省份,特别是沿海省份,市场化程度较高,企业面临较宽松的制度环境,而在另外一些中西部省份,经济中非市场因素还占有非常重要的地位。市场化程度的不同,意味着不同地区的政府干预行为、法律环境和信贷市场环境将产生差异,因此不同地区的企业面临的制度环境是不同的。

6.2　理论分析和假设

6.2.1　制度环境、应计盈余管理和财务困境

我们认为,在不同的制度环境下,盈余管理对财务困境的关系会有所不同。其中市场化程度越差,制度约束越多的地方,应计盈余管理对财务困境的作用会加强。这主要是基于以下分析:

1. 在市场化程度较差,制度环境越不完善的地区,有更多的应计盈余管理的动机和需求。

应计盈余管理的产生是由于委托代理关系的存在,造成了公司内部人和外部人的区分(D. Wysocki,2003)。代理方(管理层)由于信息不对称独享了

部分私人控制利益,成为了内部人,为了防止外部投资者觉察到他们私人权益的存在,进而对他们采取法律或其他不利措施,内部人就会通过盈余管理粉饰业绩,从而向外部人即委托方掩盖或隐瞒这些利益的存在。

而公司外部人权力越大,就会限制内部人获取私人控制利益,那么就相应减弱了内部人管理盈余的动机。从信息不对称的角度而言,外部人越强大,信息不对称程度越低,那么内部人掌握的额外信息就越少,也就没有必要通过应计盈余管理来隐瞒某些私人信息。相反,政府干预过多甚至直接侵害中小股东利益,法律体系不完善,中小股东作为外部人权益得不到保护,信息不对称程度高,内部人盈余管理的动机和机会就多。

2. 在法律体系不完善的地区,应计盈余管理程度更高

外部投资者保护制度的完善会减小应计盈余管理的程度。法律体系通过授予投资者监督权(如更换经理人)、合同制度来限制内部人获取私人利益,外部投资者一旦察觉到私人权益的存在,就可以采取法律措施。因此,法律体系有效保护了外部投资者,减弱了内部人掩盖某些行为的动机,而相反,"在法律对外部投资者保护较弱的国家,盈余管理更普遍,因为内部人享有更大的私人利益,需要更多的盈余管理的掩盖"(D. Wysocki,2003)。

3. 在市场化程度较差,制度环境越不完善的地区,有应计盈余管理的企业更容易被审计师出具持续经营审计意见。

正因为对制度环境不完善地区的企业有更高的应计盈余管理的动机和需求的担心,审计师出于对自身审计风险的考虑,会对这些地区的企业提高审计标准,导致制度不完善地区的有应计盈余管理的企业更容易被出具持续经营审计意见。

从上面的分析中我们看到,一方面,市场化程度较低,制度环境的不完善使应计盈余管理的程度更高,另一方面,出于对自身审计风险的担忧,审计师对这些地区会提高审计标准从而使这些地区进行应计盈余管理的企业更容易被出具持续经营审计意见而陷入财务困境中。基于上述分析,我们提出假设6:

H6:政府干预越多,信贷市场越不发达,法律环境越不完善的地区,也即市场化程度较差的地区,应计盈余管理对财务困境正相关性会加强。反之,会减弱。

6.2.2 制度环境、真实盈余管理和财务困境

1. 在市场化程度不高,制度环境不完善的地区,应计盈余管理空间较

大,相应的有较少的真实盈余管理的需求。

相比应计盈余管理,真实盈余管理通过真实经营活动和交易实现,因此实施的成本更高,如果法律等监管体系不够完善,无法觉察或者有效监管管理者通过应计盈余管理调节利润的行为,管理者会首先考虑用成本更低的应计盈余管理来实现其资本市场、薪酬等动机。越来越多的证据表明,随着市场化程度的提高,会计准则的不断完善以及法律保护水平的提高,企业为了达到盈余目标并逃避法律的监管,会更多地实施真实盈余管理(蔡春等,2013;Gunny,2010)。

2. 真实盈余管理较少引起审计师或监管部门的注意

由于真实盈余管理是通过操纵真实活动来实现盈余管理以达到特定目的,其交易具有真实性的特点。"真实盈余管理改变了经济活动的实质并按照会计准则对改变后的经济活动进行确认、计量、记录和报告,不会涉嫌会计处理问题"(蔡春等,2013)。相比应计盈余管理,真实盈余管理的法律风险和审计风险均更低(Roychowdhury,2006),相对不会引起监管部门和审计师的注意,较少被出具持续经营审计意见或被特别处理。

对于真实盈余管理而言,管理层在进行真实盈余管理时运用了私人信息,管理层会仔细评估真实盈余管理活动的成本效益,避免损害未来的绩效(Tan,2006;Taylor,2010),这说明真实盈余管理一般而言并不会显著损害公司后期的经营绩效,那么作为一种符合真实性的盈余管理行为,属于正常的经营活动,也就是即使在市场化程度较低、制度环境较差的地区,上市公司的真实盈余管理也不会引起监管者或者审计师的特别注意。

综上所述,一方面制度环境较差的地区,上市公司有相对较少的真实盈余管理;另一方面,由于真实盈余管理真实性的特点,制度环境的差异并不会引起审计师对真实盈余管理的特别关注,也就是说,制度环境的好坏并不会影响真实盈余管理和财务困境的关系,基于此提出假设7:

H7:制度环境不会对真实盈余管理和财务困境的关系造成影响。

6.3 研 究 设 计

根据本章对制度环境、盈余管理及财务困境之间的关系分析,在模型中设立交互项,如下所示:

$$logit\ F = \alpha_0 + \alpha_1 ABSAQ + \alpha_2 CMI + \alpha_3 GDI + \alpha_4 LEI + \alpha_5 ZABSAQ$$
$$\times ZCMI + \alpha_6 ZABSAQ \times ZGDI + \alpha_7 ZABSAQ \times ZLEI$$
$$+ \alpha_8 EBITR + \alpha_9 EPS + \alpha_{10} ART + \alpha_{11} TAT + \alpha_{12} CFCDR$$
$$+ \alpha_{13} MBG + \alpha_{14} LEV + \alpha_{15} LNA + \sum_{k=16}^{26} \alpha_k IND + \sum_{k=27}^{33} \alpha_k YEAR$$
$$(6-1)$$

$$logit\ F = \alpha_0 + \alpha_1 ABSRM + \alpha_2 CMI + \alpha_3 GDI + \alpha_4 LEI + \alpha_5 ZABSRM$$
$$\times ZCMI + \alpha_6 ZABSRM \times ZGDI + \alpha_7 ZABSRM \times ZLEI + \alpha_8 EBITR$$
$$+ \alpha_9 EPS + \alpha_{10} ART + \alpha_{11} TAT + \alpha_{12} CFCDR$$
$$+ \alpha_{13} MBG + \alpha_{14} LEV + \alpha_{15} LNA + \sum_{k=16}^{26} \alpha_k IND + \sum_{k=27}^{33} \alpha_k YEAR$$
$$(6-2)$$

模型(6-1)检验应计盈余管理 $ABSAQ$ 和 F 的关系,模型(6-2)检验真实盈余管理 $ABSRM$ 和 F 的关系。其中为了防止多重共线性的影响,交互性均使用标准化后的变量,$ZABSAQ$、$ZABSRM$、$ZCMI$、$ZGDI$、$ZLEI$ 分别表示标准化后的应计盈余管理、真实盈余管理、信贷市场指数、政府分散化指数、法律环境指数。本章对其他变量的定义详见表 3-5。

6.4　描述性统计分析

6.4.1　制度环境和财务困境

表 6-1 中分别按信贷市场指数(CMI)、政府分散化指数(GDI)、法律环境指数(LEI)分组,给出了处于不同制度环境中上市公司财务困境程度的分布。

表 6-1　制度环境和财务困境程度描述性统计表

组别		$F=1$	$F=2$	$F=3$	$F=4$	Total
Panel A　AQ样本						
按照 CMI 划分	好	93.28%	3.49%	2.05%	1.18%	1
	中	89.71%	5.97%	2.71%	1.60%	1
	差	87.54%	6.52%	3.44%	2.50%	1

组别		$F=1$	$F=2$	$F=3$	$F=4$	Total
按照 GDI 划分	好	93.65%	3.23%	2.00%	1.12%	1
	中	89.89%	5.55%	2.98%	1.57%	1
	差	87.22%	7.16%	3.00%	2.62%	1
按照 LEI 划分	好	93.44%	3.49%	1.95%	1.12%	1
	中	89.06%	6.10%	2.78%	2.07%	1
	差	88.40%	5.99%	3.54%	2.07%	1
Panel B　RM 样本						
按照 CMI 划分	好	93.86%	3.16%	1.91%	1.07%	1
	中	90.69%	5.01%	2.57%	1.73%	1
	差	88.17%	6.25%	3.28%	2.30%	1
按照 GDI 划分	好	94.21%	2.87%	1.85%	1.07%	1
	中	90.52%	4.98%	2.92%	1.58%	1
	差	88.35%	6.61%	2.71%	2.32%	1
按照 LEI 划分	好	94.06%	3.09%	1.81%	1.04%	1
	中	90.18%	5.31%	2.51%	1.99%	1
	差	88.53%	5.90%	3.55%	2.02%	1
Panel C　综合样本						
按照 CMI 划分	好	93.54%	3.38%	1.97%	1.12%	1
	中	88.56%	6.22%	3.28%	1.94%	1
	差	88.29%	6.75%	2.71%	2.25%	1
按照 GDI 划分	好	93.58%	3.26%	2.04%	1.13%	1
	中	89.32%	5.74%	3.18%	1.76%	1
	差	87.14%	7.77%	2.68%	2.41%	1
按照 LEI 划分	好	92.68%	3.95%	2.13%	1.24%	1
	中	88.28%	6.22%	3.29%	2.22%	1
	差	87.50%	6.95%	3.56%	1.99%	1

样本涉及 31 个省,根据每个省 CMI、GDI、LEI 指数的均值降序排序,以三分之一分位数和三分之二分位数为划分界点,将制度环境分别按照 CMI、GDI、LEI 划分为好、中、差三组。表中统计了制度环境好、中、差三组各组财务困境程度上市公司数量占该制度环境组的比例。

第 6 章　制度环境、盈余管理和财务困境

整体来看,不管按照哪个指标分组,市场化程度高、制度环境较好(政府干预较少,信贷市场较发达,法律环境较完善)的组,上市公司财务正常的比例也较高;制度环境较差的组,陷入财务困境的上市公司比例也较高。因此可以初步说明上市公司所处的地区信贷市场越发达、政府分散化程度越高、法律环境越好,那么相对而言越有利于上市公司的发展,公司绩效表现会越好。

6.4.2 制度环境和应计盈余管理

表6-2中,对各指标分别按照制度环境好、中、差分组求均值,并进行组间均值比较,首先可以看到信贷市场发达、政府分散化程度高、法律环境好的地区,上市公司财务困境程度都很低,F均值均为1.11,说明大多数上市公司为财务状况正常的状态,而随着信贷市场发达程度的降低,政府集中度提高、法律环境变差,上市公司财务困境程度在加深。并且差组和好组的均值比较结果在0.01的水平上显著,说明信贷市场不发达、政府集中度高、法律环境差的地区上市公司的财务困境程度显著严重于信贷市场发达、政府分散化程度高、法律环境好的地区。

其次,制度环境较差的组应计盈余管理的均值高于制度环境较好的组,但并不显著,说明在我国应计盈余管理这种投机性质的行为受到制度环境的制约程度并不是很明显。

最后,在财务绩效表现上,信贷市场发达地区,上市公司盈利能力较高,短期偿债能力较好,总资产周转率较高,但是增长率表现较差,应收账款周转率较低,另外长期偿债能力并不存在显著差异。政府分散化程度较高的地区,上市公司盈利能力和总资产周转率依然较高,但是应收账款周转率、短期偿债能力以及增长率并不存在差异,而长期偿债能力反而较差。法律环境好的地区,上市公司盈利能力依然较好,利息保障倍数和总资产周转率也较好,但是短期偿债能力较差,增长率也较差,而长期偿债能力差异并不显著。

表6-2 不同制度环境下企业应计盈余管理均值比较

AQ样本	好	中	差	差 vs. 好
Panel A 按照CMI分组				
F	1.11	1.16	1.21	0.10***
ABSAQ	0.061 0	0.054 3	0.062 5	0.001 5

AQ样本	好	中	差	差 vs. 好
QR	0.757 9	0.775 2	0.726 6	−0.031 2***
NOP	0.018 4	−0.014 3	−0.035 4	−0.053 7***
ROA	0.024 6	0.014 4	0.013 5	−0.011 2***
EBITIR	8.776 2	7.185 4	6.172 1	−2.604 1***
EPS	0.068 4	0.060 6	0.054 5	−0.013 8***
ART	51.242 6	64.366 5	69.992 9	18.750 3***
TAT	0.765 4	0.729 8	0.601 3	−0.164 2***
CFCDR	0.127 6	0.132 7	0.133 7	0.006 2
MBG	0.213 5	0.227 9	0.249 4	0.036 0***
LEV	0.594 0	0.608 3	0.597 7	0.003 8
LNA	21.833 6	21.729 7	21.378 7	−0.454 9***

Panel B 按照 *GDI* 分组

	好	中	差	差 vs. 好
F	1.11	1.16	1.21	0.10***
ABSAQ	0.062 5	0.053 0	0.062 5	0.000 1
QR	0.768 2	0.713 9	0.777 8	0.009 5
NOP	0.021 3	−0.010 1	−0.040 8	−0.062 1***
ROA	0.026 3	0.013 8	0.012 7	−0.013 6***
EBITIR	8.810 8	6.693 5	7.290 5	−1.520 3***
EPS	0.069 4	0.062 0	0.051 5	−0.018 0***
ART	51.456 6	69.967 2	56.758 3	5.301 8
TAT	0.775 1	0.711 7	0.603 7	−0.171 3***
CFCDR	0.129 4	0.132 4	0.126 8	−0.002 6
MBG	0.214 3	0.234 1	0.233 6	0.019 3
LEV	0.584 0	0.623 5	0.600 5	0.016 5***
LNA	21.811 3	21.723 2	21.475 9	−0.335 4***

Panel C 按照 *LEI* 分组

	好	中	差	差 vs. 好
F	1.11	1.18	1.19	0.09***
ABSAQ	0.061 0	0.055 5	0.061 9	0.000 9

AQ 样本	好	中	差	差 vs. 好
QR	0.764 8	0.731 7	0.754 6	−0.010 2
NOP	0.022 5	−0.022 7	−0.032 7	−0.055 2***
ROA	0.025 5	0.013 3	0.013 7	−0.011 8***
EBITIR	8.936 5	7.177 4	5.951 6	−2.984 8***
EPS	0.067 7	0.057 3	0.061 8	−0.006 0
ART	54.454 4	66.840 3	55.065 2	0.610 8
TAT	0.763 9	0.711 2	0.635 6	−0.128 3***
CFCDR	0.126 5	0.130 3	0.139 0	0.012 5***
MBG	0.212 9	0.223 9	0.253 5	0.040 7***
LEV	0.590 7	0.617 6	0.594 9	0.004 2
LNA	21.863 2	21.671 7	21.377 7	−0.485 5***

1. 组别好、中、差分别表示制度环境的好、中、差,同上节;
2. * $p<0.1$,** $p<0.05$,*** $p<0.01$,双尾。

6.4.3 制度环境和真实盈余管理

表 6-3 给出了不同制度环境下上市公司真实盈余管理的均值比较。RM 样本各制度环境组间的财务困境差异和财务指标表现差异均和 AQ 样本一致,制度环境好的组,上市公司财务状况都比较好(F 值均为 1.1),但是 ABSRM 在不同制度环境组之间均存在显著差异,也即在信贷市场发达、政府分散化程度高、法律环境好的地区,上市公司的真实盈余管理程度较高,这可以说明制度环境好的地区,上市公司经营状况较好,因而真实盈余管理的空间较大,存在更多的真实盈余管理行为。

表 6-3 不同制度环境下企业真实盈余管理均值比较

RM 样本	好	中	差	差 vs. 好
Panel A 按照 CMI 分组				
F	1.10	1.15	1.20	0.10***
ABSRM	0.248 2	0.220 0	0.226 5	−0.021 7***
QR	0.759 0	0.769 9	0.731 9	−0.027 1***

RM 样本	好	中	差	差 vs. 好
NOP	0.026 8	−0.010 3	−0.023 8	−0.050 7***
ROA	0.025 1	0.015 3	0.014 4	−0.010 7***
EBITIR	8.804 4	7.375 1	6.462 6	−2.341 8***
EPS	0.066 0	0.057 3	0.050 4	−0.015 6***
ART	59.927 8	66.645 9	86.030 5	26.102 7***
TAT	0.757 0	0.738 7	0.599 1	−0.157 9***
CFCDR	0.126 0	0.125 7	0.129 0	0.003 0
MBG	0.205 7	0.223 0	0.245 8	0.040 1***
LEV	0.591 9	0.608 6	0.595 9	0.004 0
LNA	21.946 4	21.830 8	21.482 6	−0.463 8***
Panel B　按照 *GDI* 分组				
F	1.10	1.16	1.19	0.09***
ABSRM	0.250 1	0.220 0	0.230 4	−0.019 7***
QR	0.770 1	0.714 8	0.777 4	0.007 2
NOP	0.030 7	−0.005 1	−0.031 4	−0.062 1***
ROA	0.027 0	0.014 2	0.013 6	−0.013 5***
EBITIR	8.921 1	6.738 7	7.543 4	−1.377 7***
EPS	0.068 0	0.055 8	0.049 1	−0.018 8***
ART	60.404 7	74.637 3	70.507 5	10.102 8
TAT	0.766 1	0.719 2	0.602 3	−0.163 8***
CFCDR	0.128 5	0.125 0	0.122 4	−0.006 2
MBG	0.207 0	0.230 9	0.224 5	0.017 5
LEV	0.582 3	0.622 0	0.599 2	0.017 0***
LNA	21.930 4	21.800 2	21.607 8	−0.322 6***
Panel C　按照 *LEI* 分组				
F	1.10	1.16	1.19	0.09***
ABSRM	0.251 0	0.213 3	0.227 5	−0.023 5***
QR	0.765 5	0.733 5	0.753 2	−0.012 4

第6章　制度环境、盈余管理和财务困境

续表

RM 样本	好	中	差	差 vs. 好
NOP	0.030 1	−0.012 5	−0.027 5	−0.057 6***
ROA	0.026 3	0.013 6	0.013 7	−0.012 5***
EBITIR	8.992 8	7.522 4	5.887 4	−3.105 4***
EPS	0.065 0	0.055 3	0.056 9	−0.008 1**
ART	63.276 7	74.998 1	64.774 0	1.497 3
TAT	0.754 5	0.728 4	0.627 3	−0.127 2***
CFCDR	0.125 6	0.123 7	0.132 4	0.006 8
MBG	0.206 2	0.218 9	0.246 1	0.039 8***
LEV	0.587 7	0.619 5	0.596 1	0.008 4*
LNA	21.979 0	21.785 4	21.459 8	−0.519 2***

1. 组别好、中、差分别表示制度环境的好、中、差,同上文;
2. * $p<0.1$,** $p<0.05$,*** $p<0.01$,双尾。

表 6-4 运用综合样本再一次检验了按照制度环境分组的均值比较结果,结果与 AQ 样本和 RM 样本的结果相似,不再赘述。

表 6-4 不同制度环境下企业盈余管理均值比较(综合样本)

RM 样本	好	中	差	差 vs. 好
Panel A 按照 CMI 分组				
F	1.106 6	1.186 0	1.189 2	0.082 5***
ABSAQ	0.061 8	0.055 4	0.065 5	0.003 7*
ABSRM	0.248 8	0.221 8	0.225 9	−0.023 0***
QR	0.763 4	0.741 2	0.740 6	−0.022 8*
NOP	0.020 3	−0.019 1	−0.048 9	−0.069 3***
ROA	0.024 5	0.014 1	0.014 3	−0.010 3***
EBITIR	8.803 6	6.954 7	5.584 8	−3.218 8***
EPS	0.067 4	0.052 2	0.053 8	−0.013 6***
ART	53.753 1	66.341 3	66.347 0	12.593 9
TAT	0.764 0	0.702 5	0.568 2	−0.195 8***
CFCDR	0.123 2	0.132 7	0.140 4	0.017 3***

RM 样本	好	中	差	差 vs. 好
MBG	0.210 8	0.228 1	0.262 0	0.051 2***
LEV	0.592 7	0.610 9	0.608 1	0.015 3*
LNA	21.841 2	21.619 8	21.353 6	−0.487 6***
Panel B 按照 *GDI* 分组				
F	1.107 1	1.173 9	1.203 7	0.096 5***
ABSAQ	0.062 6	0.054 9	0.060 9	−0.001 8
ABSRM	0.249 3	0.218 9	0.232 5	−0.016 8***
QR	0.767 3	0.715 5	0.784 6	0.017 3
NOP	0.020 5	−0.012 6	−0.049 6	−0.070 0***
ROA	0.025 9	0.012 2	0.014 3	−0.011 6***
EBITIR	8.704 3	6.939 6	6.665 1	−2.039 2***
EPS	0.066 5	0.057 8	0.046 7	−0.019 8***
ART	53.316 5	68.498 7	61.861 8	8.545 4
TAT	0.774 3	0.691 6	0.602 3	−0.172 1***
CFCDR	0.127 9	0.127 8	0.129 0	0.001 1
MBG	0.213 5	0.223 6	0.248 7	0.035 2**
LEV	0.586 9	0.619 3	0.611 4	0.024 6***
LNA	21.797 7	21.660 1	21.547 8	−0.249 9***
Panel C 按照 *LEI* 分组				
F	1.119 2	1.194 5	1.200 3	0.081 1***
ABSAQ	0.060 0	0.056 9	0.068 2	0.008 2
ABSRM	0.243 8	0.217 1	0.235 5	−0.008 3***
QR	0.758 3	0.709 5	0.834 1	0.075 8***
NOP	0.015 8	−0.031 9	−0.054 2	−0.070 0***
ROA	0.022 9	0.012 0	0.015 5	−0.007 4***
EBITIR	8.645 8	5.354 3	7.637 6	−1.008 2*
EPS	0.061 7	0.059 5	0.058 3	−0.003 4
ART	58.689 9	68.902 1	36.949 7	−21.740 2***

续表

RM 样本	好	中	差	差 vs. 好
TAT	0.754 4	0.667 7	0.603 3	−0.151 2***
CFCDR	0.125 6	0.132 1	0.139 8	0.014 2**
MBG	0.212 1	0.231 5	0.282 2	0.070 1***
LEV	0.597 3	0.612 5	0.595 2	−0.002 1
LNA	21.799 2	21.645 8	21.183 0	−0.616 3***

1. 组别好、中、差分别表示制度环境的好、中、差,同上文;
2. * $p<0.1$,** $p<0.05$,*** $p<0.01$,双尾。

6.5　回归结果分析

6.5.1　制度环境、应计盈余管理和财务困境

表 6-5 Panel A 中用五个方程分别检验了制度环境、应计盈余管理和财务困境概率的关系。方程(1)的结果显示 ABSAQ 和陷入财务困境的概率显著正相关,这一点在前文中已经多次得到证明。方程(2)~(4)分别检验了信贷市场指数、政府分散化指数、法律环境指数和陷入财务困境概率的关系,结果显示 CMI、GDI、LEI 均和 F 显著负相关,进一步说明信贷市场指数越高、政府分散化程度越高、法律环境越好,企业陷入财务困境的可能性越低,即市场化程度越高、法律制度越完善的地区越有利于企业的经营发展。

Panel B 在 Panel A 的基础上加入了应计盈余管理和制度环境指数的交互项来检验制度环境指数对应计盈余管理和财务困境发生概率的正相关关系的影响。方程(1)~(4)结果显示分别加入了信贷市场指数(CMI)、政府分散化指数(GDI)、法律环境指数(LEI)后,ABSAQ 和 F 仍然显著正相关,进一步验证了 H1(见 4.1.3 节);方程(1)的交互项 ZABSAQ·ZCMI 与 F 显著负相关,说明信贷市场越发达,应计盈余管理对财务困境的正向作用会减弱,这和假设 6 相符;说明金融行业市场化程度越高,上市公司获取资金的渠道越多,那么就降低了因财务困境暴露而带来的负面市场反应的成本,因此相应地就减弱了应计盈余管理的动机,从而减弱了应计盈余管理和财务困境概率之间的正相关性。方程(2)和方程(3)的交互项 ZABSAQ·ZGDI 和 ZABSAQ·ZLEI 都只存在微弱的单尾显著,说明政府分散化程度和法律环

境也都对应计盈余管理和财务困境发生概率之间的正相关性存在一定的抑制作用。因此总体而言还是证明了假设6,制度环境越好(差),越能减弱(增强)应计盈余管理和财务困境概率之间的正相关性。方程(5)中将制度环境及其与应计盈余管理的交互项全部加入后发现只有法律环境指数还显著,信贷市场指数和政府分散化指数均不显著,说明这三个制度环境指数存在一定的相关性。

表6-5 应计盈余管理、制度环境和财务困境

Panel A 被解释变量	F				
方程	(1)	(2)	(3)	(4)	(5)
ABSAQ	1.515***				1.495***
	(0.001)				(0.001)
CMI		−0.118***			−0.025
		(0.000)			(0.554)
GDI			−0.053***		0.019
			(0.001)		(0.409)
LEI				−0.040***	−0.038***
				(0.000)	(0.001)
QR	−0.780***	−0.743***	−0.775***	−0.756***	−0.762***
	(0.000)	(0.000)	(0.000)	(0.000)	(0.000)
NOP	−0.093	−0.123*	−0.119*	−0.123*	−0.100
	(0.185)	(0.082)	(0.093)	(0.083)	(0.158)
ROA	−2.030***	−2.091***	−2.114***	−2.054***	−1.941***
	(0.000)	(0.000)	(0.000)	(0.000)	(0.000)
EBITIR	−0.016***	−0.015***	−0.015***	−0.015***	−0.016***
	(0.000)	(0.000)	(0.000)	(0.000)	(0.000)
EPS	−3.975***	−3.944***	−3.978***	−3.934***	−3.927***
	(0.000)	(0.000)	(0.000)	(0.000)	(0.000)
ART	0.000	−0.000	0.000	−0.000	−0.000
	(0.715)	(0.874)	(0.886)	(0.967)	(0.969)
TAT	−0.541***	−0.473***	−0.525***	−0.472***	−0.464***
	(0.000)	(0.000)	(0.000)	(0.000)	(0.000)
CFCDR	−1.186***	−1.313***	−1.272***	−1.300***	−1.227***
	(0.000)	(0.000)	(0.000)	(0.000)	(0.000)

所有权性质、盈余管理与企业财务困境

续表

Panel A 被解释变量	F				
方程	(1)	(2)	(3)	(4)	(5)
MBG	−0.083	−0.074	−0.074	−0.077	−0.097
	(0.154)	(0.212)	(0.208)	(0.190)	(0.102)
LEV	1.226***	1.261***	1.253***	1.224***	1.198***
	(0.000)	(0.000)	(0.000)	(0.000)	(0.000)
LNA	−0.518***	−0.517***	−0.517***	−0.518***	−0.512***
	(0.000)	(0.000)	(0.000)	(0.000)	(0.000)
IND	YES	YES	YES	YES	YES
YEAR	YES	YES	YES	YES	YES
year	YES	YES	YES	YES	YES
CUT1	−8.836***	−9.489***	−9.355***	−9.252***	−8.973***
	(0.000)	(0.000)	(0.000)	(0.000)	(0.000)
CUT2	−7.709***	−8.361***	−8.229***	−8.125***	−7.843***
	(0.000)	(0.000)	(0.000)	(0.000)	(0.000)
CUT3	−6.551***	−7.204***	−7.074***	−6.968***	−6.684***
	(0.000)	(0.000)	(0.000)	(0.000)	(0.000)
LR chi^2	3 462.163	3 477.163	3 460.871	3 487.140	3 498.781
Prob > chi^2	0.000	0.000	0.000	0.000	0.000
Pseudo R^2	0.279	0.281	0.279	0.281	0.282
N	16 491	16 491	16 491	16 491	16 491

1. 采用多元有序 Logit 回归模型检验应计盈余管理、所有权性质和陷入财务困境概率的关系,为了控制异常值的影响,对制度环境指标以外所有的连续变量进行了±1%的缩尾处理;

2. LR chi^2 代表整个方程的拟合度,可以看到所有方程的 Prob > chi^2 显著性均在 0.000 的水平上,因此方程整体拟合度很高;

3. Pseudo R^2 显示解释变量的解释力在 0.28 左右,能够较好地解释因变量;

4. * $p<0.1$,** $p<0.05$,*** $p<0.01$,双尾。

Panel B 被解释变量	F			
方程	(1)	(2)	(3)	(4)
ABSAQ	1.286***	1.354***	1.308***	1.343***
	(0.005)	(0.003)	(0.005)	(0.004)
CMI	−0.105***			−0.012
	(0.000)			(0.789)

Panel B 被解释变量	F			
方程	(1)	(2)	(3)	(4)
ZABSAQ * ZCMI	−0.054**			−0.081
	(0.039)			(0.113)
GDI		−0.040**		0.034
		(0.027)		(0.185)
ZABSAQ * ZGDI		−0.030		−0.023
		(0.109)		(0.384)
LEI			−0.038***	−0.042***
			(0.000)	(0.000)
ZABSAQ * ZLEI			−0.040	0.057
			(0.193)	(0.303)
QR	−0.765***	−0.794***	−0.774***	−0.771***
	(0.000)	(0.000)	(0.000)	(0.000)
NOP	−0.091	−0.092	−0.095	−0.091
	(0.197)	(0.191)	(0.178)	(0.199)
ROA	−1.963***	−1.975***	−1.927***	−1.921***
	(0.000)	(0.000)	(0.000)	(0.000)
EBITIR	−0.016***	−0.016***	−0.016***	−0.016***
	(0.000)	(0.000)	(0.000)	(0.000)
EPS	−3.969***	−4.001***	−3.943***	−3.964***
	(0.000)	(0.000)	(0.000)	(0.000)
ART	−0.000	0.000	0.000	−0.000
	(0.909)	(0.832)	(0.997)	(0.985)
TAT	−0.473***	−0.528***	−0.473***	−0.465***
	(0.000)	(0.000)	(0.000)	(0.000)
CFCDR	−1.240***	−1.199***	−1.226***	−1.237***
	(0.000)	(0.000)	(0.000)	(0.000)
MBG	−0.094	−0.096	−0.098*	−0.096
	(0.111)	(0.102)	(0.097)	(0.103)
LEV	1.235***	1.226***	1.195***	1.203***
	(0.000)	(0.000)	(0.000)	(0.000)

第6章 制度环境、盈余管理和财务困境

续表

Panel B 被解释变量	F			
方程	(1)	(2)	(3)	(4)
LNA	−0.509***	−0.510***	−0.510***	−0.512***
	(0.000)	(0.000)	(0.000)	(0.000)
IND	YES	YES	YES	YES
YEAR	YES	YES	YES	YES
year	YES	YES	YES	YES
CUT1	−9.187***	−9.002***	−8.979***	−8.846***
	(0.000)	(0.000)	(0.000)	(0.000)
CUT2	−8.056***	−7.874***	−7.849***	−7.715***
	(0.000)	(0.000)	(0.000)	(0.000)
CUT3	−6.896***	−6.716***	−6.690***	−6.554***
	(0.000)	(0.000)	(0.000)	(0.000)
LR chi²	3 492.322	3 474.004	3 499.698	3 505.764
Prob > chi²	0.000	0.000	0.000	0.000
Pseudo R²	0.282	0.280	0.282	0.283
N	16 491	16 491	16 491	16 491

1. 采用多元有序 Logit 回归模型检验应计盈余管理、所有权性质和陷入财务困境概率的关系,为了控制异常值的影响,对制度环境指标以外所有的连续变量进行了±1%的缩尾处理;

2. 为了防止多重共线性的影响,对交互项均采取了标准化处理;

3. LR chi² 代表整个方程的拟合度,可以看到所有方程的 Prob>chi² 显著性均在 0.000 的水平上,因此方程整体拟合度很高;

4. Pseudo R² 显示解释变量的解释力在 0.28,能够较好地解释因变量;

5. * $p<0.1$,** $p<0.05$,*** $p<0.01$,双尾。

表 6-6 用综合样本检验了应计盈余管理的调节作用,从表中可以看出制度环境和财务困境的关系与前面的 AQ 和 RM 两个样本组一样仍然保持了显著的负相关,说明信贷市场指数越高、政府分散化程度越高、法律环境越好,那么企业陷入财务困境的可能性越低。

表 6-6 盈余管理、制度环境和财务困境(综合样本回归结果)

Panel A 被解释变量	F				
方程	(1)	(2)	(3)	(4)	(5)
ABSAQ	1.500***				1.465***
	(0.001)				(0.001)

Panel A 被解释变量	F				
方程	(1)	(2)	(3)	(4)	(5)
CMI		−0.066***			0.038
		(0.000)			(0.156)
GDI			−0.061***		0.003
			(0.000)		(0.889)
LEI				−0.052***	−0.066***
				(0.000)	(0.000)
QR	−0.828***	−0.796***	−0.822***	−0.803***	−0.824***
	(0.000)	(0.000)	(0.000)	(0.000)	(0.000)
NOP	−0.086	−0.112	−0.108	−0.115	−0.093
	(0.226)	(0.117)	(0.128)	(0.105)	(0.187)
ROA	−2.070***	−2.148***	−2.154***	−2.093***	−1.982***
	(0.000)	(0.000)	(0.000)	(0.000)	(0.000)
EBITIR	−0.016***	−0.015***	−0.015***	−0.015***	−0.016***
	(0.000)	(0.000)	(0.000)	(0.000)	(0.000)
EPS	−3.964***	−3.931***	−3.962***	−3.902***	−3.905***
	(0.000)	(0.000)	(0.000)	(0.000)	(0.000)
ART	0.000	0.000	0.000	−0.000	−0.000
	(0.729)	(0.965)	(0.921)	(0.887)	(0.947)
TAT	−0.534***	−0.486***	−0.515***	−0.457***	−0.464***
	(0.000)	(0.000)	(0.000)	(0.000)	(0.000)
CFCDR	−1.224***	−1.334***	−1.309***	−1.333***	−1.244***
	(0.000)	(0.000)	(0.000)	(0.000)	(0.000)
MBG	−0.072	−0.057	−0.061	−0.065	−0.085
	(0.212)	(0.329)	(0.289)	(0.267)	(0.143)
LEV	1.157***	1.190***	1.185***	1.158***	1.120***
	(0.000)	(0.000)	(0.000)	(0.000)	(0.000)
LNA	−0.527***	−0.530***	−0.528***	−0.531***	−0.526***
	(0.000)	(0.000)	(0.000)	(0.000)	(0.000)
IND	YES	YES	YES	YES	YES
YEAR	YES	YES	YES	YES	YES

第 6 章　制度环境、盈余管理和财务困境

所有权性质、盈余管理与企业财务困境

Panel A 被解释变量	F				
方程	(1)	(2)	(3)	(4)	(5)
year	YES	YES	YES	YES	YES
CUT1	−9.179***	−9.668***	−9.810***	−9.663***	−9.311***
	(0.000)	(0.000)	(0.000)	(0.000)	(0.000)
CUT2	−8.042***	−8.531***	−8.674***	−8.524***	−8.171***
	(0.000)	(0.000)	(0.000)	(0.000)	(0.000)
CUT3	−6.874***	−7.365***	−7.509***	−7.358***	−7.004***
	(0.000)	(0.000)	(0.000)	(0.000)	(0.000)
LR chi²	3 367.351	3 370.408	3 367.777	3 400.758	3 413.816
Prob > chi²	0.000	0.000	0.000	0.000	0.000
Pseudo R²	0.277	0.278	0.277	0.280	0.281
N	15 966	15 966	15 966	15 966	15 966

1. 采用多元有序 Logit 回归模型检验应计盈余管理、所有权性质和陷入财务困境概率的关系,为了控制异常值的影响,对制度环境指标以外所有的连续变量进行了±1%的缩尾处理;

2. LR chi² 代表整个方程的拟合度,可以看到所有方程的 Prob > chi² 显著性均在 0.000 的水平上,因此方程整体拟合度很高;

3. Pseudo R² 显示解释变量的解释力在 0.28 左右,能够较好地解释因变量;

4. * $p<0.1$,** $p<0.05$,*** $p<0.01$,双尾。

Panel B 被解释变量	F			
方程	(1)	(2)	(3)	(4)
ABSAQ	1.447***	1.379***	1.274***	1.319***
	(0.001)	(0.002)	(0.008)	(0.007)
CMI	−0.060***			0.045
	(0.001)			(0.104)
ZABSAQ · ZCMI	−0.030			−0.016
	(0.259)			(0.704)
GDI		−0.050***		0.017
		(0.008)		(0.509)
ZABSAQ · ZGDI		−0.033		−0.038
		(0.111)		(0.189)
LEI			−0.051***	−0.069***
			(0.000)	(0.000)

Panel B 被解释变量	F			
方程	(1)	(2)	(3)	(4)
ZABSAQ · ZLEI			−0.042	−0.000
			(0.222)	(0.993)
QR	−0.810***	−0.838***	−0.821***	−0.828***
	(0.000)	(0.000)	(0.000)	(0.000)
NOP	−0.085	−0.082	−0.089	−0.087
	(0.231)	(0.251)	(0.209)	(0.223)
ROA	−2.020***	−2.017***	−1.979***	−1.949***
	(0.000)	(0.000)	(0.000)	(0.000)
EBITIR	−0.016***	−0.016***	−0.016***	−0.016***
	(0.000)	(0.000)	(0.000)	(0.000)
EPS	−3.938***	−3.985***	−3.903***	−3.933***
	(0.000)	(0.000)	(0.000)	(0.000)
ART	0.000	0.000	−0.000	−0.000
	(0.929)	(0.864)	(0.913)	(0.994)
TAT	−0.486***	−0.517***	−0.454***	−0.473***
	(0.000)	(0.000)	(0.000)	(0.000)
CFCDR	−1.258***	−1.234***	−1.265***	−1.247***
	(0.000)	(0.000)	(0.000)	(0.000)
MBG	−0.078	−0.085	−0.085	−0.088
	(0.179)	(0.139)	(0.145)	(0.131)
LEV	1.166***	1.159***	1.128***	1.123***
	(0.000)	(0.000)	(0.000)	(0.000)
LNA	−0.522***	−0.521***	−0.523***	−0.527***
	(0.000)	(0.000)	(0.000)	(0.000)
IND	YES	YES	YES	YES
YEAR	YES	YES	YES	YES
year	YES	YES	YES	YES
CUT1	−9.373***	−9.474***	−9.397***	−9.205***
	(0.000)	(0.000)	(0.000)	(0.000)
CUT2	−8.234***	−8.337***	−8.256***	−8.065***
	(0.000)	(0.000)	(0.000)	(0.000)

第 6 章 制度环境、盈余管理和财务困境

Panel B 被解释变量	F			
方程	(1)	(2)	(3)	(4)
CUT3	−7.064***	−7.169***	−7.088***	−6.896***
	(0.000)	(0.000)	(0.000)	(0.000)
LR chi²	3 382.919	3 380.740	3 412.932	3 418.492
Prob > chi²	0.000	0.000	0.000	0.000
Pseudo R²	0.279	0.278	0.281	0.282
N	15 966	15 966	15 966	15 966

1. 采用多元有序 Logit 回归模型检验应计盈余管理、所有权性质和陷入财务困境概率的关系,为了控制异常值的影响,对制度环境指标以外所有的连续变量进行了 ±1% 的缩尾处理;

2. 为了防止多重共线性的影响,对交互项均采取了标准化处理;

3. LR chi² 代表整个方程的拟合度,可以看到所有方程的 Prob > chi² 显著性均在 0.000 的水平上,因此方程整体拟合度很高;

4. Pseudo R² 显示解释变量的解释力在 0.28 左右,能够较好地解释因变量;

5. * $p < 0.1$, ** $p < 0.05$, *** $p < 0.01$,双尾。

6.5.2 制度环境、真实盈余管理和财务困境

表 6 - 7 Panel A 中同样用五个方程分别检验了真实盈余管理、制度环境和财务困境概率的关系。方程(1)的结果显示 ABSRM 和陷入财务困境的概率显著负相关,这一点也已经在前文中多次得到证明。方程(2)~(4)分别检验了信贷市场指数、政府分散化指数、法律环境指数和陷入财务困境概率的关系,和 6.5.1 节中检验的区别在于上节样本为 AQ 样本,本节样本为 RM 样本,结果仍然显示 CMI、GDI、LEI 均和 F 显著负相关,说明这一结果具有稳健性,即信贷市场指数越高、政府分散化程度越高、法律环境越好,企业陷入财务困境的可能性越低,因此市场化程度越高、法律制度越完善的地区也有利于企业的经营发展。

表 6 - 7 真实盈余管理、制度环境和财务困境

Panel A 被解释变量	F				
方程	(1)	(2)	(3)	(4)	(5)
ABSRM	−0.608***				−0.617***
	(0.001)				(0.000)
CMI		−0.111***			−0.009
		(0.000)			(0.829)

Panel A 被解释变量	F				
方程	(1)	(2)	(3)	(4)	(5)
GDI			−0.049***		0.019
			(0.002)		(0.405)
LEI				−0.040***	−0.043***
				(0.000)	(0.000)
QR	−0.658***	−0.656***	−0.683***	−0.667***	−0.645***
	(0.000)	(0.000)	(0.000)	(0.000)	(0.000)
NOP	−0.170**	−0.151**	−0.145*	−0.151**	−0.178**
	(0.023)	(0.042)	(0.051)	(0.042)	(0.017)
ROA	−2.116***	−2.061***	−2.084***	−2.017***	−2.024***
	(0.000)	(0.000)	(0.000)	(0.000)	(0.000)
EBITIR	−0.016***	−0.017***	−0.017***	−0.017***	−0.017***
	(0.000)	(0.000)	(0.000)	(0.000)	(0.000)
EPS	−4.412***	−4.418***	−4.459***	−4.403***	−4.349***
	(0.000)	(0.000)	(0.000)	(0.000)	(0.000)
ART	0.000	0.000	0.000	0.000	0.000
	(0.387)	(0.765)	(0.537)	(0.695)	(0.655)
TAT	−0.477***	−0.454***	−0.500***	−0.448***	−0.406***
	(0.000)	(0.000)	(0.000)	(0.000)	(0.000)
CFCDR	−1.226***	−1.342***	−1.302***	−1.324***	−1.253***
	(0.000)	(0.000)	(0.000)	(0.000)	(0.000)
MBG	0.023	−0.010	−0.012	−0.016	0.013
	(0.659)	(0.848)	(0.815)	(0.762)	(0.813)
LEV	1.392***	1.398***	1.390***	1.358***	1.355***
	(0.000)	(0.000)	(0.000)	(0.000)	(0.000)
LNA	−0.514***	−0.493***	−0.494***	−0.495***	−0.510***
	(0.000)	(0.000)	(0.000)	(0.000)	(0.000)
IND	YES	YES	YES	YES	YES

Panel A 被解释变量	F				
方程	(1)	(2)	(3)	(4)	(5)
YEAR	YES	YES	YES	YES	YES
year	YES	YES	YES	YES	YES
CUT1	−8.832***	−8.889***	−8.759***	−8.677***	−8.966***
	(0.000)	(0.000)	(0.000)	(0.000)	(0.000)
CUT2	−7.757***	−7.812***	−7.684***	−7.600***	−7.888***
	(0.000)	(0.000)	(0.000)	(0.000)	(0.000)
CUT3	−6.618***	−6.671***	−6.546***	−6.460***	−6.748***
	(0.000)	(0.000)	(0.000)	(0.000)	(0.000)
LR chi^2	3 747.749	3 760.765	3 744.295	3 774.291	3 788.166
Prob > chi^2	0.000	0.000	0.000	0.000	0.000
Pseudo R^2	0.278	0.279	0.277	0.280	0.281
N	19 089	19 089	19 089	19 089	19 089

1. 采用多元有序 Logit 回归模型检验真实盈余管理、所有权性质和陷入财务困境概率的关系,为了控制异常值的影响,对制度环境指标以外所有的连续变量进行了±1%的缩尾处理;

2. LR chi^2 代表整个方程的拟合度,可以看到所有方程的 Prob > chi^2 显著性均在 0.000 的水平上,因此方程整体拟合度很高;

3. Pseudo R^2 显示解释变量的解释力在 0.28 左右,能够较好地解释因变量;

4. * $p<0.1$,** $p<0.05$,*** $p<0.01$,双尾。

Panel B 被解释变量	F			
方程	(1)	(2)	(3)	(4)
ABSRM	−0.613***	−0.630***	−0.630***	−0.653***
	(0.000)	(0.000)	(0.000)	(0.000)
CMI	−0.111***			0.003
	(0.000)			(0.950)
ZABSRM · ZCMI	0.005			0.078
	(0.903)			(0.275)
GDI		−0.050***		0.018
		(0.001)		(0.430)
ZABSRM · ZGDI		−0.011		−0.042
		(0.650)		(0.220)

Panel B 被解释变量	F			
方程	(1)	(2)	(3)	(4)
LEI			−0.041***	−0.045***
			(0.000)	(0.000)
ZABSRM·ZLEI			−0.014	−0.049
			(0.730)	(0.499)
QR	−0.640***	−0.667***	−0.650***	−0.647***
	(0.000)	(0.000)	(0.000)	(0.000)
NOP	−0.176**	−0.172**	−0.178**	−0.182**
	(0.018)	(0.021)	(0.017)	(0.015)
ROA	−2.073***	−2.079***	−2.018***	−2.003***
	(0.000)	(0.000)	(0.000)	(0.000)
EBITIR	−0.016***	−0.016***	−0.016***	−0.017***
	(0.000)	(0.000)	(0.000)	(0.000)
EPS	−4.370***	−4.418***	−4.359***	−4.347***
	(0.000)	(0.000)	(0.000)	(0.000)
ART	0.000	0.000	0.000	0.000
	(0.729)	(0.513)	(0.670)	(0.619)
TAT	−0.415***	−0.459***	−0.407***	−0.406***
	(0.000)	(0.000)	(0.000)	(0.000)
CFCDR	−1.266***	−1.234***	−1.253***	−1.246***
	(0.000)	(0.000)	(0.000)	(0.000)
MBG	0.017	0.013	0.010	0.008
	(0.754)	(0.813)	(0.854)	(0.876)
LEV	1.395***	1.389***	1.356***	1.352***
	(0.000)	(0.000)	(0.000)	(0.000)
LNA	−0.507***	−0.507***	−0.507***	−0.510***
	(0.000)	(0.000)	(0.000)	(0.000)
IND	YES	YES	YES	YES
YEAR	YES	YES	YES	YES
year	YES	YES	YES	YES
CUT1	−9.233***	−9.097***	−9.019***	−8.944***
	(0.000)	(0.000)	(0.000)	(0.000)

第 6 章 制度环境、盈余管理和财务困境

所有权性质、盈余管理与企业财务困境

Panel B 被解释变量	F			
方程	(1)	(2)	(3)	(4)
CUT2	−8.155***	−8.022***	−7.942***	−7.866***
	(0.000)	(0.000)	(0.000)	(0.000)
CUT3	−7.015***	−6.884***	−6.802***	−6.726***
	(0.000)	(0.000)	(0.000)	(0.000)
LR chi²	3 773.736	3 757.757	3 787.573	3 790.188
Prob>chi²	0.000	0.000	0.000	0.000
Pseudo R²	0.280	0.278	0.281	0.281
N	19 089	19 089	19 089	19 089

1. 采用多元有序 Logit 回归模型检验真实盈余管理、所有权性质和陷入财务困境概率的关系,为了控制异常值的影响,对制度环境指标以外所有的连续变量进行了 ±1% 的缩尾处理;

2. 为了防止多重共线性的影响,对交互项均采取了标准化处理;

3. LR chi² 代表整个方程的拟合度,可以看到所有方程的 Prob > chi² 显著性均在 0.000 的水平上,因此方程整体拟合度很高;

4. Pseudo R² 显示解释变量的解释力在 0.28 左右,能够较好地解释因变量;

5. * $p<0.1$,** $p<0.05$,*** $p<0.01$,双尾。

Panel B 中同样也是检验了制度环境因素对真实盈余管理和财务困境发生概率之间负相关性的影响,方程(1)~(4)结果显示分别加入了信贷市场指数(CMI)、政府分散化指数(GDI)、法律环境指数(LEI)后,ABSRM 和 F 仍然显著负相关,进一步验证了 H2(见 4.1.3 节)。方程(1)~(4)交互项均不显著,该结果与假设 7 的理论分析一致,说明制度环境并不会影响真实盈余管理对业绩的改善,无论在制度环境较好还是较差的地区,管理层都会将自己的私人信息运用于真实盈余管理活动中,来改善企业的经营状况,避免陷入财务困境;制度环境的差异并不会引起审计师对真实盈余管理的特别关注,也即制度环境的好坏并不会影响真实盈余管理和财务困境的关系。假设 7 得到证实。

表 6-8 列示了用综合样本的回归结果,与 RM 样本组结果一致,说明我们的结果是稳健的。

表 6 - 8　真实盈余管理、制度环境和财务困境(综合样本回归结果)

Panel A 被解释变量	F				
方程	(1)	(2)	(3)	(4)	(5)
ABSRM	−0.638***				−0.640***
	(0.001)				(0.001)
CMI		−0.066***			0.039
		(0.000)			(0.142)
GDI			−0.061***		−0.002
			(0.000)		(0.937)
LEI				−0.052***	−0.065***
				(0.000)	(0.000)
QR	−0.799***	−0.796***	−0.822***	−0.803***	−0.797***
	(0.000)	(0.000)	(0.000)	(0.000)	(0.000)
NOP	−0.131*	−0.112	−0.108	−0.115	−0.137*
	(0.067)	(0.117)	(0.128)	(0.105)	(0.054)
ROA	−2.197***	−2.148***	−2.154***	−2.093***	−2.104***
	(0.000)	(0.000)	(0.000)	(0.000)	(0.000)
EBITIR	−0.014***	−0.015***	−0.015***	−0.015***	−0.015***
	(0.000)	(0.000)	(0.000)	(0.000)	(0.000)
EPS	−3.929***	−3.931***	−3.962***	−3.902***	−3.871***
	(0.000)	(0.000)	(0.000)	(0.000)	(0.000)
ART	0.000	0.000	0.000	−0.000	−0.000
	(0.700)	(0.965)	(0.921)	(0.887)	(0.978)
TAT	−0.499***	−0.486***	−0.515***	−0.457***	−0.428***
	(0.000)	(0.000)	(0.000)	(0.000)	(0.000)
CFCDR	−1.208***	−1.334***	−1.309***	−1.333***	−1.221***
	(0.000)	(0.000)	(0.000)	(0.000)	(0.000)
MBG	−0.026	−0.057	−0.061	−0.065	−0.039
	(0.664)	(0.329)	(0.289)	(0.267)	(0.509)
LEV	1.185***	1.190***	1.185***	1.158***	1.148***
	(0.000)	(0.000)	(0.000)	(0.000)	(0.000)
LNA	−0.545***	−0.530***	−0.528***	−0.531***	−0.544***
	(0.000)	(0.000)	(0.000)	(0.000)	(0.000)

续表

Panel A 被解释变量	F				
方程	（1）	（2）	（3）	（4）	
IND	YES	YES	YES	YES	YES
YEAR	YES	YES	YES	YES	YES
year	YES	YES	YES	YES	YES
CUT1	−9.727***	−9.668***	−9.810***	−9.663***	−9.891***
	(0.000)	(0.000)	(0.000)	(0.000)	(0.000)
CUT2	−8.591***	−8.531***	−8.674***	−8.524***	−8.752***
	(0.000)	(0.000)	(0.000)	(0.000)	(0.000)
CUT3	−7.427***	−7.365***	−7.509***	−7.358***	−7.587***
	(0.000)	(0.000)	(0.000)	(0.000)	(0.000)
LR chi^2	3 368.259	3 370.408	3 367.777	3 400.758	3 415.178
Prob＞chi^2	0.000	0.000	0.000	0.000	0.000
Pseudo R^2	0.277	0.278	0.277	0.280	0.281
N	15 966	15 966	15 966	15 966	15 966

1. 采用多元有序 Logit 回归模型检验真实盈余管理、所有权性质和陷入财务困境概率的关系,为了控制异常值的影响,对制度环境指标以外所有的连续变量进行了±1%的缩尾处理;

2. LR chi^{2}代表整个方程的拟合度,可以看到所有方程的 Prob ＞ chi^2 显著性均在 0.000 的水平上,因此方程整体拟合度很高;

3. Pseudo R^{2}显示解释变量的解释力在 0.28 左右,能够较好地解释因变量;

4. * $p<0.1$, ** $p<0.05$, *** $p<0.01$,双尾。

Panel B 被解释变量	F			
方程	（1）	（2）	（3）	（4）
ABSRM	−0.653***	−0.666***	−0.643***	−0.654***
	(0.001)	(0.001)	(0.001)	(0.001)
CMI	−0.066***			0.043
	(0.000)			(0.116)
ZABSRM · ZCMI	0.009			0.035
	(0.831)			(0.593)
GDI		−0.064***		−0.002
		(0.000)		(0.945)

Panel B 被解释变量		F		
方程	(1)	(2)	(3)	(4)
ZABSRM·ZGDI		−0.003		−0.037
		(0.921)		(0.277)
LEI			−0.052***	−0.066***
			(0.000)	(0.000)
ZABSRM·ZLEI			0.011	0.019
			(0.807)	(0.768)
QR	−0.780***	−0.808***	−0.788***	−0.797***
	(0.000)	(0.000)	(0.000)	(0.000)
NOP	−0.135*	−0.132*	−0.137*	−0.141**
	(0.060)	(0.066)	(0.054)	(0.049)
ROA	−2.161***	−2.161***	−2.108***	−2.083***
	(0.000)	(0.000)	(0.000)	(0.000)
EBITIR	−0.014***	−0.014***	−0.014***	−0.015***
	(0.001)	(0.001)	(0.000)	(0.000)
EPS	−3.891***	−3.926***	−3.864***	−3.871***
	(0.000)	(0.000)	(0.000)	(0.000)
ART	0.000	0.000	−0.000	0.000
	(0.912)	(0.878)	(0.948)	(0.992)
TAT	−0.443***	−0.473***	−0.415***	−0.425***
	(0.000)	(0.000)	(0.000)	(0.000)
CFCDR	−1.234***	−1.213***	−1.229***	−1.211***
	(0.000)	(0.000)	(0.000)	(0.000)
MBG	−0.031	−0.035	−0.039	−0.043
	(0.607)	(0.551)	(0.518)	(0.470)
LEV	1.188***	1.185***	1.157***	1.148***
	(0.000)	(0.000)	(0.000)	(0.000)
LNA	−0.541***	−0.538***	−0.542***	−0.545***

Panel B 被解释变量	F			
方程	(1)	(2)	(3)	(4)
	(0.000)	(0.000)	(0.000)	(0.000)
IND	YES	YES	YES	YES
YEAR	YES	YES	YES	YES
year	YES	YES	YES	YES
CUT1	−9.968***	−10.111***	−9.957***	−9.883***
	(0.000)	(0.000)	(0.000)	(0.000)
CUT2	−8.831***	−8.975***	−8.818***	−8.744***
	(0.000)	(0.000)	(0.000)	(0.000)
CUT3	−7.665***	−7.811***	−7.653***	−7.580***
	(0.000)	(0.000)	(0.000)	(0.000)
LR chi²	3 382.954	3 380.576	3 412.933	3 416.378
Prob>chi²	0.000	0.000	0.000	0.000
Pseudo R²	0.279	0.278	0.281	0.281
N	15 966	15 966	15 966	15 966

1. 采用多元有序 Logit 回归模型检验真实盈余管理、所有权性质和陷入财务困境概率的关系,为了控制异常值的影响,对制度环境指标以外所有的连续变量进行了±1%的缩尾处理;

2. 为了防止多重共线性的影响,对交互项均采取了标准化处理;

3. LR chi² 代表整个方程的拟合度,可以看到所有方程的 Prob > chi² 显著性均在 0.000 的水平上,因此方程整体拟合度很高;

4. Pseudo R² 显示解释变量的解释力在 0.28 左右,能够较好地解释因变量;

5. * $p<0.1$,** $p<0.05$,*** $p<0.01$,双尾。

6.6 本章小结

本章对制度环境、盈余管理和财务困境的关系进行了研究,区别于盈余管理在所有权性质和财务困境发生概率的关系中扮演的完全中介角色,在制度环境、盈余管理和财务困境发生概率的关系中,制度环境是应计盈余管理和财务困境发生概率的调节变量,各具体项目的关系整理如表 6-9 所示。

首先,三个制度环境指标 *CMI*、*GDI*、*LEI* 均对财务困境发生的概率具有显著抑制作用,说明良好的制度环境有利于企业的经营发展。

表 6 - 9　制度环境、盈余管理和财务困境作用机制总结

	ABSAQ	ABSRM
CMI	CMI，ABSAQ → F（CMI 对 ABSAQ 为 −，CMI 对 F 为 −，ABSAQ 对 F 为 +）	CMI，ABSRM → F（CMI 对 ABSRM 为虚线，CMI 对 F 为 −，ABSRM 对 F 为 −）
GDI	GDI，ABSAQ → F（GDI 对 ABSAQ 为弱 −，GDI 对 F 为 −，ABSAQ 对 F 为 +）	GDI，ABSRM → F（GDI 对 ABSRM 为虚线，GDI 对 F 为 −，ABSRM 对 F 为 −）
LEI	LEI，ABSAQ → F（LEI 对 ABSAQ 为弱 −，LEI 对 F 为 −，ABSAQ 对 F 为 +）	LEI，ABSRM → F（LEI 对 ABSRM 为虚线，LEI 对 F 为 −，ABSRM 对 F 为 −）

说明：箭头表示作用方向，实线表示存在显著作用，虚线表示不存在显著作用。

其次，在加入制度环境变量后，ABSAQ 对财务困境发生的概率之间仍然保持了显著正相关关系，说明第 4 章中论证的"应计盈余管理程度越大，发生财务困境的可能性越大"的结论在控制了制度环境变量后仍保持了稳定。这说明无论在何种制度环境下，应计盈余管理作为一种投机性的行为，只会使企业未来财务状况进一步恶化；而控制了制度环境变量后，ABSRM 对财务困境发生的概率仍具有显著负向作用，说明无论在何种制度环境下，真实盈余管理糅合了管理层的私人信息，考虑了对未来绩效的影响，因此不仅不会损害企业未来的绩效表现，反而能够抑制企业财务困境发生的概率。

最后，三个制度环境指标对应计盈余管理和财务困境发生概率的正向关系具有减弱作用，而不会影响真实盈余管理和财务困境发生概率的负向关系。这说明制度环境的改善能够抑制财务困境临近前的投机性盈余管理（应计盈余管理）行为，减小企业财务困境发生的概率。

第 7 章

不同所有权性质下制度环境、
盈余管理和财务困境关系的综合分析

在第 4 章中,我们对盈余管理和财务困境的关系进行了实证研究,第 5 章和第 6 章在第 4 章研究的基础上,将所有权性质和制度环境分别加入盈余管理和财务困境关系的分析中。本章基于前面的分析基础,进一步综合研究在不同所有权性质下,盈余管理、制度环境和财务困境发生概率的关系,作为对前面三章结论的进一步检验。

7.1 综合回归分析

7.1.1 相关性分析

表 7-1 和表 7-2 分别列示了 AQ 样本组和 RM 样本组的相关性分析结果。从相关性分析结果来看,F 与 $ABSAQ$ 显著正相关,与 $ABSRM$ 显著负相关,应计盈余管理程度越大,越可能陷入财务困境,而真实盈余管理程度越大,陷入财务困境的可能性越小,上述结论都已在前面章节反复论证过,此处不再赘述。另外可以发现相关性检验中 F 与 $CENSOE$、$LOCSOE$ 均为负相关,即国有企业陷入财务困境的可能性小于非国有企业。

7.1.2 不同所有权性质下制度环境、应计盈余管理和财务困境的关系分析

第5章的实证结果说明所有权性质和财务困境发生概率之间并不存在直接的相关性，应计盈余管理和真实盈余管理在两者的关系中起到了方向相反的中介作用，中介效应相互抵消导致综合效应不显著，因此在本章的分析中将样本分成中央国企、地方国企和非国企三个子样本，以此来控制所有权性质对盈余管理和财务困境发生概率的影响，再进一步研究在不同所有权性质下，盈余管理、制度环境和财务困境发生概率的关系。

表7-3 Panel A 显示了不同所有权性质样本组应计盈余管理和财务困境关系的差异。其中，CENSOE 样本和 LOCSOE 样本组中，应计盈余管理和财务困境发生的概率均不相关，而 NSOE 样本组中应计盈余管理和财务困境发生的概率显著正相关，这说明有同样程度应计盈余管理行为的国有企业相对非国有企业陷入财务危机的可能性较小，这可能是因为：（1）预算软约束问题存在。国有企业相比非国有企业，具有政治联系的优势，当国有企业陷入亏损时，政府会追加投资或者贷款，并提供财政补贴，国有企业的亏损往往会由政府买单，因此，国有企业即使进行了应计盈余管理，但其陷入危机的可能性较小，这和我们在5.2.1节中的理论分析是一致的。（2）审计师的审计保守性（详见4.1.1.1节）减弱。正是由于对预算软约束的预期，认为国有企业即使出现了亏损，也会由政府来买单，因此，审计师在对国有企业进行审计时，往往会降低审计标准，从而降低了出具持续经营审计意见的可能性。而对于非国有企业而言，一旦陷入财务困境或者说财务困境被暴露，就会带来强烈的负面市场反应，这一点在国内外的相关研究中均已得到证实，使得企业在资本市场上更难以生存，因此非国有企业会通过应计盈余管理这种投机手段来粉饰业绩，但结果却是恶性循环，更无法逃脱审计师和监管机构的监察。

在制度环境指标的检验上，CENSOE 子样本中，CMI 和 GDI 均和财务困境发生的概率不相关，LEI 和财务困境发生的概率显著负相关，说明对于国企而言，其发生财务困境的概率并不受到信贷市场和政府分散化程度的影响，但是法律环境的改善还是有助于降低财务困境发生的概率。可见一方面中央国企仍然受到中央政府的强力控制，政府分散化程度对其不存在影响；另一方面中央国企政治联系强，因此并不存在资金来源的压力，本身就具有

所有权性质、盈余管理与企业财务困境

表 7 - 1 AQ 样本相关性分析

变量	F	ABSAQ	CENSOE	LOCSOE	CMI	GDI	LEI	QR	NOP	ROA	EBITIR	EPS	ART	TAT	CFCDR	MBG	LEV	LNA
F	1																	
ABSAQ	0.142***	1																
CENSOE	−0.019***	−0.056***	1															
LOCSOE	−0.064***	−0.102***	−0.467***	1														
CMI	−0.076***	0.045***	0.011	0.006	1													
GDI	−0.056***	0.012	−0.020***	0.026***	0.625***	1												
LEI	−0.097***	0.002	−0.003	−0.035***	0.683***	0.572***	1											
QR	−0.166***	−0.057***	0.006	−0.067***	0.030***	−0.024***	0.049***	1										
NOP	−0.407***	−0.168***	0.024***	0.080***	0.083***	0.062***	0.093***	0.198***	1									
ROA	−0.389***	−0.123***	−0.007	0.025***	0.075***	0.057***	0.089***	0.235***	0.580***	1								
EBITIR	−0.136***	0.048***	−0.008	0.010	0.070***	0.037***	0.066***	0.237***	0.242***	0.408***	1							
EPS	−0.273***	−0.088***	−0.017***	0.070***	0.044***	0.062***	−0.003	0.129***	0.334***	0.494***	0.275***	1						
ART	−0.024***	−0.005	−0.022***	0.029***	−0.043***	−0.025***	−0.027***	−0.075***	0.027***	0.058***	0.064***	0.058***	1					
TAT	−0.119***	−0.055***	0.065***	0.036***	0.094***	0.097***	0.079***	0.033***	0.120***	0.177***	0.077***	0.227***	0.122***	1				
CFCDR	−0.117***	−0.181***	0.011	0.063***	−0.022***	−0.008	−0.026***	0.196***	0.194***	0.277***	0.175***	0.224***	0.051***	0.024***	1			
MBG	−0.085***	0.168***	−0.006	−0.007	−0.007	−0.037***	−0.025***	0.002	0.164***	0.214***	0.120***	0.107***	0.031***	0.106***	0.058***	1		
LEV	0.380***	0.206***	−0.025***	−0.060***	−0.044***	−0.034***	−0.069***	−0.481***	−0.490***	−0.394***	−0.188***	−0.207***	0.010	−0.002	−0.257***	−0.011	1	
LNA	−0.245***	−0.146***	0.144***	0.121***	0.098***	0.075***	0.147***	−0.041***	0.314***	0.227***	0.104***	0.273***	0.070***	0.110***	0.084***	0.097***	−0.116***	1

* $p<0.1$, ** $p<0.05$, *** $p<0.01$

表 7-2 RM 样本相关性分析

变量	F	ABSRM	CENSOE	LOCSOE	CMI	GDI	LEI	QR	NOP	ROA	EBITIR	EPS	ART	TAT	CFCDR	MBG	LEV	LNA
F	1																	
ABSRM	-0.056***	1																
CENSOE	-0.003	-0.045***	1															
LOCSOE	-0.065***	-0.021***	-0.469***	1														
CMI	-0.072***	0.054***	0.012	0.012*	1													
GDI	-0.050***	0.013*	-0.015*	0.026***	0.629***	1												
LEI	-0.100***	0.080***	0.002	-0.035***	0.691***	0.579***	1											
QR	-0.156***	0.103***	0.010	-0.071***	0.025***	-0.025***	0.045***	1										
NOP	-0.397***	0.069***	0.017*	0.076***	0.087***	0.063***	0.103***	0.195***	1									
ROA	-0.376***	0.208***	-0.008	0.018**	0.079***	0.056***	0.098***	0.241***	0.590***	1								
EBITIR	-0.130***	0.204***	0.000	0.000	0.065***	0.034***	0.068***	0.229***	0.247***	0.405***	1							
EPS	-0.262***	0.156***	-0.015*	0.067***	0.053***	0.065***	0.018***	0.135***	0.342***	0.493***	0.275***	1						
ART	-0.023***	0.077***	-0.021***	0.027***	-0.044***	-0.031***	-0.027***	-0.076***	0.030***	0.053***	0.067***	0.061***	1					
TAT	-0.108***	0.205***	0.075***	0.030***	0.080***	0.085***	0.063***	0.040***	0.095***	0.164***	0.068***	0.216***	0.113***	1				
CFCDR	-0.112***	0.178***	0.020***	0.056***	-0.013*	-0.004	-0.017*	0.191***	0.200***	0.278***	0.159***	0.222***	0.036***	0.017***	1			
MBG	-0.074***	0.236***	-0.013*	-0.010	-0.008	-0.033***	-0.024**	0.000	0.156***	0.205***	0.114***	0.090***	0.030***	0.100***	0.048***	1		
LEV	0.366***	-0.042***	-0.024***	-0.045***	-0.044***	-0.034***	-0.076***	-0.494***	-0.478***	-0.397***	-0.193***	-0.212***	0.012	0.001	-0.263***	-0.007	1	
LNA	-0.236***	-0.049***	0.138***	0.116***	0.095***	0.070***	0.152***	-0.052***	0.319***	0.218***	0.093***	0.275***	0.061***	0.071***	0.088***	0.082***	-0.089***	1

* $p<0.1$，** $p<0.05$，*** $p<0.01$

所有权性质、盈余管理与企业财务困境

表 7 - 3 不同所有权性质下应计盈余管理和财务困境的关系

Panel A 被解释变量 F

样本	CENSOE			LOCSOE			NOSE		
方程	(1)	(2)	(3)	(4)	(5)	(6)	(7)	(8)	(9)
ABSAQ	0.225	0.271	0.104	0.542	0.477	0.571	1.643***	1.626***	1.619***
	(0.876)	(0.851)	(0.943)	(0.528)	(0.580)	(0.505)	(0.005)	(0.005)	(0.006)
CMI	-0.093			-0.095**			-0.114***		
	(0.176)			(0.014)			(0.001)		
GDI		-0.053			-0.136***			-0.021	
		(0.342)			(0.000)			(0.316)	
LEI			-0.043**			-0.036**			-0.033***
			(0.030)			(0.002)			(0.001)
QR	-0.892***	-0.936***	-0.887***	-0.866***	-0.884***	-0.878***	-0.548***	-0.559***	-0.554***
	(0.004)	(0.003)	(0.004)	(0.000)	(0.000)	(0.000)	(0.000)	(0.000)	(0.000)
NOP	-0.431*	-0.426*	-0.431*	-0.282**	-0.283**	-0.281**	0.004	0.014	0.004
	(0.068)	(0.072)	(0.068)	(0.047)	(0.047)	(0.047)	(0.960)	(0.873)	(0.964)
ROA	-2.589**	-2.535**	-2.546**	-1.447*	-1.431*	-1.434	-1.480***	-1.509***	-1.461***
	(0.033)	(0.037)	(0.037)	(0.057)	(0.060)	(0.059)	(0.002)	(0.002)	(0.002)
EBITIR	-0.030	-0.030	-0.031	-0.016*	-0.015*	-0.016	-0.016***	-0.016***	-0.016***
	(0.102)	(0.104)	(0.104)	(0.060)	(0.073)	(0.067)	(0.001)	(0.001)	(0.001)
EPS	-4.577***	-4.607***	-4.625***	-5.303***	-5.383***	-5.315***	-2.303***	-2.281***	-2.252***
	(0.000)	(0.000)	(0.000)	(0.000)	(0.000)	(0.000)	(0.000)	(0.000)	(0.000)
ART	-0.000	-0.000	-0.000	-0.000	-0.000	-0.000	0.000	0.000	0.000
	(0.805)	(0.777)	(0.755)	(0.565)	(0.653)	(0.555)	(0.504)	(0.322)	(0.371)
TAT	0.067	0.068	0.085	-0.340**	-0.305*	-0.346**	-0.709***	-0.800***	-0.709***
	(0.769)	(0.769)	(0.712)	(0.036)	(0.060)	(0.033)	(0.000)	(0.000)	(0.000)
CFCDR	-2.416***	-2.376***	-2.414***	-1.025***	-0.963***	-0.995***	-0.900***	-0.863***	-0.893***
	(0.000)	(0.000)	(0.000)	(0.004)	(0.007)	(0.005)	(0.001)	(0.002)	(0.002)

Panel A 被解释变量 F

样本	CENSOE			LOCSOE			NOSE		
方程	(1)	(2)	(3)	(4)	(5)	(6)	(7)	(8)	(9)
MBG	-0.163	-0.164	-0.178	-0.153	-0.181	-0.163	-0.046	-0.044	-0.048
	(0.465)	(0.460)	(0.422)	(0.165)	(0.101)	(0.138)	(0.523)	(0.540)	(0.509)
LEV	1.988***	1.977***	1.910***	1.519***	1.547***	1.478***	1.182***	1.173***	1.160***
	(0.000)	(0.000)	(0.000)	(0.000)	(0.000)	(0.000)	(0.000)	(0.000)	(0.000)
LNA	-0.592***	-0.605***	-0.592***	-0.538***	-0.538***	-0.543***	-0.518***	-0.534***	-0.515***
	(0.000)	(0.000)	(0.000)	(0.000)	(0.000)	(0.000)	(0.000)	(0.000)	(0.000)
IND	YES	YES	YES	YES	YES	YES	YES	YES	YES
YEAR	YES	YES	YES	YES	YES	YES	YES	YES	YES
year	YES	YES	YES	YES	YES	YES	YES	YES	YES
CUT1	-9.828***	-10.003***	-9.848***	-9.362***	-9.877***	-9.262***	-9.720***	-9.680***	-9.330***
	(0.000)	(0.000)	(0.000)	(0.000)	(0.000)	(0.000)	(0.000)	(0.000)	(0.000)
CUT2	-8.819***	-8.995***	-8.838***	-8.353***	-8.867***	-8.252***	-8.383***	-8.346***	-7.995***
	(0.000)	(0.000)	(0.000)	(0.000)	(0.000)	(0.000)	(0.000)	(0.000)	(0.000)
CUT3	-7.673***	-7.848***	-7.690***	-6.969***	-7.482***	-6.868***	-7.352***	-7.315***	-6.965***
	(0.000)	(0.000)	(0.000)	(0.000)	(0.000)	(0.000)	(0.000)	(0.000)	(0.000)
LR chi^2	700.889	699.942	703.990	1 324.672	1 332.087	1 328.782	1 552.415	1 541.887	1 552.080
Prob>chi^2	0.000	0.000	0.000	0.000	0.000	0.000	0.000	0.000	0.000
Pseudo R^2	0.328	0.328	0.330	0.287	0.289	0.288	0.284	0.282	0.284
N	3 303	3 303	3 303	7 674	7 674	7 674	5 514	5 514	5 514

1. 方程(1)~(3)对 AQ 样本 CENSOE 子样本进行多元有序 Logit 回归,方程(4)~(6)对 AQ 样本 LOCSOE 子样本进行多元有序 Logit 回归,方程(7)~(9)对 AQ 样本 NSOE 子样本进行多元有序 Logit 回归;

2. 为了控制异常值的影响,对所有除指数外的连续变量进行了±1%的缩尾处理;

3. LR chi^{2}代表整个方程的拟合度,可以看到所有方程的 Prob > chi^2 显著性均在 0.000 的水平上。因此方程整体拟合度很高;

4. Pseudo R^2 显示解释变量的解释力在 0.28~0.33,已经能够较好地解释因变量;

5. * $p<0.1$, ** $p<0.05$, *** $p<0.01$,双尾。

第 7 章 不同所有权性质下制度环境、盈余管理和财务困境关系的综合分析

Panel B　被解释变量 F

样本	LOSCOE			NSOE		
方程	(1)	(2)	(3)	(4)	(5)	(6)
ABSAQ	0.486	0.438	0.519	1.365**	1.496**	1.438**
	(0.578)	(0.615)	(0.557)	(0.024)	(0.012)	(0.019)
CMI	−0.093**			−0.087**		
	(0.016)			(0.016)		
ZABSAQ·ZCMI	−0.021			−0.073**		
	(0.689)			(0.030)		
GDI		−0.133***			−0.006	
		(0.000)			(0.791)	
ZABSAQ·ZGDI		−0.014			−0.031	
		(0.745)			(0.201)	
LEI			−0.036***			−0.030***
			(0.002)			(0.004)
ZABSAQ·ZLEI			−0.015			−0.042
			(0.803)			(0.311)
QR	−0.869***	−0.885***	−0.878***	−0.555***	−0.564***	−0.558***
	(0.000)	(0.000)	(0.000)	(0.000)	(0.000)	(0.000)
NOP	−0.285**	−0.284**	−0.284**	0.019	0.018	0.013
	(0.045)	(0.046)	(0.046)	(0.832)	(0.839)	(0.890)
ROA	−1.416*	−1.415*	−1.409*	−1.497***	−1.488***	−1.474***
	(0.064)	(0.064)	(0.066)	(0.002)	(0.002)	(0.002)
EBITIR	−0.016*	−0.015*	−0.016*	−0.015***	−0.016***	−0.016***
	(0.061)	(0.073)	(0.067)	(0.001)	(0.001)	(0.001)
EPS	−5.305***	−5.381***	−5.317***	−2.378***	−2.323***	−2.272***
	(0.000)	(0.000)	(0.000)	(0.000)	(0.000)	(0.000)
ART	−0.000	−0.000	−0.000	0.000	0.000	0.000
	(0.559)	(0.653)	(0.554)	(0.460)	(0.301)	(0.355)
TAT	−0.339**	−0.305*	−0.346**	−0.721***	−0.804***	−0.718***
	(0.036)	(0.059)	(0.033)	(0.000)	(0.000)	(0.000)

Panel B 被解释变量 F

样本	LOSCOE			NSOE		
方程	(1)	(2)	(3)	(4)	(5)	(6)
CFCDR	-1.032***	-0.961***	-0.996***	-0.890***	-0.865***	-0.895***
	(0.004)	(0.007)	(0.005)	(0.002)	(0.002)	(0.002)
MBG	-0.153	-0.187*	-0.164	-0.040	-0.040	-0.045
	(0.164)	(0.095)	(0.138)	(0.581)	(0.583)	(0.540)
LEV	1.520***	1.550***	1.480***	1.184***	1.174***	1.159***
	(0.000)	(0.000)	(0.000)	(0.000)	(0.000)	(0.000)
LNA	-0.538***	-0.538***	-0.542***	-0.521***	-0.534***	-0.515***
	(0.000)	(0.000)	(0.000)	(0.000)	(0.000)	(0.000)
IND	YES	YES	YES	YES	YES	YES
YEAR	YES	YES	YES	YES	YES	YES
year	YES	YES	YES	YES	YES	YES
CUT1	-9.355***	-9.863***	-9.256***	-9.672***	-9.566***	-9.333***
	(0.000)	(0.000)	(0.000)	(0.000)	(0.000)	(0.000)
CUT2	-8.345***	-8.853***	-8.247***	-8.333***	-8.231***	-7.998***
	(0.000)	(0.000)	(0.000)	(0.000)	(0.000)	(0.000)
CUT3	-6.960***	-7.468***	-6.862***	-7.299***	-7.200***	-6.967***
	(0.000)	(0.000)	(0.000)	(0.000)	(0.000)	(0.000)
LR chi²	1 324.833	1 332.190	1 328.844	1 557.147	1 543.517	1 553.117
Prob>chi²	0.000	0.000	0.000	0.000	0.000	0.000
Pseudo R²	0.287	0.289	0.288	0.285	0.282	0.284
N	7 674	7 674	7 674	5 514	5 514	5 514

1. 方程(1)～(3)为 AQ 样本 LOSCOE 子样本多元有序 Logit 回归,方程(4)～(6)为 AQ 样本 NSOE 子样本多元有序 Logit 回归;
2. 为了防止多重共线性的影响,对交互项都进行了标准化处理;
3. 为了控制异常值的影响,对所有环境指数外的连续变量进行了 ±1% 的缩尾处理;
4. LR chi²代表整个方程的拟合度,可以看到所有方程的 Prob>chi² 显著性均在 0.000 的水平上,因此方程整体拟合度很高;
5. Pseudo R² 显示解释变量的解释力在 0.28 以上,已经能够较好地解释因变量;
6. * $p<0.1$, ** $p<0.05$, *** $p<0.01$,双尾。

融资优势,因此信贷市场对其也不存在影响。在 LOCSOE 子样本中,三个制度环境指数均和财务困境发生的概率负相关,说明制度环境的改善,有利于地方国有企业的经营和发展,降低发生财务困境的概率。在 NSOE 子样本中,GDI 和财务困境发生的概率不相关,CMI/LEI 均和财务困境发生的概率显著负相关,说明地方国企的经营业绩更多受到信贷环境和法律环境的影响,但并不受到政府分散化程度的影响。政府分散化程度会影响地方国企发生财务困境的概率,这是因为地方国企一方面受到政府的控制,但另一方面又在一定程度上参与了市场竞争,而非国有企业自由参与市场竞争,受政府干预的程度较小。

总之,Panel A 的结果显示,目前我国参与市场竞争的企业主要是地方国企和非国有企业,市场化进程对中央国企的影响较小,因此制度环境好坏对其影响不大。因为地方国企和非国有企业的财务困境发生概率更多地受到制度环境的影响,因此在 Panel B 中进一步检验制度环境是否能够抑制地方国有企业和非国有企业中应计盈余管理和财务困境发生概率的关系。

Panel B 的检验结果发现,对于地方国企而言,制度环境的三个指标和应计盈余管理的交互项均不显著,说明制度环境和应计盈余管理并不会相互影响;对于非国有企业,ZABSAQ·ZCMI 的交互项显著负相关(−0.073),说明信贷市场的发达能够抑制应计盈余管理和财务困境发生概率之间的正相关性,即在信贷市场发达的地区,非国有企业为了获取贷款而进行应计盈余管理的动机会减弱,从而减轻了应计盈余管理对财务危机的正向影响。而政府分散化程度和法律环境并没有对这种关系产生影响。这可能是因为对中国的非国有企业来说,相比法律保护和政府干预,融资问题是影响其业绩的更重要的因素,信贷市场的发达主要可以解决其筹资渠道问题,因此其进行应计盈余管理的动机会降低,从而也降低了因为应计盈余管理而陷入危机的可能性。

7.1.3 不同所有权性质下制度环境、真实盈余管理和财务困境的关系分析

表 7 - 4 Panel A 中 CENSOE 样本中,真实盈余管理和财务困境发生的概率不相关,而 LOCSOE 样本和 NSOE 样本中真实盈余管理和财务困境发生的概率显著负相关,结合表 7 - 3 Panel A 的结果,说明中央国企的管理层不仅不会通过应计盈余管理来应对可能出现的财务困境,也不会通过真实盈

余管理来管理盈余,呈现一个不竞争、不作为且危机意识缺失的状态。地方国企介于中央国企和非国有企业之间,虽然较少通过应计盈余管理来应对财务困境,但是会采用具有真实性的真实盈余管理方法来管理盈余。因为地方国企的政治联系不够强大,存在一定的财务困境暴露成本,但是较少用应计盈余管理这种投机方式来粉饰盈余的程度,会更倾向于采取真实盈余管理。非国有企业则处于相对完全的市场竞争状态,竞争压力较大,因此既会采用应计盈余管理手段应对临近的财务困境,管理层也会采用真实盈余管理手段来美化业绩表现。

在制度环境指标的检验上,RM 样本各子样本的回归结果和 AQ 各样本的回归结果在各制度环境指标系数的显著性程度上呈现基本一致的状态,唯一的轻微差别是 CENSOE 子样本的 CMI 指数对 F 的相关系数出现了 0.1 水平上的微弱负相关性。实际上在 AQ 样本的 CENSOE 子样本中,CMI 指数和 F 的相关系数显著性水平为 0.176,可以认为单尾显著,也存在微弱负相关性,因此两个样本的结论基本还是一致的,本书所检验的制度环境和财务困境发生概率的相关关系是稳健的。

Panel A 的结果表明相比中央国企,地方国企和非国有企业的财务困境发生概率更多受到制度环境的影响,因此在 Panel B 中进一步检验制度环境是否能够抑制地方国有企业和非国有企业中真实盈余管理和财务困境发生概率的关系。检验结果发现,仅有 LOCSOE 子样本的 $ZABSRM \cdot ZGDI$ 交互项显著,说明地方国有企业中,政府分散化程度会抑制真实盈余管理对财务困境发生概率的负向作用。而信贷市场和法律环境并不会对真实盈余管理和财务困境的负相关性产生影响。这说明相比信贷市场和法律保护,对地方国企影响比较大的制度因素是政府分散化程度。同时,也说明对地方国企而言,缺少了政府的支持,过多的真实盈余管理反而可能会引起业绩下降。非国有企业中,制度环境的变化并不会对真实盈余管理和财务困境发生概率的关系产生影响,这可能和非国企从事较少的真实盈余管理有关。

所有权性质、盈余管理与企业财务困境

表 7 - 4 不同所有权性质下真实盈余管理和财务困境的关系

Panel A 被解释变量 F

样本方程	CENSOE			LOCSOE			NOSE		
	(1)	(2)	(3)	(4)	(5)	(6)	(7)	(8)	(9)
ABSRM	-0.631** (0.019)								
ABSRM	0.039 (0.934)	0.040 (0.932)	0.028 (0.952)	-0.556* (0.083)	-0.640** (0.048)	-0.561* (0.081)	-0.607** (0.012)	-0.597** (0.013)	-0.611** (0.011)
CMI	-0.104* (0.091)			-0.070* (0.057)			-0.108*** (0.001)		
GDI		-0.049 (0.352)			-0.118*** (0.000)			-0.022 (0.284)	
LEI			-0.053*** (0.004)			-0.030*** (0.006)			-0.032*** (0.001)
QR	-0.631** (0.019)	-0.663** (0.015)	-0.635** (0.018)	-0.741*** (0.000)	-0.745*** (0.000)	-0.746*** (0.000)	-0.471*** (0.000)	-0.482*** (0.000)	-0.476*** (0.000)
NOP	-0.582** (0.016)	-0.578** (0.018)	-0.582** (0.017)	-0.338** (0.018)	-0.341** (0.017)	-0.337** (0.018)	-0.037 (0.704)	-0.026 (0.792)	-0.039 (0.691)
ROA	-1.799 (0.127)	-1.796 (0.128)	-1.713 (0.148)	-1.302* (0.086)	-1.264* (0.097)	-1.283* (0.091)	-1.705*** (0.001)	-1.726*** (0.000)	-1.680*** (0.001)
EBITIR	-0.041** (0.022)	-0.041** (0.022)	-0.042** (0.021)	-0.016* (0.058)	-0.015* (0.068)	-0.016* (0.062)	-0.014*** (0.003)	-0.015*** (0.002)	-0.015*** (0.002)
EPS	-4.807*** (0.000)	-4.848*** (0.000)	-4.879*** (0.000)	-5.763*** (0.000)	-5.828*** (0.000)	-5.752*** (0.000)	-2.662*** (0.000)	-2.630*** (0.000)	-2.606*** (0.000)
ART	0.000 (0.507)	0.000 (0.493)	0.000 (0.598)	-0.000 (0.719)	-0.000 (0.798)	-0.000 (0.702)	0.000 (0.704)	0.000 (0.495)	0.000 (0.554)
TAT	0.145 (0.453)	0.138 (0.475)	0.161 (0.406)	-0.499*** (0.002)	-0.458*** (0.005)	-0.498*** (0.002)	-0.627*** (0.000)	-0.711*** (0.000)	-0.621*** (0.000)
CFCDR	-2.099*** (0.000)	-2.055*** (0.000)	-2.086*** (0.000)	-1.053*** (0.002)	-0.999*** (0.004)	-1.025*** (0.003)	-0.936*** (0.001)	-0.897*** (0.002)	-0.926*** (0.001)

续表

Panel A　被解释变量 F

方程	CENSOE			LOCSOE			NOSE		
	(1)	(2)	(3)	(4)	(5)	(6)	(7)	(8)	(9)
MBG	-0.168	-0.163	-0.184	-0.004	-0.021	-0.015	0.045	0.045	0.043
	(0.429)	(0.442)	(0.384)	(0.969)	(0.814)	(0.865)	(0.510)	(0.513)	(0.530)
LEV	2.243***	2.240***	2.143***	1.636***	1.657***	1.601***	1.333***	1.325***	1.310***
	(0.000)	(0.000)	(0.000)	(0.000)	(0.000)	(0.000)	(0.000)	(0.000)	(0.000)
LNA	-0.525***	-0.544***	-0.523***	-0.562***	-0.563***	-0.567***	-0.544***	-0.558***	-0.539***
	(0.000)	(0.000)	(0.000)	(0.000)	(0.000)	(0.000)	(0.000)	(0.000)	(0.000)
IND	YES	YES	YES	YES	YES	YES	YES	YES	YES
YEAR	YES	YES	YES	YES	YES	YES	YES	YES	YES
year	YES	YES	YES	YES	YES	YES	YES	YES	YES
CUT1	-8.386***	-8.587***	-8.419***	-9.758***	-10.313***	-9.758***	-10.456***	-10.415***	-10.069***
	(0.000)	(0.000)	(0.000)	(0.000)	(0.000)	(0.000)	(0.000)	(0.000)	(0.000)
CUT2	-7.550***	-7.753***	-7.581***	-8.711***	-9.266***	-8.710***	-9.188***	-9.149***	-8.803***
	(0.000)	(0.000)	(0.000)	(0.000)	(0.000)	(0.000)	(0.000)	(0.000)	(0.000)
CUT3	-6.405***	-6.609***	-6.434***	-7.396***	-7.951***	-7.396***	-8.133***	-8.094***	-7.749***
	(0.000)	(0.000)	(0.000)	(0.000)	(0.000)	(0.000)	(0.000)	(0.000)	(0.000)
LR chi²	790.573	788.554	796.643	1449.897	1457.203	1454.215	1674.431	1664.802	1674.895
Prob>chi²	0.000	0.000	0.000	0.000	0.000	0.000	0.000	0.000	0.000
Pseudo R²	0.312	0.311	0.314	0.291	0.292	0.292	0.288	0.286	0.288
N	3849	3849	3849	8886	8886	8886	6354	6354	6354

1. 方程(1)~(3)对RM样本CENSOE子样本进行多元有序Logit回归,方程(4)~(6)对RM样本LOCSOE子样本进行多元有序Logit回归,方程(7)~(9)对RM样本NSOE子样本进行多元有序Logit回归;

2. 为了控制异常值的影响,对所有除指数以外的连续变量进行了±1%的缩尾处理;

3. LR chi²代表整个方程的拟合优度,可以看到所有方程的Prob>chi²显著性均在0.000的水平上,因此方程整体拟合度很高;

4. Pseudo R²显示解释变量的解释力在0.28~0.33,已经能够较好地解释因变量;

5. * p<0.1,** p<0.05,*** p<0.01,双尾。

第7章　不同所有权性质下制度环境、盈余管理和财务困境关系的综合分析

·183·

Panel B 被解释变量 F

方程	LOSCOE			NSOE		
	(1)	(2)	(3)	(4)	(5)	(6)
ABSRM	−0.556*	−0.544*	−0.577*	−0.598**	−0.597**	−0.596**
	(0.083)	(0.091)	(0.077)	(0.012)	(0.013)	(0.013)
CMI	−0.061			−0.103***		
	(0.110)			(0.002)		
ZABSRM · ZCMI	0.051			0.052		
	(0.438)			(0.350)		
GDI		−0.112***			−0.022	
		(0.002)			(0.285)	
ZABSRM · ZGDI		0.135**			0.000	
		(0.044)			(1.000)	
LEI			−0.032***			−0.032***
			(0.006)			(0.001)
ZABSRM · ZLEI			−0.027			0.029
			(0.720)			(0.615)
QR	−0.736***	−0.725***	−0.748***	−0.474***	−0.482***	−0.478***
	(0.000)	(0.000)	(0.000)	(0.000)	(0.000)	(0.000)
NOP	−0.341**	−0.339**	−0.336**	−0.034	−0.026	−0.037
	(0.017)	(0.018)	(0.018)	(0.726)	(0.792)	(0.702)
ROA	−1.338*	−1.393*	−1.272*	−1.739***	−1.726***	−1.695***
	(0.078)	(0.067)	(0.094)	(0.000)	(0.001)	(0.001)
EBITIR	−0.016*	−0.015*	−0.016*	−0.014***	−0.015***	−0.015***
	(0.060)	(0.064)	(0.062)	(0.003)	(0.002)	(0.002)
EPS	−5.750***	−5.816***	−5.751***	−2.646***	−2.630***	−2.599***
	(0.000)	(0.000)	(0.000)	(0.000)	(0.000)	(0.000)
ART	−0.000	−0.000	−0.000	0.000	0.000	0.000
	(0.758)	(0.813)	(0.689)	(0.698)	(0.495)	(0.550)
TAT	−0.500***	−0.464***	−0.496***	−0.630***	−0.711***	−0.620***
	(0.002)	(0.004)	(0.002)	(0.000)	(0.000)	(0.000)

Panel B 被解释变量 F

方程	LOSCOE			NSOE		
	(1)	(2)	(3)	(4)	(5)	(6)
CFCDR	−1.026***	−0.962***	−1.032***	−0.912***	−0.897***	−0.916***
	(0.003)	(0.005)	(0.003)	(0.001)	(0.002)	(0.001)
MBG	−0.001	−0.005	−0.018	0.046	0.045	0.043
	(0.988)	(0.959)	(0.848)	(0.505)	(0.514)	(0.530)
LEV	1.631***	1.660***	1.604***	1.326***	1.325***	1.309***
	(0.000)	(0.000)	(0.000)	(0.000)	(0.000)	(0.000)
LNA	−0.564***	−0.567***	−0.566***	−0.547***	−0.558***	−0.540***
	(0.000)	(0.000)	(0.000)	(0.000)	(0.000)	(0.000)
IND	YES	YES	YES	YES	YES	YES
YEAR	YES	YES	YES	YES	YES	YES
year	YES	YES	YES	YES	YES	YES
CUT1	−9.742***	−10.290***	−9.754***	−10.501***	−10.415***	−10.079***
	(0.000)	(0.000)	(0.000)	(0.000)	(0.000)	(0.000)
CUT2	−8.694***	−9.241***	−8.707***	−9.234***	−9.149***	−8.813***
	(0.000)	(0.000)	(0.000)	(0.000)	(0.000)	(0.000)
CUT3	−7.380***	−7.925***	−7.392***	−8.179***	−8.094***	−7.759***
	(0.000)	(0.000)	(0.000)	(0.000)	(0.000)	(0.000)
LR chi²	1 450.504	1 462.745	1 454.344	1 675.306	1 664.802	1 675.145
Prob>chi²	0.000	0.000	0.000	0.000	0.000	0.000
Pseudo R²	0.291	0.293	0.292	0.288	0.286	0.288
N	8 886	8 886	8 886	6 354	6 354	6 354

1. 方程(1)~(3)为 RM 样本 LOSCOE 子样本多元有序 Logit 回归,方程(4)~(6)为 RM 样本 NSOE 子样本多元有序 Logit 回归;
2. 为了防止多重共线性的影响,对交互项都进行了标准化处理;
3. 为了控制异常值的影响,对除制度环境指数外的所有连续变量进行了±1%的缩尾处理;
4. LR chi²代表整个方程的拟合度,可以看到所有方程的 Prob>chi² 显著性均在 0.000 的水平上,因此方程整体拟合度很高;
5. Pseudo R² 显示解释变量的解释力在 0.28 以上,已经能够较好地解释因变量;
6. * $p<0.1$,** $p<0.05$,*** $p<0.01$,双尾。

7.2 不同所有权性质下制度环境、盈余管理和财务困境关系小结

将本章所有权性质、制度环境、盈余管理和财务困境之间的关系结论整理如表 7-5 所示。

表 7-5 不同所有权性质下制度环境、盈余管理和财务困境发生概率的关系

SAMPLE	ABSAQ	ABSRM
CENSOE	CMI ⟶ ABSAQ ⟶ F	CMI ⟶ ABSRM ⟶ F (−)
	CDI ⟶ ABSAQ ⟶ F	CDI ⟶ ABSRM ⟶ F
	LEL ⟶ ABSAQ ⟶ F	LEI ⟶ ABSRM ⟶ F (−)
LOCSOE	CMI ⟶ ABSAQ ⟶ F (−)	CMI ⟶ ABSRM ⟶ F (−), (−)
	GDI ⟶ ABSAQ ⟶ F (−)	GDI ⟶ ABSRM ⟶ F (+), (−), (−)
	LEI ⟶ ABSAQ ⟶ F (−)	LEI ⟶ ABSRM ⟶ F (−), (−)

续表

SAMPLE	ABSAQ	ABSRM
NSOE	CMI → F（−），CMI → ABSAQ（−），ABSAQ → F（+）	CMI ⇢ F（−），CMI → F（−），ABSRM → F（−）
	GDI ⇢ F，GDI ⇢ ABSAQ，ABSAQ → F（+）	GDI ⇢ F，GDI ⇢ ABSRM，ABSRM → F（−）
	LEI ⇢ ABSAQ，LEI → F，ABSAQ → F（+）	LEI ⇢ ABSRM，LEI → F，ABSRM → F（−）

说明：箭头表示作用方向，实线表示存在显著作用，虚线表示不存在显著作用。

从该表中我们可以得出如下结论：

1. 中央国企的政治联系带来的优惠让其处于危机意识缺失的状态，财务困境成本小，盈余和市场压力小，市场竞争并不对其产生太大的影响，从而由市场化程度决定的制度环境好坏也不会对其产生显著影响，因此在中央国企样本组，盈余管理和制度环境都与财务困境不存在显著相关关系。

2. 地方国企相比非国有企业有一定的政治联系优势，相比中央国企，又处在一定的市场竞争中，其应计盈余管理和其财务困境发生概率不相关，即地方国企较少采取投机的应计盈余管理方式来应对财务困境，而其真实盈余管理和其财务困境发生概率显著负相关，说明在正常经营活动中地方国企的真实盈余管理能够在一定程度上改善企业的经营业绩。而在制度环境上，信贷市场的发达程度、政府分散化程度和法律完善程度都和地方国企的财务困境发生概率显著负相关。其中只有政府分散化程度会影响真实盈余管理和财务困境发生概率的关系，政府分散化程度越高，真实盈余管理程度减小财务困境发生概率的效用会减小，说明地方国企受到政治联系的影响仍然较大。

3. 非国有企业相比国企不存在政治联系优势，而是处于相对比较完全的市场竞争中，因此非国有企业在临近财务困境时存在大量应计盈余管理，在正常经营活动中又存在真实盈余管理调整业绩；在制度环境上财务困境发生概率和信贷市场发达程度以及法律环境的完善程度负相关，但是和政府分散化程度不相关。其中只有信贷市场指数会对应计盈余管理和财务困境的关系产生影响,信贷市场越发达,非国有企业的融资渠道越多,那么就会相应减弱应计盈余管理的动机,因此减弱了应计盈余管理和财务困境发生概率之间的负相关关系。说明相比法律保护和政府干预,非国有企业受到信贷市场环境的影响程度较大。

7.3 财务困境的两分类检验

本节将从财务困境的界定入手,进一步验证本书结果的稳健性。前面章节的研究中,我们对财务困境的界定是基于持续经营审计意见和特别处理将企业财务状况进行了多阶段的划分,将企业财务状况划分为四种情况:财务正常($F=1$)、仅被出具持续经营审计意见($F=2$)、仅被特别处理($F=3$)、同时被出具持续经营审计意见和特别处理($F=4$)。本节将进行财务困境的两分类检验,一方面分别单独以持续经营审计意见(GCO)和特别处理(ST)作为划分财务困境和财务正常的标准,来检验所有权性质、制度环境和盈余管理对不同财务困境程度的综合影响;另一方面将被出具持续经营审计意见和特别处理都认定为陷入财务困境的情况(F=2,3 或 4),将财务困境划分为财务正常和财务困境两类,来检验使用不同标准对财务困境进行界定时,结论是否仍然稳健。

7.3.1 GCO 两分类 Logit 回归检验

表 7-6 Panel A 检验了应计盈余管理、所有权性质、制度环境和第一类财务困境程度($F=2$),即被出具持续经营审计概率之间的关系。*Panel B* 检验了真实盈余管理、所有权性质、制度环境指数和被出具持续经营审计意见概率之间的关系。下文用 G 来表示是否被出具持续经营审计意见(若上市公司被出具持续经营审计意见,则 $G=1$,否则 $G=0$)。

Panel A 中的方程(1)~(6)回归结果显示 ABSAQ 和 G 微弱正相关或不相关,说明在财务困境程度相对不太严重时(我们认为被出具持续经营审计意见相比被特别处理是一种较低程度的财务困境,详见 3.1 节中的论述),上市公司并不会采取太多的应计盈余管理的行为来逃避或延迟被出具持续经营审计意见;其中方程(2)和(6)显示微弱相关,其他方程显示不相关,这可能是因为盈余管理和所有权性质变量或制度环境变量间存在相关性所导致。

而 ABSRM 和 G 在所有方程中都显著负相关,说明在财务困境程度相对较低的时候,企业更愿意进行真实盈余管理这种不太会引起审计师特别关注的盈余管理行为来帮助企业降低被出具持续经营审计意见的可能性。上述结论和前面章节我们的研究结论基本相符。

在所有权性质的检验上,发现 CENSOE 和被出具持续经营审计意见的概率显著正相关,说明中央国企比地方国企和非国企更易被出具持续经营审计意见,这可以从中央国企的政治联系上来解释,由于中央国企相比地方国企和非国企存在最强的政治联系,因此中央国企处于危机意识缺失状态,其绩效表现也差于地方国企和非国企,经营效率较低,因此中央国企相对其他企业更容易被出具持续经营审计意见。这和很多关于所有权性质的相关研究结论是一致的(Wang 和 Yung,2011;Shaomin Li,2011;Jensen,1976)。

制度环境的检验结果依然显示,CMI、GDI、LEI 均和被出具持续经营审计意见的概率显著负相关,说明良好的制度环境更有利于企业的经营和发展,证明第 6 章的结论具有稳健性。

表 7-6　Panel A　GCO 与应计盈余管理 Logit 回归结果

被解释变量	G					
方程	(1)	(2)	(3)	(4)	(5)	(6)
ABSAQ	0.929	1.023*	0.969	0.914	0.950	1.028*
	(0.130)	(0.097)	(0.115)	(0.137)	(0.122)	(0.097)
CENSOE		0.312**				0.294**
		(0.015)				(0.022)
LOCSOE		0.0693				0.0729
		(0.503)				(0.485)
CMI			-0.0657***			0.0276
			(0.004)			(0.428)
GDI				-0.0632***		-0.0120
				(0.005)		(0.696)
LEI					-0.0497***	-0.0553***
					(0.000)	(0.001)
QR	-0.662***	-0.663***	-0.637***	-0.667***	-0.647***	-0.657***
	(0.000)	(0.000)	(0.000)	(0.000)	(0.000)	(0.000)
NOP	-0.298***	-0.299***	-0.299***	-0.297***	-0.300***	-0.300***
	(0.003)	(0.003)	(0.003)	(0.003)	(0.002)	(0.002)
ROA	-2.318***	-2.253***	-2.282***	-2.293***	-2.228***	-2.165***
	(0.000)	(0.000)	(0.000)	(0.000)	(0.000)	(0.000)

被解释变量	G					
方程	(1)	(2)	(3)	(4)	(5)	(6)
EBITIR	−0.013 8***	−0.013 9***	−0.013 5***	−0.013 4***	−0.013 9***	−0.014 0***
	(0.007)	(0.007)	(0.009)	(0.009)	(0.007)	(0.007)
EPS	−2.763***	−2.723***	−2.711***	−2.748***	−2.706***	−2.684***
	(0.000)	(0.000)	(0.000)	(0.000)	(0.000)	(0.000)
ART	0.000 126	0.000 149	0.000 080 1	0.000 092 6	0.000 061 2	0.000 087 5
	(0.524)	(0.455)	(0.688)	(0.645)	(0.760)	(0.663)
TAT	−1.002***	−1.031***	−0.947***	−0.979***	−0.924***	−0.961***
	(0.000)	(0.000)	(0.000)	(0.000)	(0.000)	(0.000)
CFCDR	−1.480***	−1.473***	−1.507***	−1.492***	−1.511***	−1.500***
	(0.000)	(0.000)	(0.000)	(0.000)	(0.000)	(0.000)
MBG	−0.177**	−0.175**	−0.190**	−0.193**	−0.201**	−0.199**
	(0.034)	(0.037)	(0.025)	(0.022)	(0.019)	(0.020)
LEV	2.816***	2.843***	2.822***	2.809***	2.777***	2.793***
	(0.000)	(0.000)	(0.000)	(0.000)	(0.000)	(0.000)
LNA	−0.570***	−0.587***	−0.566***	−0.563***	−0.567***	−0.585***
	(0.000)	(0.000)	(0.000)	(0.000)	(0.000)	(0.000)
IND	YES	YES	YES	YES	YES	YES
YEAR	YES	YES	YES	YES	YES	YES
year	YES	YES	YES	YES	YES	YES
CONS	8.220***	8.512***	8.468***	8.616***	8.466***	8.767***
	(0.000)	(0.000)	(0.000)	(0.000)	(0.000)	(0.000)
LR chi²	3 420.74	3 426.83	3 429.01	3 428.16	3 443.41	3 449.45
Prob>chi²	0.000 0	0.000 0	0.000 0	0.000 0	0.000 0	0.000 0
Pseudo R²	0.456 9	0.457 7	0.458 0	0.457 9	0.459 9	0.460 7
N	16 089	16 089	16 089	16 089	16 089	16 089

1. 为了保证正常样本组的公司财务状况都正常,因此在 AQ 样本中删去 F=3,仅被 ST 的样本,剩余样本共 16 089 个公司样本年;

2. 剩余样本中加入新变量 G 作为被解释变量,取值 1：F=2 和 4;取值 0：F=1;G=1 表示被出具持续经营审计意见,G=0 表示财务正常;

3. 采用 Logit 回归检验被出具 GCO 的概率和盈余管理、所有权性质、市场环境指数的关系,为了控制异常值的影响,对所有的连续变量进行了±1％的缩尾处理;

4. LR chi² 代表整个方程的拟合度,可以看到所有方程的 Prob>chi² 显著性均在 0.000 0 的水平上,因此方程整体拟合度很高;

5. Pseudo R² 显示解释变量的解释力在 0.45 左右,能够很好地解释因变量;

6. * $p<0.1$,** $p<0.05$,*** $p<0.01$,双尾。

Panel B   GCO 与真实盈余管理 Logit 回归结果

被解释变量	G					
方程	(1)	(2)	(3)	(4)	(5)	(6)
ABSRM	−1.135***	−1.104***	−1.141***	−1.150***	−1.127***	−1.096***
	(0.000)	(0.000)	(0.000)	(0.000)	(0.000)	(0.000)
CENSOE		0.364***				0.348***
		(0.003)				(0.005)
LOCSOE		0.109				0.112
		(0.271)				(0.264)
CMI			−0.060 0***			0.036 0
			(0.008)			(0.289)
GDI				−0.061 8***		−0.018 9
				(0.004)		(0.521)
LEI					−0.046 0***	−0.052 2***
					(0.000)	(0.001)
QR	−0.498***	−0.497***	−0.479***	−0.506***	−0.488***	−0.499***
	(0.000)	(0.000)	(0.000)	(0.000)	(0.000)	(0.000)
NOP	−0.422***	−0.426***	−0.426***	−0.420***	−0.427***	−0.428***
	(0.000)	(0.000)	(0.000)	(0.000)	(0.000)	(0.000)
ROA	−2.155***	−2.084***	−2.119***	−2.135***	−2.067***	−1.998***
	(0.000)	(0.000)	(0.000)	(0.000)	(0.000)	(0.000)
EBITIR	−0.015 4***	−0.015 4***	−0.015 2***	−0.015 0***	−0.015 7***	−0.015 6***
	(0.002)	(0.003)	(0.003)	(0.003)	(0.002)	(0.002)
EPS	−3.176***	−3.118***	−3.136***	−3.169***	−3.120***	−3.085***
	(0.000)	(0.000)	(0.000)	(0.000)	(0.000)	(0.000)
ART	0.000 227	0.000 250	0.000 192	0.000 199	0.000 177	0.000 204
	(0.133)	(0.099)	(0.207)	(0.192)	(0.245)	(0.182)
TAT	−0.843***	−0.879***	−0.796***	−0.822***	−0.773***	−0.820***
	(0.000)	(0.000)	(0.000)	(0.000)	(0.000)	(0.000)
CFCDR	−1.498***	−1.508***	−1.520***	−1.504***	−1.515***	−1.518***
	(0.000)	(0.000)	(0.000)	(0.000)	(0.000)	(0.000)
MBG	0.022 2	0.027 7	0.017 4	0.011 5	0.008 26	0.011 2
	(0.757)	(0.700)	(0.809)	(0.872)	(0.909)	(0.878)

续表

被解释变量	G					
方程	(1)	(2)	(3)	(4)	(5)	(6)
LEV	2.899***	2.932***	2.904***	2.891***	2.856***	2.876***
	(0.000)	(0.000)	(0.000)	(0.000)	(0.000)	(0.000)
LNA	−0.573***	−0.595***	−0.570***	−0.567***	−0.572***	−0.594***
	(0.000)	(0.000)	(0.000)	(0.000)	(0.000)	(0.000)
$CONS$	8.428***	8.797***	8.671***	8.830***	8.674***	9.068***
	(0.000)	(0.000)	(0.000)	(0.000)	(0.000)	(0.000)
IND	YES	YES	YES	YES	YES	YES
$YEAR$	YES	YES	YES	YES	YES	YES
$year$	YES	YES	YES	YES	YES	YES
LR chi^2	3 640.73	3 649.59	3 647.94	3 648.49	3 662.65	3 671.89
Prob>chi^2	0.000 0	0.000 0	0.000 0	0.000 0	0.000 0	0.000 0
Pseudo R^2	0.448 6	0.449 7	0.449 5	0.449 6	0.451 3	0.452 5
N	18 651	18 651	18 651	18 651	18 651	18 651

1. RM 样本中删去 $F=3$，仅被 ST 的样本，剩余样本共 18 651 个公司样本年；

2. 剩余样本中加入新变量 G 作为被解释变量，取值 1：$F=2$ 和 4；取值 0：$F=1$；$G=1$ 表示被出具持续经营审计意见，$G=0$ 表示财务正常；

3. 采用 Logit 回归检验被出具 GCO 的概率和盈余管理、所有权性质、市场环境指数的关系，为了控制异常值的影响，对所有的连续变量进行了 $\pm 1\%$ 的缩尾处理；

5. LR chi^2 代表整个方程的拟合度，可以看到所有方程的 Prob>chi^2 显著性均在 0.000 0 的水平上，因此方程整体拟合度很高；

6. Pseudo R^2 显示解释变量的解释力在 0.45 左右，能够很好地解释因变量；

4. * $p<0.1$，** $p<0.05$，*** $p<0.01$，双尾。

7.3.2 ST 两分类 Logit 回归检验

表 7 - 7 Panel A 检验了应计盈余管理、所有权性质、制度环境指数和第二类财务困境程度（$F=2$），即被特别处理的概率之间的关系。Panel B 检验了真实盈余管理、所有权性质、制度环境和被特别处理概率之间的关系。下文用 S 来表示是否被特别处理（若上市公司被特别处理，则 $S=1$，否则 $S=0$）。

回归结果显示 $ABSAQ$ 和 S 显著正相关，$ABSRM$ 和 S 不相关，说明在财务困境程度较高时（我们认为被特别处理是比被出具持续经营审计意见更严重的财务困境，详见 3.1.1 节中的论述），上市公司更倾向于采取应计盈余管理这种投机的行为来逃避或延迟被出具持续经营审计意见，但是由于应计盈余管理本身的高风险性和审计师或者监管机构高度关注性,因此财务困境被暴露的概率依然很高;另外,在财务困境程度较高的时候,上市公司已经无法开展正常的经营活动,因此也很难进行真实盈余管理活动,那么真实盈余管理和程度较高的财务困境发生概率并不相关,这一结论进一步证明了本书对盈余管理和财务困境发生概率的实证结果具有稳健性。

在所有权性质的检验上,发现 AQ 样本所有权性质和被特别处理的概率都不相关,而 RM 样本的检验结果则显示 CENSOE 和被特别处理的概率显著正相关,这一点与第 5 章的结果具有一致性。说明 2013 年是比较特殊的年份,可能是因为沪深两市的上市规则在 2012 年进行过修订,2013 年实施所导致的。抛开 2013 年这一年的影响,可以说明所有权性质和深度财务困境发生概率之间并不存在直接的关系。

制度环境的检验结果显示,CMI 和 LEI 依然和财务困境发生概率显著负相关,而 GDI 财务困境发生的概率不再相关。说明信贷市场的发展和法律环境的完善有利于企业经营发展,减小深度财务困境发生的概率,而政府分散化程度的提高,预示着政治联系的优势减弱,企业自由公平竞争,企业的生存压力可能更大,因此和深度财务困境发生的可能性并不相关。

表 7 - 7 　 Panel A 　 ST 与应计盈余管理 Logit 回归结果

被解释变量	S					
方程	(1)	(2)	(3)	(4)	(5)	(6)
ABSAQ	2.222***	2.204***	2.247***	2.216***	2.257***	2.227***
	(0.001)	(0.001)	(0.001)	(0.001)	(0.001)	(0.001)
CENSOE		0.122				0.0904
		(0.372)				(0.511)
LOCSOE		−0.080 3				−0.113
		(0.475)				(0.318)
CMI			−0.062 2**			0.043 0
			(0.013)			(0.254)
GDI				−0.029 2		0.062 5*
				(0.248)		(0.085)
LEI					−0.056 4***	−0.086 0***
					(0.000)	(0.000)

被解释变量	S					
方程	(1)	(2)	(3)	(4)	(5)	(6)
QR	−0.713***	−0.722***	−0.696***	−0.714***	−0.700***	−0.715***
	(0.000)	(0.000)	(0.000)	(0.000)	(0.000)	(0.000)
NOP	−0.254**	−0.255**	−0.254**	−0.255**	−0.268**	−0.275**
	(0.030)	(0.030)	(0.031)	(0.030)	(0.022)	(0.019)
ROA	−3.222***	−3.216***	−3.216***	−3.210***	−3.151***	−3.152***
	(0.000)	(0.000)	(0.000)	(0.000)	(0.000)	(0.000)
EBITIR	−0.0238***	−0.0237***	−0.0237***	−0.0237***	−0.0242***	−0.0246***
	(0.004)	(0.004)	(0.004)	(0.004)	(0.004)	(0.003)
EPS	−4.780***	−4.777***	−4.716***	−4.764***	−4.688***	−4.720***
	(0.000)	(0.000)	(0.000)	(0.000)	(0.000)	(0.000)
ART	0.00000351	0.00000871	−0.0000388	−0.0000108	−0.0000763	−0.0000546
	(0.990)	(0.974)	(0.885)	(0.968)	(0.777)	(0.839)
TAT	−0.331**	−0.331**	−0.283**	−0.323**	−0.258**	−0.268**
	(0.010)	(0.011)	(0.029)	(0.012)	(0.046)	(0.040)
CFCDR	−0.527*	−0.527*	−0.559**	−0.531*	−0.557*	−0.541*
	(0.063)	(0.063)	(0.049)	(0.061)	(0.050)	(0.058)
MBG	−0.0327	−0.0332	−0.0408	−0.0393	−0.0499	−0.0388
	(0.693)	(0.689)	(0.626)	(0.636)	(0.556)	(0.648)
LEV	1.232***	1.233***	1.234***	1.228***	1.186***	1.167***
	(0.000)	(0.000)	(0.000)	(0.000)	(0.000)	(0.000)
LNA	−0.451***	−0.453***	−0.443***	−0.447***	−0.441***	−0.446***
	(0.000)	(0.000)	(0.000)	(0.000)	(0.000)	(0.000)
CONS	6.564***	6.645***	6.707***	6.743***	6.693***	6.297***
	(0.000)	(0.000)	(0.000)	(0.000)	(0.000)	(0.000)
IND	YES	YES	YES	YES	YES	YES
YEAR	YES	YES	YES	YES	YES	YES
year	YES	YES	YES	YES	YES	YES
LR chi²	1801.89	1804.31	1808.18	1803.17	1827.89	1836.67

被解释变量	S					
方程	(1)	(2)	(3)	(4)	(5)	(6)
Prob>chi²	0.000 0	0.000 0	0.000 0	0.000 0	0.000 0	0.000 0
Pseudo R²	0.332 3	0.332 8	0.333 5	0.332 6	0.337 1	0.338 7
N	15 741	15 741	15 741	15 741	15 741	15 741

1. AQ 样本中删去 $F=2$,仅被 GCO 的样本,剩余样本共 15 741 个公司样本年。

2. 剩余样本中加入新变量 S 作为被解释变量,取值 1: $F=3$ 和 4;取值 0: $F=1$; $S=1$ 表示被 ST, $S=0$ 表示财务正常。

3. 采用 Logit 回归检验被 ST 的概率和盈余管理、所有权性质、市场环境指数的关系;为了控制异常值的影响,对所有的连续变量进行了 ±1% 的缩尾处理。

4. * $p<0.1$, ** $p<0.05$, *** $p<0.01$,双尾。

5. LR chi² 代表整个方程的拟合度,可以看到所有方程的 Prob>chi² 显著性均在 0.000 0 的水平上,因此方程整体拟合度很高。

6. Pseudo R² 显示解释变量的解释力在 0.33 左右,能够很好地解释因变量。

Panel B　ST 与真实盈余管理 Logit 回归结果

被解释变量	S					
方程	(1)	(2)	(3)	(4)	(5)	(6)
ABSRM	−0.316	−0.314	−0.330	−0.328	−0.320	−0.282
	(0.183)	(0.187)	(0.165)	(0.169)	(0.181)	(0.239)
CEN-SOE		0.278**				0.242*
		(0.026)				(0.054)
LOCSOE		−0.219**				−0.263**
		(0.042)				(0.016)
CMI			−0.0681***			0.0511
			(0.005)			(0.167)
GDI				−0.0292		0.0747**
				(0.228)		(0.036)
LEI					−0.059 2***	−0.093 8***
					(0.000)	(0.000)
QR	−0.550***	−0.572***	−0.537***	−0.552***	−0.545***	−0.572***
	(0.000)	(0.000)	(0.000)	(0.000)	(0.000)	(0.000)
NOP	−0.303**	−0.307**	−0.303**	−0.303**	−0.320***	−0.336***
	(0.013)	(0.012)	(0.013)	(0.013)	(0.009)	(0.006)
ROA	−3.165***	−3.127***	−3.173***	−3.164***	−3.111***	−3.050***
	(0.000)	(0.000)	(0.000)	(0.000)	(0.000)	(0.000)

所有权性质、盈余管理与企业财务困境

被解释变量	S					
方程	(1)	(2)	(3)	(4)	(5)	(6)
EBITIR	−0.024 9***	−0.024 8***	−0.024 7***	−0.024 7***	−0.025 2***	−0.025 8***
	(0.002)	(0.002)	(0.003)	(0.002)	(0.002)	(0.002)
EPS	−5.382***	−5.372***	−5.315***	−5.366***	−5.265***	−5.302***
	(0.000)	(0.000)	(0.000)	(0.000)	(0.000)	(0.000)
ART	−0.000 062 6	−0.000 059 0	−0.000 101	−0.000 076 1	−0.000 132	−0.000 107
	(0.780)	(0.793)	(0.655)	(0.736)	(0.560)	(0.636)
TAT	−0.364***	−0.362***	−0.313**	−0.356***	−0.288**	−0.296**
	(0.003)	(0.004)	(0.011)	(0.004)	(0.019)	(0.018)
CFCDR	−0.632**	−0.634**	−0.662**	−0.634**	−0.655**	−0.643**
	(0.022)	(0.021)	(0.016)	(0.021)	(0.018)	(0.020)
MBG	0.024 0	0.023 1	0.017 6	0.018 7	0.009 74	0.019 6
	(0.762)	(0.771)	(0.825)	(0.814)	(0.904)	(0.809)
LEV	1.427***	1.423***	1.429***	1.422***	1.370***	1.338***
	(0.000)	(0.000)	(0.000)	(0.000)	(0.000)	(0.000)
LNA	−0.447***	−0.452***	−0.439***	−0.445***	−0.438***	−0.444***
	(0.000)	(0.000)	(0.000)	(0.000)	(0.000)	(0.000)
CONS	6.599***	6.810***	6.781***	6.792***	6.768***	6.339***
	(0.000)	(0.000)	(0.000)	(0.000)	(0.000)	(0.000)
IND	YES	YES	YES	YES	YES	YES
YEAR	YES	YES	YES	YES	YES	YES
year	YES	YES	YES	YES	YES	YES
LR chi²	1 937.34	1 954.57	1 945.24	1 938.73	1 970.25	1 997.23
Prob>chi²	0.000 0	0.000 0	0.000 0	0.000 0	0.000 0	0.000 0
Pseudo R²	0.322 2	0.325 1	0.323 5	0.322 4	0.327 7	0.332 1
N	18 306	18 306	18 306	18 306	18 306	18 306

1. RM 样本中删去 $F=2$,仅被 GCO 的样本,剩余样本共 18 306 个公司样本年。

2. 剩余样本中加入新变量 S 作为被解释变量,取值 1:$F=3$ 和 4;取值 0:$F=1$;$S=1$ 表示被 ST,$S=0$ 表示财务正常。

3. 采用 Logit 回归检验被 ST 的概率和盈余管理、所有权性质、市场环境指数的关系;为了控制异常值的影响,对所有的连续变量进行了 ±1% 的缩尾处理。

4. * $p<0.1$,** $p<0.05$,*** $p<0.01$,双尾。

5. LR chi² 代表整个方程的拟合度,可以看到所有方程的 Prob>chi² 显著性均在 0.000 0 的水平上,因此方程整体拟合度很高。

6. Pseudo R² 显示解释变量的解释力在 0.32 左右,能够很好地解释因变量。

7.3.3 ƒ 两分类 Logit 回归检验

这一小节不再区分财务困境程度的不同,而是将财务困境的上市公司 (F=2、3、4)统归为财务困境样本,来检验盈余管理、所有权性质、制度环境和财务困境的影响。

表 7 - 8 Panel A 检验了应计盈余管理、所有权性质、制度环境指数和三类财务困境程度(F=2、3、4)发生概率之间的关系。Panel B 检验了真实盈余管理、所有权性质、制度环境指数和三类财务困境程度(F=2、3、4)发生概率之间的关系。

回归结果和上面两小节的结论保持一致,ABSAQ 和 ƒ 显著正相关,AB-SRM 和 ƒ 显著负相关,即应计盈余管理和财务困境发生概率正相关,而真实盈余管理和财务困境发生概率负相关。不考虑 RM 样本 2013 年数据的影响,所有权性质和财务困境发生概率不存在直接的相关关系,而三个制度环境指标都依然和财务困境发生概率显著负相关,即良好的制度环境有利于企业经营发展,减小发生财务困境的可能性。上述结论都再一次证明前面的结论具有稳健性。

表 7 - 8　Panel A　AQ 样本 ƒ 两分类 Logit 回归结果

被解释变量	ƒ					
方程	(1)	(2)	(3)	(4)	(5)	(6)
ABSAQ	1.249**	1.256**	1.269**	1.226**	1.265**	1.259**
	(0.016)	(0.016)	(0.014)	(0.018)	(0.015)	(0.016)
CEN-SOE		0.113				0.0812
		(0.286)				(0.445)
LOCSOE		−0.033 2				−0.047 6
		(0.696)				(0.579)
CMI			−0.061 2**			0.039 1
			(0.001)			(0.172)
GDI				−0.049 0*		0.019 2
				(0.010)		(0.463)
LEI					−0.051 3***	−0.068 7***
					(0.000)	(0.000)

所有权性质、盈余管理与企业财务困境

被解释变量	f					
方程	(1)	(2)	(3)	(4)	(5)	(6)
QR	-0.511***	-0.516***	-0.490***	-0.515***	-0.497***	-0.510***
	(0.000)	(0.000)	(0.000)	(0.000)	(0.000)	(0.000)
NOP	-0.326***	-0.325***	-0.326***	-0.325***	-0.325***	-0.325***
	(0.000)	(0.000)	(0.000)	(0.000)	(0.000)	(0.000)
ROA	-3.116***	-3.103***	-3.099***	-3.107***	-3.037***	-3.021***
	(0.000)	(0.000)	(0.000)	(0.000)	(0.000)	(0.000)
EBITIR	-0.0126**	-0.0126**	-0.0124**	-0.0124**	-0.0128**	-0.0130**
	(0.003)	(0.003)	(0.004)	(0.004)	(0.003)	(0.002)
EPS	-3.774***	-3.765***	-3.730***	-3.758***	-3.712***	-3.721***
	(0.000)	(0.000)	(0.000)	(0.000)	(0.000)	(0.000)
ART	0.000177	0.000181	0.000134	0.000152	0.000107	0.000123
	(0.304)	(0.292)	(0.437)	(0.381)	(0.535)	(0.478)
TAT	-0.671***	-0.675***	-0.623***	-0.654***	-0.599***	-0.613***
	(0.000)	(0.000)	(0.000)	(0.000)	(0.000)	(0.000)
CFCDR	-0.958***	-0.955***	-0.988***	-0.965***	-0.994***	-0.981***
	(0.000)	(0.000)	(0.000)	(0.000)	(0.000)	(0.000)
MBG	-0.0513	-0.0514	-0.0599	-0.0626	-0.0696	-0.0658
	(0.413)	(0.413)	(0.344)	(0.320)	(0.275)	(0.304)
LEV	2.486***	2.487***	2.487***	2.474***	2.438***	2.422***
	(0.000)	(0.000)	(0.000)	(0.000)	(0.000)	(0.000)
LNA	-0.543***	-0.546***	-0.537***	-0.537***	-0.537***	-0.543***
	(0.000)	(0.000)	(0.000)	(0.000)	(0.000)	(0.000)
CONS	8.232***	8.323***	8.424***	8.543***	8.435***	8.319***
	(0.000)	(0.000)	(0.000)	(0.000)	(0.000)	(0.000)
IND	YES	YES	YES	YES	YES	YES
YEAR	YES	YES	YES	YES	YES	YES
year	YES	YES	YES	YES	YES	YES

被解释变量	f					
方程	(1)	(2)	(3)	(4)	(5)	(6)
LR chi²	3 855.51	3 857.62	3 865.98	3 861.77	3 892.23	3 897.22
Prob>chi²	0.000 0	0.000 0	0.000 0	0.000 0	0.000 0	0.000 0
Pseudo R²	0.402 1	0.402 3	0.403 2	0.402 8	0.405 9	0.406 5
N	16 491	16 491	16 491	16 491	16 491	16 491

1. AQ 样本中加入新变量 f 作为被解释变量,取值 1:F=2、3、4;取值 0:F=1;f=1 表示财务困境,f=0 表示财务正常;

2. 采用 Logit 回归检验陷入财务困境的概率和盈余管理、所有权性质、市场环境指数的关系;为了控制异常值的影响,对所有的连续变量进行了±1%的缩尾处理;

3. * p<0.1,** p<0.05,*** p<0.01,双尾;

4. LR chi² 代表整个方程的拟合度,可以看到所有方程的 Prob>chi² 显著性均在 0.000 0 的水平上,因此方程整体拟合度很高;

5. Pseudo R² 显示解释变量的解释力在 0.40 左右,能够很好地解释因变量。

Panel B RM 样本 f 两分类 Logit 回归结果

被解释变量	f					
方程	(1)	(2)	(3)	(4)	(5)	(6)
ABSRM	−0.678***	−0.672***	−0.685***	−0.691***	−0.672***	−0.654***
	(0.000)	(0.000)	(0.000)	(0.000)	(0.000)	(0.001)
CEN-SOE		0.230*				0.199*
		(0.020)				(0.046)
LOCSOE		−0.054 7				−0.072 6
		(0.503)				(0.378)
CMI			−0.060 7**			0.046 4
			(0.001)			(0.098)
GDI				−0.048 3**		0.018 8
				(0.008)		(0.454)
LEI					−0.050 4***	−0.069 3***
					(0.000)	(0.000)
QR	−0.421***	−0.430***	−0.403***	−0.426***	−0.412***	−0.430***
	(0.000)	(0.000)	(0.000)	(0.000)	(0.000)	(0.000)
NOP	−0.440***	−0.440***	−0.441***	−0.438***	−0.441***	−0.441***
	(0.000)	(0.000)	(0.000)	(0.000)	(0.000)	(0.000)

被解释变量	f					
方程	(1)	(2)	(3)	(4)	(5)	(6)
ROA	−2.882***	−2.846***	−2.864***	−2.877***	−2.808***	−2.768***
	(0.000)	(0.000)	(0.000)	(0.000)	(0.000)	(0.000)
EBITIR	−0.013 9**	−0.013 9**	−0.013 6**	−0.013 6**	−0.014 1***	−0.014 4***
	(0.001)	(0.001)	(0.001)	(0.001)	(0.001)	(0.001)
EPS	−4.230***	−4.203***	−4.190***	−4.217***	−4.157***	−4.151***
	(0.000)	(0.000)	(0.000)	(0.000)	(0.000)	(0.000)
ART	0.000 211	0.000 218	0.000 177	0.000 190	0.000 155	0.000 173
	(0.111)	(0.101)	(0.184)	(0.154)	(0.245)	(0.196)
TAT	−0.578***	−0.589***	−0.534***	−0.563***	−0.511***	−0.534***
	(0.000)	(0.000)	(0.000)	(0.000)	(0.000)	(0.000)
CFCDR	−0.993***	−0.993***	−1.018***	−0.997***	−1.018***	−1.005***
	(0.000)	(0.000)	(0.000)	(0.000)	(0.000)	(0.000)
MBG	0.061 8	0.063 7	0.057 4	0.053 4	0.048 4	0.051 7
	(0.275)	(0.262)	(0.313)	(0.347)	(0.399)	(0.369)
LEV	2.561***	2.562***	2.562***	2.548***	2.509***	2.490***
	(0.000)	(0.000)	(0.000)	(0.000)	(0.000)	(0.000)
LNA	−0.533***	−0.542***	−0.527***	−0.528***	−0.528***	−0.538***
	(0.000)	(0.000)	(0.000)	(0.000)	(0.000)	(0.000)
CONS	8.121***	8.339***	8.322***	8.433***	8.331***	8.312***
	(0.000)	(0.000)	(0.000)	(0.000)	(0.000)	(0.000)
IND	YES	YES	YES	YES	YES	YES
YEAR	YES	YES	YES	YES	YES	YES
year	YES	YES	YES	YES	YES	YES
LR chi²	4 148.63	4 157.90	4 159.41	4 155.33	4 189.03	4 201.68
Prob>chi²	0.000 0	0.000 0	0.000 0	0.000 0	0.000 0	0.000 0
Pseudo R²	0.395 9	0.396 7	0.396 9	0.396 5	0.399 7	0.400 9
N	19 089	19 089	19 089	19 089	19 089	19 089

1. RM 样本中加入新变量 f 作为被解释变量，取值 1：$F=2、3、4$；取值 0：$F=1$；$f=1$ 表示财务困境，$f=0$ 表示财务正常；

2. 采用 Logit 回归检验陷入财务困境的概率和盈余管理、所有权性质、市场环境指数的关系；为了控制异常值的影响，对所有的连续变量进行了±1%的缩尾处理；

3. * $p<0.1$，** $p<0.05$，*** $p<0.01$，双尾；

4. LR chi² 代表整个方程的拟合度，可以看到所有方程的 Prob>chi² 显著性均在 0.000 0 的水平上，因此方程整体拟合度很高。

7.4 本章小结

本章节在前述对盈余管理、所有权性质、制度环境和财务困境分别研究的基础上,综合考虑四个因素,在控制所有权性质的前提下对盈余管理、制度环境和财务困境的关系进一步进行了研究,结果证实:

1. 对于中央国企,盈余管理和制度环境都不会对其财务困境发生概率产生影响。

2. 对于地方国企,应计盈余管理和财务困境发生概率不相关,真实盈余管理和财务困境发生概率显著负相关,即地方国企存在一定程度的真实盈余管理,并且这种真实盈余管理能够抑制财务困境的发生。在制度环境上,信贷市场的发达程度、政府分散化程度和法律完善程度都能够抑制财务困境发生的概率。只有政府分散化程度会影响真实盈余管理和财务困境发生概率的关系,说明地方国企受到政治联系的影响仍然较大。

3. 对于非国企,存在最多的盈余管理行为,其应计盈余管理和财务困境发生概率正相关,真实盈余管理和财务困境发生概率负相关。在制度环境上,财务困境发生概率和信贷市场发达程度以及法律环境的完善程度负相关,但是和政府分散化程度不相关。其中只有信贷市场指数会对应计盈余管理和财务困境的关系产生影响,信贷市场越发达,非国有企业的融资渠道越多,那么就会相应减弱应计盈余管理的动机,因此减弱了应计盈余管理和财务困境发生概率之间的负相关关系。这说明相比法律保护和政府干预,非国有企业受到信贷市场环境的影响程度较大。

可以发现上述研究结果基本与第5、6章的研究结论一致,保证了本书研究结论的稳健性。而在两分类财务困境的 Logit 回归检验中,发现:

1. 在以 GCO 作为财务困境划分标准时,真实盈余管理和财务困境显著负相关,而应计盈余管理和财务困境发生概率不相关;

2. 在以 ST 作为财务困境划分标准时,真实盈余管理和财务困境发生概率不相关,而应计盈余管理和财务困境发生概率正相关;

3. 将 GCO 和 ST 同时作为财务困境划分标准时,真实盈余管理和应计盈余管理均和财务困境发生概率相关。

上述结论证明在财务困境程度较低时,企业偏向于采用真实盈余管理来改善业绩,并且真实盈余管理能够减小财务困境发生的概率,在财务困境严重时,企业只能采用投机的应计盈余管理来粉饰业绩,而应计盈余管理往往会损害企业未来的业绩,导致财务困境发生概率加大,再一次证明了盈余管理空间观、管理层私人信息观等论述观点的合理性,本书的结论具有稳健性。

第8章

财务预警模型建立

8.1 建模方法和模型设定

财务困境预测的传统统计方法主要有四种：一元判别（Univariate）、多元线性判别（Multiple Discriminant Analysis，MDA）、多元逻辑回归（Logit）、多元概率比回归方法（Probit）。相比多元逻辑回归，判别分析存在诸多局限性：(1) 这种方法要求组内近似正态分布，且协方差矩阵相等；(2) 必须对财务困境组和控制组之间进行配对，而配对标准的确定是一个十分复杂的问题，并且运用配对样本夸大了财务困境公司的比例（张鸣、张艳，2001）。因此很多学者开始倾向于选用多元逻辑回归，因为该方法对研究变量的分布没有要求。

依据本书对财务困境的界定，采用二元 Logit 模型和多元 Logit 模型中的多元分类 Logistic 模型（Multinomial Logistic Model）作为整个财务预警的基本模型。

8.2 两分类预警模型

8.2.1 基本模型和样本

从上文对盈余管理和所有权性质、制度环境和财务困境关系的研究结果发现,企业都会试图通过盈余管理来调整业绩,并且会在不同的情况下选择应计盈余管理或者真实盈余管理来避免陷入财务困境。那么就可以通过前期企业盈余管理的程度来预测企业的财务表现,以及是否有潜在财务危机、陷入了何种程度的财务困境。而企业的财务状况总是受特定的环境和制度的影响,不同所有权性质、不同的市场环境中,上市公司财务表现也不同,因此必须控制这两个因素的影响。我们在前面的第 4 章至第 7 章中已经分别分析了这些因素对财务困境的影响及作用机制,基于上述分析,我们可建立包含盈余管理以及所有权性质、制度环境指标的财务预警模型。

首先我们将企业按财务状况分为财务正常和财务困境两类,分类标准包括:(1) 是否被出具持续经营审计意见(GCO);(2) 是否被特别处理(ST);(3) 是否同时被出具持续经营审计意见和特别处理。

然后,我们建立如下 Logit 模型作为财务困境的预警模型:

1. 应计盈余管理基本模型

$$
\begin{aligned}
LogitP = {} & \beta_1 + \alpha_1 absAQ + \alpha_2 CENSOE + \alpha_3 LOCSOE + \alpha_4 CMI + \alpha_5 GDI \\
& + \alpha_6 LEI + \alpha_7 QR + \alpha_8 ROA + \alpha_9 NOP + \alpha_{10} EBITR + \alpha_{11} EPS \\
& + \alpha_{12} ART + \alpha_{13} TAT + \alpha_{14} CFCDR + \alpha_{15} MBG + \alpha_{16} LEV \\
& + \alpha_{17} LNA + \sum_{k=18}^{28} \alpha_k IND + \sum_{k=29}^{30} \alpha_k year + \varepsilon
\end{aligned}
$$

$$(8-1)$$

2. 真实盈余管理基本模型

$$
\begin{aligned}
LogitP = {} & \beta_1 + \alpha_1 ABSREM + \alpha_2 CENSOE + \alpha_3 LOCSOE + \alpha_4 CMI + \alpha_5 GDI \\
& + \alpha_6 LEI + \alpha_7 QR + \alpha_8 ROA + \alpha_9 NOP + \alpha_{10} EBITR + \alpha_{11} EPS \\
& + \alpha_{12} ART + \alpha_{13} TAT + \alpha_{14} CFCDR + \alpha_{15} MBG + \alpha_{16} LEV \\
& + \alpha_{17} LNA + \sum_{k=18}^{28} \alpha_k IND + \sum_{k=29}^{30} \alpha_k year + \varepsilon
\end{aligned}
$$

$$(8-2)$$

模型(8-1)以应计盈余管理为预警指标,建模依据为 2008—2011 年的被出具持续经营审计意见的样本及财务表现正常的样本,用 2012 年被出具持续经营审计意见的样本及财务表现正常的样本进行测试,以此来验证模型回判和外推的准确性。模型(8-2)以真实盈余管理为预警指标。类似的,建模依据为 2008—2012 年的被出具持续经营审计意见的样本及财务表现正常的样本,用 2013 年被出具持续经营审计意见的样本及财务表现正常的样本进行测试,以此来验证模型回判和外推的准确性。

8.2.2 以 GCO 为分类标准的预警模型正确率

表 8-1 统计了以 GCO 为分类标准的预警模型正确率,从总体正确率来看,应计盈余管理 t-1 年的回判和外推的正确率最高,达到 96.03% 和 97.65%,而 t-3 年最低,为 94.20% 和 95.52%,但仍然是较高的准确率。真实盈余管理预警模型预警准确率总体而言比应计盈余管理模型略高,但差距微小,并且真实盈余管理模型回判正确率同样也是 t-1 年最高,t-3 年最低。这说明离危机时间越近,模型的预测效果越好。

从具体类别的正确率来看,应计盈余管理模型财务正常类的回判和外推正确率都很高,都在 98% 以上,t-1 年相对而言最高,但差别并不大。但是财务困境类的回判和外推正确率就相对较低,其中 t-1 年正确率分别为 56.67% 和 54.55%,相对最高,t-2 和 t-3 年均不满 50%。真实盈余管理模型财务正常类的回判和外推正确率也很高,都在 99% 左右,同样也是 t-1 年最高。财务困境类的预测准确率 t-1 年最高,其余两年也均未超过 50%。应计盈余管理模型和真实盈余管理模型预测财务正常类的正确率都很高,但预测财务困境类的正确率真实盈余管理模型略高于应计盈余管理模型。

表 8-1 以 GCO 为分类标准的预警模型正确率统计

年份	GCO	原始值	预测值			正确率
			0	1	无法判断	
Panel A 应计盈余管理两分类回判和外推正确率——以 GCO 为分类依据						
t-1	回判	0	98.77%	1.23%	0.00%	96.03%
		1	42.67%	56.67%	0.67%	
	外推	0	99.30%	0.70%	0.00%	97.65%
		1	45.45%	54.55%	0.00%	
t-2	回判	0	98.77%	1.23%	0.00%	95.20%
		1	56.00%	44.00%	0.00%	
	外推	0	98.84%	1.16%	0.00%	96.42%
		1	66.67%	33.33%	0.00%	

年份	GCO	原始值	预测值			正确率
			0	1	无法判断	
t−3	回判	0	98.44%	1.56%	0.00%	94.20%
		1	66.67%	33.33%	0.00%	
	外推	0	98.26%	1.74%	0.00%	95.52%
		1	75.76%	24.24%	0.00%	

Panel B　真实盈余管理两分类回判和外推正确率——以 GCO 为分类依据

年份	GCO	原始值	预测值			正确率
			0	1	无法判断	
t−1	回判	0	98.86%	1.14%	0.00%	96.41%
		1	41.03%	58.36%	0.61%	
	外推	0	99.45%	0.55%	0.00%	97.63%
		1	73.91%	26.09%	0.00%	
t−2	回判	0	98.67%	1.31%	0.02%	95.42%
		1	55.02%	44.98%	0.00%	
	外推	0	98.90%	1.10%	0.00%	97.09%
		1	73.91%	26.09%	0.00%	
t−3	回判	0	98.39%	1.61%	98.39%	94.46%
		1	66.57%	33.43%	66.57%	
	外推	0	98.79%	1.21%	98.79%	96.77%
		1	82.61%	17.39%	82.61%	

8.2.3　以 ST 为分类标准的预警模型正确率

表 8-2 统计了以 ST 为分类标准的预警模型正确率,从总体正确率来看,应计盈余管理 t−2 年的回判和外推的正确率最高,达到 96.20% 和 96.53%,但与另外两年的差异并不大。真实盈余管理预警模型预警准确率总体而言比应计盈余管理模型略高,但差距微小,并且真实盈余管理回判准确率同样也是 t−2 年最高。同上述以 GCO 为分类标准的模型正确率比较来看,可以发现在财务困境程度较低的阶段盈余管理空间充足,因此预测正确率最高的是 t−1 年,而以 ST 为划分标准时,财务困境程度较严重,此时盈余管理空间不足,因此 t−2 年的正确率最高。

表 8-2 以 ST 为分类标准的预警模型正确率统计

年份	ST	原始值	预测值			正确率
			0	1	无法判断	
Panel A 应计盈余管理两分类回判和外推正确率——以 ST 为分类依据						
t−1	回判	0	98.84%	1.11%	0.05%	95.33%
		1	85.86%	14.14%	0.00%	
	外推	0	98.85%	1.15%	0.00%	96.08%
		1	96.15%	3.85%	0.00%	
t−2	回判	0	98.73%	1.25%	0.02%	96.20%
		1	62.30%	37.70%	0.00%	
	外推	0	99.19%	0.81%	0.00%	96.53%
		1	92.31%	7.69%	0.00%	
t−3	回判	0	98.60%	1.40%	0.00%	95.05%
		1	86.39%	13.09%	0.52%	
	外推	0	99.65%	0.35%	0.00%	96.98%
		1	92.31%	7.69%	0.00%	
Panel B 真实盈余管理两分类回判和外推正确率——以 ST 为分类依据						
t−1	回判	0	98.85%	1.09%	0.06%	95.45%
		1	88.21%	11.79%	0.00%	
	外推	0	99.23%	0.77%	0.00%	96.77%
		1	92.00%	8.00%	0.00%	
t−2	回判	0	98.85%	1.13%	0.02%	96.37%
		1	64.62%	35.38%	0.00%	
	外推	0	99.12%	0.88%	0.00%	96.99%
		1	80.00%	20.00%	0.00%	
t−3	回判	0	98.72%	1.28%	0.00%	95.36%
		1	86.79%	12.74%	0.47%	
	外推	0	99.45%	0.55%	0.00%	96.99%
		1	92.00%	8.00%	0.00%	

从具体类别的正确率来看，应计盈余管理模型财务正常类的回判和外推正确率也都很高，都在99%左右，各年之间正确率变化不大。但是财务困境类的回判和外推正确率就相对较低，均不满50%，t-2年相对而言最高。真实盈余管理模型财务正常类的回判和外推正确率也很高，都在99%左右，各年之间差别不大。财务困境类的预测准确率较低，均未超过50%，相对而言t-2年最高。应计盈余管理模型和真实盈余管理模型预测财务正常类的正确率都很高，但应计盈余管理模型预测财务困境类的正确率高于真实盈余管理模型。因为上文分析中也指出真实盈余管理通过真实经营活动能够帮助上市公司在一定程度上摆脱财务困境，而应计盈余管理则会使财务状况进一步恶化。因此在财务困境组的预测上，应计盈余管理模型正确率更高一点。

8.2.4 以 GCO＋ST 为分类标准的预警模型正确率

表8-3统计了以 GCO＋ST 为分类标准的正确率，同时考虑 GCO 和 ST 为财务困境的划分标准，扩大了财务困境样本的范围，既包括财务困境程度较低的样本，也包括财务困境程度较高的样本。从应计盈余管理模型的结果来看，三年预测的正确率似乎并没有随时间变化的规律，t-2年相对最低，但差距并不大。从具体类别预测的准确率来看，财务正常类别预测正确率t-1年和t-2年差异不大，t-3年相对最低。财务困境类别预测正确率t-1年和t-2年差异不大，t-3年最低。t-2年的回判正确率超过了50%，高于其余两年，但外推正确率最高的是t-1年，t-3年最低。真实盈余管理模型的预测结果和应计盈余管理模型基本一致。

表8-3　以 GCO＋ST 为分类标准的正确率统计

年份	F	原始值	预测值			正确率
			0	1	无法判断	
Panel A　应计盈余管理两分类回判和外推正确率——以 GCO＋ST 为分类依据						
t-1	回判	0	98.33%	1.67%	0.00%	94.16%
		1	50.12%	49.40%	0.48%	
	外推	0	99.05%	0.95%	0.00%	94.85%
		1	55.77%	44.23%	0.00%	

年份	F	原始值	预测值			正确率
			0	1	无法判断	
t−2	回判	0	98.33%	1.67%	0.00%	91.94%
		1	47.95%	52.05%	0.00%	
	外推	0	98.22%	1.78%	0.00%	93.51%
		1	59.62%	40.38%	0.00%	
t−3	回判	0	97.61%	2.39%	0.00%	94.31%
		1	65.06%	34.70%	0.24%	
	外推	0	98.10%	1.90%	0.00%	95.91%
		1	80.77%	19.23%	0.00%	

Panel B　真实盈余管理两分类回判和外推正确率——以 GCO＋ST 为分类依据

年份	F	原始值	预测值			正确率
			0	1	无法判断	
t−1	回判	0	98.53%	1.45%	0.02%	94.31%
		1	50.76%	48.81%	0.43%	
	外推	0	98.65%	1.35%	0.00%	95.91%
		1	70.27%	29.73%	0.00%	
t−2	回判	0	98.29%	1.69%	0.02%	94.20%
		1	49.89%	50.11%	0.00%	
	外推	0	98.77%	1.23%	0.00%	96.56%
		1	56.76%	43.24%	0.00%	
t−3	回判	0	97.53%	2.47%	0.00%	92.12%
		1	65.94%	33.84%	0.22%	
	外推	0	98.43%	1.57%	0.00%	95.59%
		1	72.97%	27.03%	0.00%	

8.2.5　小结

表 8−4 中,两分类的预警模型正确率总体而言都很高,其中以 GCO 为分类标准的模型 t−1 年最高,以 ST 为分类标准的 t−2 年最高,同时将 GCO 和 ST 纳入分类标准时 t−1 年和 t−2 年的正确率不相上下,t−3 年都是最低的。GCO 所代表的财务困境程度较低,ST 代表的财务困境程度较严重,

GCO+ST 的样本涵盖了各个程度财务困境的样本。因此,总体来说,预测较低的财务困境程度时,t−1 年正确率最高,而预测较严重的财务困境程度时,t−2 年正确率最高,并且真实盈余管理模型的正确率总体略高于应计盈余管理模型。

表 8−4 两分类预警模型正确率统计

分类标准	正确率	ABSAQ			ABSRM		
		t−1	t−2	t−3	t−1	t−2	t−3
GCO	回判	96.03%	95.20%	94.20%	96.41%	95.42%	94.46%
	外推	97.65%	96.42%	95.52%	97.63%	97.09%	96.77%
ST	回判	95.33%	96.20%	95.05%	95.45%	96.37%	95.36%
	外推	96.08%	96.53%	96.98%	96.77%	96.99%	96.99%
GCO+ST	回判	94.16%	94.16%	91.94%	94.31%	94.20%	92.12%
	外推	94.85%	94.85%	93.51%	95.91%	96.56%	95.59%

两分类预警模型的优点在于对财务正常样本的预测正确率非常高,很少有误判;缺陷在于对财务困境样本的预测正确率较低,仅在 50% 左右,容易将财务困境样本误判为财务正常样本。这原因可能是没有对财务正常和财务困境样本进行一一配对,从而低估了对财务困境公司的预测能力。

8.3 多分类预警模型

为了进一步适应公众对多阶段财务预警模型的需求,在 8.2 节研究的基础上,我们对财务困境做更详细的划分,并建立多阶段预警模型。在 3.1.1 节关于财务困境的界定中,我们按照仅被出具持续经营审计意见、仅被特别处理、既被出具持续经营审计意见又被特别处理将财务困境程度分成了三类,加上财务正常的样本,总样本就被分成了四类(F=1,2,3,4),因此可以采用多类结果逻辑模型(Multinomial Logit Model)作为预警模型。其基本模型构建如公式 8−3,8−4 和 8−5 所示。

$$LogitP_{2/1} = \ln\left[\frac{P(f=2 \mid x)}{P(f=1 \mid x)}\right]$$
$$= \beta_1 + \alpha_{11}ABSAQ + \alpha_{12}CENSOE + \alpha_{13}LOCSOE + \alpha_{14}CMI + \alpha_{15}GDI$$
$$+ \alpha_{16}LEI + \alpha_{17}QR + \alpha_{18}NOP + \alpha_{19}EBITR$$

$$+ \alpha_{110}EPS + \alpha_{111}ART + \alpha_{112}TAT + \alpha_{113}CFCDR + \alpha_{114}MBG$$

$$+ \alpha_{115}LEV + \alpha_{116}LNA + \sum_{k=117}^{127} \alpha_{1k}IND + \sum_{k=128}^{129} \alpha_{1k}year + \varepsilon \quad (8-3)$$

$$LogitP_{3/1} = \ln\left[\frac{P(f=3\mid x)}{P(f=1\mid x)}\right] = \beta_2 + \alpha_{21}ABSAQ + \alpha_{22}CENSOE$$

$$+ \alpha_{23}LOCSOE + \alpha_{24}CMI + \alpha_{25}GDI + \alpha_{26}LEI + \alpha_{27}QR$$

$$+ \alpha_{28}NOP + \alpha_{29}EBITR + \alpha_{210}EPS + \alpha_{211}ART + \alpha_{212}TAT$$

$$+ \alpha_{213}CFCDR + \alpha_{214}MBG + \alpha_{215}LEV + \alpha_{216}LNA$$

$$+ \sum_{k=217}^{227} \alpha_{2k}IND + \sum_{k=228}^{229} \alpha_{2k}year + \varepsilon$$

$$(8-4)$$

$$LogitP_{4/1} = \ln\left[\frac{P(f=4\mid x)}{P(f=1\mid x)}\right] = \beta_3 + \alpha_{31}ABSAQ + \alpha_{32}CENSOE$$

$$+ \alpha_{33}LOCSOE + \alpha_{34}CMI + \alpha_{35}GDI + \alpha_{36}LEI + \alpha_{37}QR$$

$$+ \alpha_{38}NOP + \alpha_{39}EBITR + \alpha_{310}EPS + \alpha_{311}ART + \alpha_{312}TAT$$

$$+ \alpha_{313}CFCDR + \alpha_{314}MBG + \alpha_{315}LEV + \alpha_{316}LNA$$

$$+ \sum_{k=317}^{327} \alpha_{3k}IND + \sum_{k=328}^{329} \alpha_{3k}year + \varepsilon$$

$$(8-5)$$

表 8-5 多分类预警模型正确率预测结果

ABSAQ	原始值	预测值					正确率
		1	2	3	4	无法判断[1]	
Panel A	应计盈余管理回判和外推正确率——多分类预警模型						
t-1 回判	1	98.57%	0.93%	0.43%	0.07%	0.00%	92.42%
	2	40.63%	51.34%	2.23%	4.46%	1.34%	
	3	91.30%	3.48%	4.35%	0.87%	0.00%	
	4	42.11%	43.42%	5.26%	7.89%	1.32%	

续表

ABSAQ	原始值	预测值					正确率
		1	2	3	4	无法判断[1]	
t−1 外推	1	99.05%	0.36%	0.59%	0.00%	0.00%	94.51%
	2	46.15%	42.31%	7.69%	3.85%	0.00%	
	3	100.00%	0.00%	0.00%	0.00%	0.00%	
	4	42.86%	57.14%	0.00%	0.00%	0.00%	
t−2 回判	1	98.54%	0.60%	0.74%	0.12%	0.00%	92.16%
	2	60.71%	25.45%	7.59%	5.80%	0.45%	
	3	58.26%	3.48%	36.52%	1.74%	0.00%	
	4	38.16%	15.79%	25.00%	21.05%	0.00%	
t−2 外推	1	98.45%	0.71%	0.83%	0.00%	0.00%	93.51%
	2	69.23%	23.08%	3.85%	3.85%	0.00%	
	3	84.21%	15.79%	0.00%	0.00%	0.00%	
	4	28.57%	14.29%	42.86%	14.29%	0.00%	
t−3 回判	1	98.09%	0.91%	1.00%	0.00%	0.00%	90.64%
	2	68.75%	21.43%	9.38%	0.45%	0.00%	
	3	85.22%	0.87%	13.91%	0.00%	0.00%	
	4	75.00%	13.16%	10.53%	0.00%	1.32%	
t−3 外推	1	98.57%	1.07%	0.24%	0.12%	0.00%	93.28%
	2	84.62%	15.38%	0.00%	0.00%	0.00%	
	3	100.00%	0.00%	0.00%	0.00%	0.00%	
	4	71.43%	14.29%	14.29%	0.00%	0.00%	

Panel B 真实盈余管理回判和外推正确率——多分类预警模型

	1	98.57%	0.88%	0.48%	0.04%	0.02%	92.77%
t−1 回判	2	38.96%	49.80%	3.61%	6.43%	1.20%	
	3	89.39%	3.79%	6.06%	0.76%	0.00%	
	4	42.50%	42.50%	5.00%	8.75%	1.25%	

ABSAQ	原始值	预测值					正确率
		1	2	3	4	无法判断[1]	
t-1 外推	1	98.54%	0.67%	0.56%	0.22%	0.00%	95.05%
	2	75.00%	16.67%	8.33%	0.00%	0.00%	
	3	92.86%	0.00%	7.14%	0.00%	0.00%	
	4	72.73%	18.18%	0.00%	9.09%	0.00%	
t-2 回判	1	98.33%	0.70%	0.78%	0.16%	0.02%	92.55%
	2	60.24%	27.71%	4.82%	6.83%	0.40%	
	3	60.61%	2.27%	34.09%	3.03%	0.00%	
	4	32.50%	16.25%	20.00%	31.25%	0.00%	
t-2 外推	1	98.65%	0.34%	0.78%	0.11%	0.11%	95.05%
	2	91.67%	8.33%	0.00%	0.00%	0.00%	
	3	78.57%	14.29%	0.00%	7.14%	0.00%	
	4	27.27%	27.27%	27.27%	18.18%	0.00%	
t-3 回判	1	97.99%	1.09%	0.86%	0.06%	0.00%	91.22%
	2	65.86%	24.50%	6.43%	3.21%	0.00%	
	3	82.58%	1.52%	15.91%	0.00%	0.00%	
	4	68.75%	16.25%	11.25%	2.50%	1.25%	
t-3 外推	1	98.43%	1.12%	0.45%	0.00%	0.00%	94.73%
	2	75.00%	8.33%	8.33%	8.33%	0.00%	
	3	92.86%	0.00%	7.14%	0.00%	0.00%	
	4	72.73%	9.09%	18.18%	0.00%	0.00%	

[1] 判断计算式中涉及 1/[1+EXP(A+B)]的式子,当 A 过大时,就导致计算式的结果非常小,超出 excel 的计算范围,因而无法判断最终的结果。

表 8-6　应计盈余管理模型和真实盈余管理模型预警正确率汇总

正确率	*ABSRM*			*ABSAQ*		
	t-1	t-2	t-3	t-1	t-2	t-3
回判	92.77%	92.55%	91.22%	92.42%	92.16%	90.64%
外推	95.05%	95.05%	94.73%	94.51%	93.51%	93.28%

表8-5中统计了多分类预警模型的正确率,从总正确率来看,应计盈余管理模型中,t-1年,t-2年,t-3年逐年降低,t-1年的正确率最高,回判和外推的正确率分别为92.42%和94.51%。真实盈余管理模型的预测结果和应计盈余管理模型相同,也是t-1年最高,回判和外推的正确率分别为92.77%和95.05%,这一结果同样略高于应计盈余管理模型,但差异微小。

从具体类别判断的正确率来看,财务正常类的正确率依旧很高,达到98%~99%。2~4类的预测正确率逐类降低,2类预测正确率为40%~50%,其中会有40%左右被误判为1类财务正常,10%左右会被误判为其他财务困境类别。但其中真实盈余管理模型的2类外推正确率略低,仅为16.67%。3类和4类的预测正确率相对较差,应计盈余管理和真实盈余管理模型的结果都显示3类会有60%以上被误判为财务正常类,4类虽然正确率较低,但大部分是被误判为其他财务困境类别,被误判为财务正常类的在30%左右。造成这种结果的原因可能是在特别处理的分类中,有一部分同时被出具了持续经营审计意见,而这一部分导致被特别处理的原因和财务经营状况相关,而剩余的仅仅被特别处理的样本更多的可能是由于其他原因导致的,而在本书的预警模型建立过程中,暂未考虑财务困境以外的因素,因此对3类的预测正确率较低一点。

从具体类别和年份的正确率来看,财务正常类t-1年的正确率为三年之中最高。2类预测正确率最高的两个模型也均为t-1年,而3、4类预测正确率最高的却是t-2年。这一结论与上述两分类模型的预测正确率对应,财务困境程度较深的样本用t-2年的数据来做预测正确率更高,而财务困境程度较低和财务正常的上市公司,t-1年的数据预测正确率较高。因为财务困境程度严重的上市公司,可用来进行盈余管理的空间越来越小,靠近危机爆发时上市公司能够进行的盈余管理行为很小,因此t-1年的正确率会低,而财务困境程度低的上市公司能够较容易地进行真实或者应计盈余管理,因此在危机爆发前,t-1年的预测正确率是最高的。

比较两分类预警模型的预测效果,我们可以发现,在对财务困境做进一步的详细划分后所建立的多分类预警模型并没有降低模型的整体预测效果。

8.4 本章小结

从各个预警模型的正确率来看,可以得到以下四个结论:

1. 无论是两分类预警模型还是多分类预警模型，应计盈余管理和真实盈余管理在预测财务困境上正确率相差不大。可见上市公司会同时采取应计盈余管理和真实盈余管理来调节盈余，避免爆发财务危机，陷入更深的财务困境。

2. 无论是两分类预警模型还是多分类预警模型，应计盈余管理模型和真实盈余管理模型在预测财务正常类上市公司的正确率都很高，达到98％以上，只有个别会被误判为财务困境类。

3. 无论是两分类预警模型还是多分类预警模型，财务正常和财务困境程度较低的上市公司运用 t－1 年的数据预测正确率最高，财务困境程度较深的上市公司运用 t－2 年的数据预测正确率最高。

4. 在对财务困境做进一步的详细划分后所建立的多分类预警模型并没有降低模型的整体预测效果。

第9章

结论和建议

9.1 结　　论

本书从理论和实证上逐步探讨了盈余管理、所有权性质、制度环境和财务困境的关系。结论总结如下：

1. 盈余管理和财务困境的关系

首先分析了盈余管理和财务困境的关系，得到的结论如下：

（1）应计盈余管理程度越高，企业陷入财务困境的概率越大。上市公司在发现未来发生财务困境可能性越来越大时，就会采取应计盈余管理这种投机方式试图避免或者延迟财务困境的暴露，但是应计盈余管理通常伴随着高风险，也常常受到审计师和监管机构的高度关注，因此应计盈余管理反而会使企业陷入财务困境和暴露财务困境。

（2）真实盈余管理程度越高，企业陷入财务困境的概率越小。真实盈余管理由于管理层在运用时通常糅合了控制权带来的私有信息，尽量不会损害企业未来的业绩，并且由于真实盈余管理活动的真实性，通常不会引起审计师和监管机构的关注，因此真实盈余管理反而能够帮助企业摆脱财务困境或者避免财务困境暴露。

（3）真实盈余管理受到盈余管理空间的限制，一旦企业无法正常经营，那么也就无法再采取真实盈余管理，而应计盈余管理带有投机的性质，不会受到盈余空间的限制,因此在财务困境临近前管理层常常铤而走险。

（4）应计盈余管理和真实盈余管理并不存在互相影响的关系,两者常常同时存在。

2. 盈余管理在所有权性质和财务困境关系中的中介效应

在分别论证了应计盈余管理、真实盈余管理与财务困境发生概率的关系及区别后,以盈余管理为中介,检验了所有权性质和财务困境的关系。结果证实:

（1）所有权性质和财务困境的综合效应不显著。为了进一步分析是什么原因导致所有权性质和财务困境的不相关,我们又把盈余管理分为应计盈余管理和真实盈余管理分别进行了分析,得出了(2)～(4)的分析结果。

（2）对于应计盈余管理,我们发现国有企业的应计盈余管理程度显著低于非国有企业,国有企业中,中央国企的应计盈余管理程度又低于地方国企,说明国有企业存在各种政治联系带来的优势,并且亏损成本很小,因此国有企业并不需要通过应计盈余管理来调整盈余。同时,中介效应检验的结果发现国有企业经由应计盈余管理作为中介传导发生财务困境的可能性相比非国企更小。

（3）对于真实盈余管理,我们发现国有企业的真实盈余管理程度同样低于非国企,并且中央国企的真实盈余管理程度又低于地方国企;同时,中介效应的检验结果发现国有企业经由真实盈余管理作为中介传导的财务困境的发生概率相比非国企更高。

（4）综合(2)、(3)的结论,我们发现盈余管理在所有权性质和财务困境概率之间存在中介作用,而应计盈余管理和真实盈余管理的中介效应相反,抵消之后,盈余管理对所有权性质和财务困境的综合效应并不显著。

（5）将国有企业进一步细分为地方国企和中央国企进行研究,发现盈余管理的中介效应和抵消效应在所有权性质为中央国企时依然成立;而在地方所有权性质和财务困境的关系中,应计盈余管理和中介效应依然存在,而真实盈余管理的中介效应并不显著,但地方所有权性质对财务困境发生概率的综合效应依然不显著,因此不排除存在其他中介效应的可能性。

3. 制度环境对盈余管理和财务困境发生概率的调节作用

区别于盈余管理在所有权性质和财务困境发生概率之间的中介作用,制度环境对这种关系起着调节作用。实证结果证实:

（1）三个制度环境指标和财务困境的关系均为显著负相关,说明良好的制度环境有利于企业的经营发展。

（2）控制了制度环境变量后应计盈余管理和财务困境之间仍然保持了显著正相关关系，说明无论在何种制度环境下，应计盈余管理作为一种投机性的行为，都会使企业未来财务状况进一步恶化。

（3）控制了制度环境变量后真实盈余管理对财务困境发生的概率仍具有显著负向作用，说明无论在何种制度环境下，真实盈余管理糅合了管理层的私人信息，考虑了对未来绩效的影响，因此不仅不会损害企业未来的绩效表现，反而能够抑制企业财务困境发生的概率。

（4）良好的制度环境能够抑制应计盈余管理和财务困境发生概率之间的正相关关系，而对真实盈余管理和财务困境发生概率之间的负相关性并不存在影响。说明良好的制度环境能够降低委托代理关系中的信息不对称，就会相应减弱应计盈余管理的动机，而真实盈余管理属于正常经营的范畴，其对财务困境发生概率的减弱作用并不会受到影响。

4. 控制所有权性质后盈余管理、制度环境和财务困境发生概率的综合关系

上述各部分的研究中，分别证明了盈余管理和财务困境，盈余管理、所有权性质和财务困境，以及盈余管理、制度环境和财务困境的关系，在此基础上本书综合研究了这四者之间的相互作用机制。结果发现：

（1）在中央国企，不管是应计盈余管理还是真实盈余管理，都和财务困境发生的概率不相关，并且中央国企的财务困境发生概率也并不受到制度环境的影响，说明了中央国企因政治联系优势带来了财务困境成本小、危机意识缺失以及经营效率低下的状况，而且受市场化程度的影响较小，市场竞争压力小。

（2）地方国企的应计盈余管理和财务困境发生的概率不相关，而真实盈余管理和财务困境发生的概率显著负相关。说明地方国有企业介于中央国企和非国有企业之间，存在一定的政治联系，但又处于一定的市场竞争中。一方面，地方国企不需要通过投机的盈余管理活动来调节盈余，减小财务困境成本；另一方面，地方国企相对于中央国企，具有一定的危机意识，因此会通过真实盈余管理活动来管理盈余。另外，良好的制度环境能够抑制地方国企财务困境发生的概率。

（3）非国有企业中应计盈余管理和真实盈余管理均和财务困境发生概率显著相关。这说明相对国有企业，非国有企业不存在政治联系优势，且处

于完全的市场竞争中。另外,在制度环境上信贷市场指数会对非国企应计盈余管理和财务困境的正相关关系产生减弱的影响,即信贷市场越发达减弱了应计盈余管理和财务困境发生概率之间的负相关关系。相比法律保护和政府干预,非国有企业受到信贷市场环境的影响程度较大。

(4)制度环境对上述相关关系的影响在于:① 不论何种所有权性质,法律环境的改善都能够降低企业(包括中央国企)发生财务困境的可能性;但是,法律环境的改善并不会增强或减弱盈余管理和财务困境发生概率之间的相关性强弱;② 政府分散化程度仅对地方国企的财务困境发生概率存在影响,并且政府分散化程度会影响地方国企真实盈余管理和财务困境发生概率的关系,说明地方国企受到政治联系的影响仍然较大;③ 信贷市场指数仅对非国有企业的财务困境发生概率有减弱作用,并且信贷市场的发展还能抑制非国有企业通过应计盈余管理来逃避或延迟财务困境的动机。

(5)同时,在这一部分还扩展了财务困境的定义,以两分类的财务困境再次检验了和所有权性质、盈余管理、制度环境之间的关系,证明了本书结论的稳健性。

5.财务预警模型构建

在上述针对所有权性质、制度环境、盈余管理和财务困境发生概率之间的相互关系及作用机制的研究结论基础上,分别通过构建两分类和多分类财务预警模型来进一步检验上述因素是否对预测财务困境有帮助,得到的相关结论如下:

(1)无论是两分类预警模型还是多分类预警模型,应计盈余管理和真实盈余管理在预测财务困境上正确率相差不大;应计盈余管理模型和真实盈余管理模型在预测财务正常类上市公司的正确率都很高,但在预测财务困境类上市公司的正确率上相对较低;财务正常和财务困境程度较低的上市公司运用 $t-1$ 年的数据预测正确率最高,财务困境程度较高的上市公司运用 $t-2$ 年的数据预测正确率最高。

(2)比较两分类预警模型的预测效果,在对财务困境做进一步的详细划分后所建立的多分类预警模型并没有降低模型的整体预测效果。

综上所述,本书首先从理论上论证了财务困境是一个动态的过程,而非一个时点变量,并证明了财务困境这种划分方式的合理性,其中应计盈余管理程度越高,财务困境发生或者暴露的可能性越高,真实盈余管理程度越高,财务困境发生或者暴露的可能性越低,应计盈余管理和真实盈余管理并不存在互相影响的关系。盈余管理在所有权性质和财务困境的关系中具有中介效应,并且应计盈余管理的中介效应和真实盈余管理的中介效应相反,相互抵消使得所有权性质对财务困境发生概率的综合效应并不显著。中央国有企业由于政治联系带来的优势,处于盈余压力较小、危机意识缺失、财务困境成本低的状态,因此其应计盈余管理和真实盈余管理的程度均最低,和财务困境发生概率也并不相关,而制度环境因素对其财务困境发生概率也不存在影响。地方国有企业处于中央国企和非国有企业之间,存在一定的政治联系但也处于一定的市场竞争中,因此地方国有企业并不需要通过应计盈余管理这种高风险的投机性盈余管理行为来粉饰绩效,但是会通过真实盈余管理行为来降低财务困境发生的可能性,并且信贷市场的发展、政府分散化程度、法律环境均对其财务困境发生概率具有减弱作用,并且政府分散化程度的提高更能降低其盈余管理的动机,减弱真实盈余管理对财务困境发生概率的负相关性。非国有企业不存在政治联系,处于相对完全的市场竞争中,盈余压力较大,因此既存在投机性的应计盈余管理行为,也存在真实的盈余管理行为;由于处于完全的市场竞争中,政府分散化程度对非国有企业的财务困境发生概率并不存在影响,而信贷市场的发达能够降低投机性的盈余管理的动机,从而降低其和财务困境发生概率之间的正相关性。而在上述研究结论的基础上构建的二分类和多分类财务预警模型的预测结果显示,这些因素都能够用于预测不同程度财务困境发生的概率,用这些因素建立的预警模型的预测效果较好。

9.2 建　议

总体上,从本书的研究结论可以发现,中央国企虽然绩效表现较好,但这主要是依赖政治联系带来的优势,其实际上是处于市场和盈余压力小、经营效率不高的状态;而相反的非国有企业处于相对完全市场竞争中,企业的活力和经营效率会较高。随着中国改革的不断深入,市场化程度不断提高,企业的政治联系必然会逐渐减弱,特别是当前面临经济制度的重新调整,市场自由和政府之间出现了新的平衡点,因此必须提高国有企业的经营效率,给予其一定的危机意识。但是这种改变会伴随着应计盈余管理等投机性行为的出现,这种行为往往会损害企业的价值,损害广大投资者的利益,因此在市场化的同时,必须加强制度环境的建设,包括发展信贷市场,降低政府集中度,完善法律、中介机构市场,从而能够一方面提高企业的经营效率,另一方面抑制投机性质的盈余管理行为。具体而言包括以下几个方面:

1. 管理层应尽量减少应计盈余管理行为,区别对待真实盈余管理行为

(1) 对于应计盈余管理,本书已经证实了应计盈余管理程度越高,企业陷入财务困境的可能性越高。因为一方面由于应计盈余管理具有投机的性质,并不能帮助企业逃避或者延迟财务困境的发生和暴露,反而会使企业业绩进一步恶化;另一方面应计盈余管理由于常伴随着高风险性,因此受到审计师和监管机构的高度关注,从审计保守性的角度而言,审计师更可能出具非标审计意见,监管机构也更可能进行重点监察。因此对于企业管理层而言,不应当抱有投机心理,采用应计盈余管理手段来试图逃避或者延迟陷入财务困境或者暴露财务困境,应计盈余管理并不能达到避免陷入财务困境的目的,因此管理层应尽量减少应计盈余管理行为。

(2) 对于真实盈余管理,已经证实了真实盈余管理程度越高,企业陷入财务困境的概率越小。因为管理层可以借助自身控制权带来的额外私人信息,为企业的盈余进行合理规划,在财务正常和不损害企业未来价值的前提下,适当通过真实盈余管理活动可以帮助企业提升经营业绩,并且真实盈余管理并不会引起审计师或监管机构的关注。但是真实盈余管理毕竟是一种需要实际付出成本的盈余管理行为,也有可能对企业的未来价值产生损害。对于损害未来业绩的真实盈余管理,则不能抱有投机心理,更不能因为审计师或监管部门不关注或关注较少就肆无忌惮。

总之,管理者应正确认识转型经济下企业面临的经济环境的特点,认清自身在市场经济中的地位,处理好与政府的关系,从根本上提高企业的经营业绩。

2. 投资者在判断企业财务困境程度时可同时关注 GCO 和 ST,并注意结合考虑盈余管理方式、所有权性质和制度环境的影响

本书利用持续经营审计意见和特别处理这两个客观标准将财务困境划分为四个层次,并证明了这种财务困境分类方式的合理性,因此对于审计师和监管机构给出的这两个关于上市公司财务困境的信号:持续经营审计意见和 ST,应当同时加以关注,这两个信号源都客观地代表了监管机构和独立审计师关于上市公司经营状况的评价,但在运用过程中也应当加以区分,因为两者代表着不同程度的财务困境,投资者应当注意财务困境的动态持续性,持续经营审计意见代表的财务困境程度较浅,ST 代表的财务困境程度

较深。

同时在运用 GCO 和 ST 判断上市公司财务困境程度时,还应当综合考虑企业盈余管理状况、所有权性质和企业所处地区的制度环境状况。

(1)因为应计盈余管理和财务困境发生程度存在正相关性,真实盈余管理和财务困境发生程度存在负相关性,因此,投资者在判断企业财务困境程度时,应当注意区分应计盈余管理和真实盈余管理对财务困境的不同影响,两者的作用方向完全相反,应计盈余管理会损害企业价值,而与财务困境程度正相关,真实盈余管理并不会损害企业长期价值,和财务困境负相关。

(2)本书研究结果发现,我国国有企业的应计盈余管理和真实盈余管理程度都显著低于非国有企业,其中中央国企的盈余管理程度最低,非国有企业存在最多的盈余管理行为,但是由于应计盈余管理和真实盈余管理相反的中介效应,导致所有权性质整体上和企业陷入财务困境的概率并不相关,但对于投资者而言却不能忽视这其中实际存在的关系。投资者应当注意国企存在较少的盈余管理行为,由于政治联系的优势国企相对而言陷入财务困境的可能性更小,但并不意味着国企有更好的经营效率和业绩。非国有企业的经营效率更高,但也存在更多的盈余管理行为,从而更可能陷入财务困境。

(3)对制度环境的研究发现良好的制度环境有利于企业的经营发展,并且能够降低委托代理关系中的信息不对称,从而减弱应计盈余管理的动机。因此处于良好制度环境下的企业相对而言存在较少的盈余管理行为,总体财务状况也更好,并且应计盈余管理和财务困境之间的正相关性也会减弱。因此投资者在运用 GCO 和 ST 判断企业财务困境程度时,可以考虑企业所处省市地区的制度环境发达程度,制度环境好的地区,企业盈余管理行为相对较小,并且应计盈余管理和财务困境的正相关性也减弱,因此陷入财务困境的可能性也较小。

3. 第三方审计师和监管机构应注意鉴别和区分对待会造成不同后果的盈余管理行为

(1)因为应计盈余管理会损害企业的价值,对投资者造成不利影响,因此第三方审计师和监管机构应当注意区分不同性质的盈余管理行为,对投机性质的应计盈余管理行为坚决打击,从而保护投资者的利益。

(2)因为适当的真实盈余管理并不会造成企业未来价值的损害,所以对于真实盈余管理是否应该予以严格限制则不能一概而论,应注意区分可改善业绩的真实盈余管理和损害业绩的真实盈余管理行为,对损害业绩的真实盈余管理行为进行严格的限制。

（3）在进行监管时应当保持公平公正，不应该区别对待国有企业和非国有企业，保持自身的独立性和客观公正。

4.政府应加强制度环境建设，给企业创造公平竞争的市场环境

对政府而言，总体应有序推进制度环境的建设，为企业创造公平竞争的市场环境，具体而言：

（1）本研究发现中央国企的盈余管理和财务困境发生概率并不相关，并且制度环境对中央国企财务困境发生概率也不存在影响，说明中央国企因政治联系优势，处于危机意识缺失以及经营效率低下的状态，因此在政府对企业的干预上应注意适度，找到市场自由和政府干预的平衡点，尤其不应该对国有企业和非国有企业有太多的区别对待，给国有企业尤其是中央企业增加市场竞争的压力才能真正提高国有企业的业绩。

（2）本研究发现非国有企业受到信贷市场的影响较大，良好的信贷市场能够抑制非国有企业通过应计盈余管理来逃避或延迟财务困境的动机，因此应当加强信贷市场的建设，将国企纳入信贷市场的建设中，让国企参与到信贷市场的竞争中来，同时关注非国有企业，特别是中小企业融资问题，真正解决民营企业融资难的问题。

（3）研究发现不论何种所有权性质，法律环境的改善都能够降低企业发生财务困境的可能性，因此应当完善法律环境，加强对投资者和非国有企业的法律保护，严格各项金融证券监管措施，从源头上减少盈余管理行为的动机，保护投资者的利益。

总之，本项目的研究丰富了企业财务危机预警指标体系，改善了财务预警模型的预警质量，为管理者从根本上提高企业的经营业绩，投资者更好地判断上市公司财务状况，监管者更好地监管上市公司提供了理论依据，同时，也为转型经济下政府更好地推进市场化改革进程提供了一定的参考。

财务预警问题的研究是一个值得长期关注的研究主题，由于项目研究周期的限制，在研究过程中发现的一些问题需要进行后续的研究，如：盈余管理和财务困境之间的内生性问题；考虑是否有其他中介因素存在于所有权性质和财务困境之间的关系等。

参考文献

[1] Aharony J, Swary I. Quarterly dividend and earnings announcements and stockholder returns: an empirical analysis [J]. Journal of Finance,1980,35(1):1 - 12.

[2] Aharony J, Wang J, Yuan H. Tunneling as an incentive for earnings management during the IPO process in China[J]. Journal of Accounting and Public Policy,2010, 29(1): 1 - 26.

[3] Ahn B S,ICho S S, Kim C Y. The integrated methodology of rough set theory and artificial neural network for business failure prediction [J]. Expert Systems with Applications,2000,18(2): 65 - 74.

[4] Alchian A A, Demsetz H. Production,information costs and economic organization [J]. Engineering Management Review IEEE, 1975,3(2): 21 - 41.

[5] Altman E I, Marco G, Varetto F. Corporate distress diagnosis: Comparisons using linear discriminant analysis and neural networks(the Italian experience) [J]. Journal of Banking and Finance,1994,18(3): 505 - 529.

[6] Altman E I. Financial Ratios,discriminant analysis and the prediction of corporate bankruptcy [J]. The Journal of Finance,1968,23(4): 589 - 609.

[7] Altman E I. Predicting financial distress of companies: revisiting the Z-Score and ZETA models [Z]. Working paper,2006,7.

[8] Altman E I, Haldeman R G, Narayanan P. A New Model to Identify Bankruptcy Risk of Corporations [J]. Journal of Banking & Finance,1977,1(1): 29 -54.

[9] Altman E I, Brenner M. Information effects and stock market response to signs of firm deterioration [J]. Journal of Financial and Quantitative Analysis,1981,16(01): 35 - 51.

[10] Altman E I. Corporate financial distress: A complete guide to prediction, avoiding and dealing with bankruptcy [M]. First Edition. New York, 1993.

[11] Amit R, Livnat J. Diversification and the risk-return trade-off [J]. Academy of Management Journal, 1988, 31(1): 154 - 166.

[12] Arnold V, Collier P A, Leech S A, Sutton S G. The impact of political pressure on novice decision makers: are auditors qualified to make going concern judgments [J]. Critical Perspectives on Accounting, 2001, 12(3): 323 - 338.

[13] Aziz A, Emanuel D C, Lawson G H. Bank prediction: an investigation of cash flow based models [J]. Journal of Management Studies, 1988, 25(5): 419 -437.

[14] Bailey E, Helfat C E. External management succession, human capital, and firm performance: An integrative analysis [J]. Managerial and Decision Economics, 2003, 24 (4):347 - 369.

[15] Bartov E, Gul F A, Tsui J S. Discretionary-accruals models and audit qualifications[J]. Journal of accounting and economics, 2003, 30(3): 421 - 452.

[16] Basioudis I G, Papakonstantinou E, Geiger M A. Audit fees, non-audit fees and auditor going-concern reporting decisions in the United Kingdom [J]. A Journal of Accounting, Finance and Business Studies, 2008, 44(3): 284 - 309.

[17] Beaver W H. Financial ratios as predictors of Failure [J]. Supplement to Journal of Accounting Research, 1966, 4(1): 71 - 111.

[18] Bhimani A, Gulamhussen M A, Lopes S. The effectiveness of the auditor's going-concern evaluation as an ezternal governance mechanism: Evidence from loan defaults [J]. The International Journal of Accounting, 2009, 44(3): 239 - 255.

[19] Blanchard O, Shleifer A. Federalism with and without political centralization: China versus Russia[J]. IMF Staff Papers, 2001, 48(4):819 - 843.

[20] Blay A D, Geiger M A. Auditor Fees and Auditor Independence: Evidence from Going Concern Reporting Decisions [J]. Contemporary Accounting Research, 2013, 30(2), 579 - 606.

[21] Bradshaw M T, Richardson S A, Richard G S. Do analysts and auditors use information in accruals[J]. Journal of Accounting Research, 2001, 39(1):45 - 74.

[22] Brown H G. Should Going Concern Opinion be Auditor's Headache [J]. Accounting Today, 1989, 4.

[23] Bryan D, Samuel L T, Clark M W. Are Going Concern Opinions Association With Reversal of Financial Distress for Bankrupt Firms. Working Paper, 2010.

[24] Butler M, Leone A J, Willenborg M. An empirical analysis of auditor reporting and its association with abnormal accruals[J]. Journal of Accounting and Economics, 2004,

37(2):139 - 165.

[25] Campbell J E, Mutchler J. The "expectations gap" and going concern uncertainties [J]. Accounting Horizons,1988,2(1): 42 - 49.

[26] Carey P, Simnett R. Audit partner tenure and audit quality [J]. The Accounting Review,2006,81(3): 653 - 676.

[27] Carey P J, Gciger M A, O'CONNELL B T. Cost associated with going-concern modified audit opinions: an analysis of the Australian audit market [J]. Abacus,2008,44 (1): 61 - 81.

[28] Carmiehael D R. The auditor's Reporting Obligation Auditing [J]. Research Monograph,1972,(1): 94

[29] Castagna A D, Matolcsy Z P. The market characteristics of failed companies: extensions and further evidence [J]. Journal of Business Finance and Accounting,Winter, 1981,8(4):467 - 483.

[30] Chaganti R S, Mahajan V, Sharma S. Corporate board size,composition,and corporate failures in the retailing industry [J]. Journal of Management Studies,1985,22 (4): 400 - 417.

[31] Chandana Gunathilaka. Financial Distress Prediction: A Comparative Study of Solvency Test and Z-Socre Models with Reference to Sri Lanka[J]. Journal of Financial Risk Management,2014,3: 39 - 51.

[32] Chen C Y, Lin C J, Lin Y C. Audit partner tenure,audit firm tenure,and discretionary accruals: does long auditor tenure impair earnings quality [J]. Contemporary Accounting Research,2008,25(2): 415 - 445.

[33] Chen G, Firth M, Xu L. Does the type of ownership control matter? Evidence from China's listed companies[J]. Journal of Banking & Finance,2009,33(1): 171 - 181.

[34] Chen K C, Yuan H. Earnings management and capital resource allocation: Evidence from China's accounting-based regulation of rights issues [J]. The Accounting Review,2004,79(3): 645 - 665.

[35] Chen K C, Church B K. Going concern opinions and the market's reaction to bankruptcy filings [J]. The Accounting Review,1996,71(1): 117 - 128.

[36] Chen W S, Du Y K. Using neural networks and data mining techniques for the financial distress prediction model [J]. Expert Systems with Applications,2009,36(2): 4075 - 4086.

[37] Chen Y M, Gong S C. Ownership structure and corporate performance: Some Chinese evidence[J]. Unpublished Working Paper. San Francisco State University,1998.

[38] Chi W, Lisic L L, Pevzner M. Is enhanced audit quality associated with greater

real earnings management[J]. Accounting Horizons,2011,25(2):315-335.

[39] Clark T A, Weinstein M. The behavior of the common stock of bankrupt firms [J]. The Journal of Finance,1983,38(2): 489-504.

[40] Cohen D A, Dey A, Lys T Z. Real and Accrual-Based Earnings Management in the Pre-And-Post-Sarbanes-Oxley periods [J]. The Accounting Review,2008,83(3): 757-787.

[41] Cohen D A, Zarowin P. Accrual-based and real earnings management activities around seasoned equity offerings [J]. Journal of Accounting and Economics,2010,50(1): 2-19.

[42] Darayseh M, Waples E, Tsoukalas D. Corporate failure for manufacturing industries using firms specifics and economic environment with logit analysis [J]. Managerial Finance,2003,29(8): 23-36.

[43] Deakin E B. A discriminant analysis of predictors of business failure[J]. Journal of Accounting Research,1972,10(1): 167-179.

[44] Deangelo L E. Accounting numbers as market valuation substitutes: A study of management buyouts of public stockholders [J]. Accounting Review, 1986, 61 (3): 400-420.

[45] Dechow P M. Sloan R G. Executive incentives and the horizon problem: An empirical investigation [J]. Journal of Accounting and Economics,1991,14(1): 51-89.

[46] Dechow P M, Skinner D J. Earnings management: Reconciling the views of accounting academics,practitioners, and regulators[J]. Accounting Horizons,2000,14(2): 235-250.

[47] Defond M L, Raghunandan K,Subramanyam K R. do non - audit service fees impair auditor independence? Evidence from going concern audit opinions [J]. Journal of Accounting Research,2002,40(4): 1247-1274.

[48] Dimitras A I, Slowinski R, Susmaga R,et al. Business failure prediction using rough sets [J]. European Journal of Operational Research,1999,114(2): 263-280.

[49] Eberhart A C, Moore W T, Roenfeldt R L. Security pricing and deviations from the absolute priority rule in bankruptcy proceedings[J]. The Journal of Finance,1990,45 (5): 1457-1469.

[50] Edmister R O. An empirical test of financial ratio analysis for small business failure prediction [J]. Journal of Financial and Quantitative Analysis, 1972, 7 (02): 1477-1493.

[51] Efrim Boritz J, Kennedy D B. Effectiveness of neural network types for Prediction of Business Failure [J]. Expert Systems with Applications,1995,9(4): 503-512.

参
考
文
献

[52] Everett J,Watson J. Small business failure and external risk factors [J]. Small Business Economics,1998,11(4): 371 - 390.

[53] Fan J P, Wong T J. Corporate ownership structure and the informativeness of accounting earnings in East Asia [J]. Journal of Accounting and Economics,2002,33(3): 401 - 425.

[54] Fan J P, Wei K C, Xu X. Corporate finance and governance in emerging markets: A selective review and an agenda for future research[J]. Journal of Corporate Finance,2011,17(2): 207 - 214.

[55] Francis J, Lafond R, Olsson P, et al. The market pricing of accruals quality [J]. Journal of Accounting and Economics,2005,39(2): 295 - 327.

[56] Francis J R, Krishnan J. Accounting Accruals and Auditor Reporting Conservatism[J]. Contemporary Accounting Research,1999,16(1): 135 - 165.

[57] Frederick L J. The information content of the auditor's going concern evaluation [J]. Journal of Accounting and Public policy,1996,15(1):1 - 27.

[58] Frye T, Zhuravskaya E. Rackets,regulation and the rule of law[J]. Journal of Law,Economics and Organization,2000,16(2): 478 - 502.

[59] Geiger M A, Rama D V. Audit firm size and going-concern reporting accuracy [J]. Accounting Horizons,2006,20(1): 1 - 17.

[60] Geiger M A, Raghunandan K, Dasratha V R. Recent changes in the association between bankruptcies and prior audit opinions[J]. Auditing: A Journal of Practice & Theory,2005,24(1):21 - 35.

[61] Gilbert L R, Menon K, Schwartz K B. Predicting bankruptcy for firms in financial distress[J]. Journal of Business Finance & Accounting,1990,17(1): 161 - 171.

[62] Goudie A W. Forecasting corporate failure: the use of discriminant analysis within a disaggregated model of the corporate sector[J]. Journal of the Royal Statistical Society, Series A(General),1987,150(1): 69 - 81.

[63] Goudie A W, Meeks G. The exchange rate and company failure in a macro-micro model of the UK company sector[J]. The Economic Journal, 1991, 101 (406): 444 - 457.

[64] Gunny K A. The Relation Between Earnings Management Using Real Activities Manipulation and Future Performance: Evidence from Meeting Earnings Benchmarks[J]. Contemporary Accounting Research,2010,27(3): 855 - 888.

[65] Healy P M. The effect of bonus schemes on accounting decisions[J]. Journal of Accounting and Economics,1985,7(1): 85 - 107.

[66] Hennawy R H, Morris R C. Market anticipation of corporate failure in the UK

[J]. Journal of Business Finance & Accounting,1983,10(3): 359 - 372.

[67] Hopwood W, Mckeown J C, Mutchler J F. A Reexamination of Auditor versus Model Accuracy within the Context of the Going-Concern Opinion Decision[J]. Contemporary Accounting Research,1994,10(2): 409 - 431.

[68] Hopwood W, McKeown J, Mutchler J. A test of the incremental explanatory power of opinions qualified for consistency and uncertainty[J]. Accounting Review,1989, 64(1): 28 - 48.

[69] Janes T D. Accruals,financial distress and debt covenants [D]. University of Michigan Business School,2003.

[70] Jensen M C,Meckling W H. Theory of the firm: Managerial behavior,agency costs,and ownership structure[M]. Springer Netherlands,1979:305 - 360.

[71] Johnson S, McMillan J, Woodruff C. Property rights and finance[R]. National Bureau of Economic Research,2002,(92): 1335 - 1356.

[72] Jo H,Han I. Integration of case-based forecasting,neural network,and discriminant analysis for bankruptcy prediction[J]. Expert Systems with Applications,1996,11 (4): 415 - 422.

[73] Jones F L. The information content of the auditor's going concern evaluation [J]. Journal of Accounting and Public Policy,1996,15(1): 1 - 27.

[74] Jones J J. Earnings management during import relief investigations[J]. Journal of Accounting Research,1991,29(2): 193 - 228.

[75] Kane G D, Richardson F M, Graybeal P. Recession-Induced Stress and the Prediction of Corporate Failure [J]. Contemporary Accounting Research, 1996, 13 (2): 631 - 650.

[76] Kato T,Long C. Executive turnover and firm performance in China [J]. The American Economic Review,2006,96(2): 363 - 367.

[77] Kennedy D B, Shaw W H, Evaluating financial distress resolution using prior audit opinions[J]. Contemporary Accounting Research,1991,8(1): 97 - 114.

[78] Kim B H, Lisic L L, Pevzner M. Debt covenant slack and real earnings management[R]. Working Paper American University and George Mason University,2011.

[79] Kimberly J R,Evnisko M J. Organizational innovation: The influence of individual,organizational,and contextual factors on hospital adoption of technological and administrative innovations[J]. Academy of Management Journal,1981,24(4): 689 - 713.

[80] Kim M J, Han I. The discovery of experts' decision rules from qualitative bankruptcy data using genetic algorithms[J]. Expert Systems with Applications,2003,25(4): 637 - 646.

参
考
文
献

所有权性质、盈余管理与企业财务困境

［81］Knechel W R,Vanstraelen A. The relationship between auditor tenure and audit quality implied by going concern opinions ［J］. AUDITING：A Journal of Practice & Theory,2007,26(1)：113 - 131.

［82］La Porta，L，Lopez-de-Silances，F，Shleifer，A. Vishny R R. Law and finance ［J］. Journal of Political Economy,1998,106(6)：26 - 68.

［83］Lam K C, Mensah Y M. Auditors' decision-making under going concern uncertainties in low litigation-risk environments：evidence from Hong Kong[J]. Journal of Accounting and Public Policy,2006,25(6)：706 - 739.

［84］Lee K C, Han I, Kwon Y. Hybrid neural network models for bankruptcy predictions[J]. Decision Support Systems,1996,18(1)：63 - 72.

［85］Lennox S C. Going-concern opinions in failling companies auditor dependence and opinion shopping ［R］. Working Paper. 2000.

［86］Lennox C. Identifying failing companies：A re-evaluation of the logit probit,and DA approaches[J]. Journal of Economics and Business,1999,51(4)：347 - 364.

［87］Leuz C, Nanda D, Wysocki P D. Earnings Management and Investor Protection：An International Comparison ［J］. Journal of Financial Economics, 2003, 69 (3)：505 - 527.

［88］Levy A, Ran B N. Macroeconomic aspect of firm bankruptcy analysis ［J］. Journal of Macroeconomics,1987,9(3)：407 - 416.

［89］Li, H, Sun, J, Sun B L. Financial distress prediction based on OR-CBR in the principle of k-nearest neighbors[J]. Expert Systems with Applications,2009,36(1)：643 - 659.

［90］Lim C Y, Tan H T. Does auditor tenure improve audit quality? Moderating effects of industry specialization and fee dependence[J]. Contemporary Accounting Research,2010,27(3)：923 - 957.

［91］Lindsay D H, Campbell A. A chaos approach to bankruptcy prediction[J]. Journal of Applied Business Research,2011,12(4)：1 - 9.

［92］Lin T H. A cross model study of corporate financial distress prediction in Taiwan：Multiple discriminant analysis,logit,probit and neural networks models[J]. Neurocomputing,2009,72(16)：3507 - 3516.

［93］Liu J. Macroeconomic determinants of corporate failures：evidence from the UK ［J］. Applied Economics,2004,36(9)：939 - 945.

［94］Liu Q, Lu Z. Earnings management to tunnel：evidence from China's listed companies[J]. China Economic Quarterly-Beijing,2004,(3)：437 - 456.

［95］Louwers T J. The relation between going concern opinions and the auditor's loss function[J]. Journal of Accounting Research,1998,36(1):143 - 156.

[96] Mario Hernandez Tinoco, Nick Wilson. Financial distress and bankruptcy prediction among listed companies using accounting,market and macroeconomic variables[J]. International Review of Financial Analysis,2013,30(4): 394 - 419.

[97] Manry D L, Mock T J, Turner J L. Does increased audit partner tenure reduce audit quality[J]. Journal of Accounting,Auditing&Finance,2008,23(4): 553 - 572.

[98] Martin D. Early warning of bank failure: a logit regression approach [J]. Journal of Banking and Finance,1977,1(3): 249 - 276.

[99] Messier JR. W F, Hansen J V. Inducing rules for expert system development: an example using default and bankruptcy data[J]. Management Science, 1998, 34 (12): 1403 - 1415.

[100] Meyer P A, Pifer H. Prediction of bank failures [J]. The Journal of Finance, 1970,25(4): 853 - 868.

[101] Ng A, Yuce A, Chen E. Determinants of state equity ownership,and its effect on value performance: China's privatized firms [J]. Pacific-Basin Finance Journal,2009,17 (4): 413 - 443.

[102] Ohlson J A. Finacial ratios and the probabilistic prediction of bankruptcy[J]. Journal of Accounting Research,1980,18(1):109 - 131.

[103] Patricia D, Ge W, Schrand C. Understanding earnings quality: A Review of the proxies,their determinants and their consequences[J]. Journal of Accounting and Economics,2010,50(2):344 - 401.

[104] Patricia D, Ge W, Ilia D D. The quality of accurals and earnings: The role of accrual estimation errors[J]. The Accounting Review,2002,77(1):35 - 99.

[105] Patricia M D, Richard G S, Amy P. S. Detecting earnings management[J]. The Accounting Review,1995,70(2):193 - 225.

[106] Platt H D, Platt M B. Predicting corporate financial distress: reflections on choice-based sample bias [J]. Journal of Economics and Finance,2002,26(2): 184 -199.

[107] Qian Y. How reform worked in China[M]. Princeton University Press. 2003.

[108] Queen M, Roll R. Firm mortality: using market indicators to predict survival [J]. Financial Analysis Journal,1987,43(3):9 - 26.

[109] Richardson F. M, Kane G D, Lobingier P. The impact of recession on the prediction of corporate failure[J]. Journal of Business Finance and Accounting,1998,25(1): 167 - 186.

[110] Robinett D. Held by the visible hand: The challenge of SOE corporate governance for emerging markets[J]. World Bank Corporate Governance Issues,2006: 1 - 39.

[111] Scapens R W, Ryan R J, Fletcher L. Explaining corporate failure: a catastrophe theory approach[J]. Journal of Business Finance and Accounting,1981,8(1): 1 –26.

[112] Schipper K. Commentary earnings on management[J]. Accounting Horizons, 1989,9(3): 91 – 102.

[113] Scott W R. Financial accounting theory[M]. Prentice Hall,1997,24 – 55.

[114] Shaomin L, David D S, Michael S. "Keep silent and make money": Institutional pattern of earnings managemnt in China[J]. Journal of Asian Economics,2011,22 (5):369 – 384.

[115] Shumway T. Forecasting bankruptcy more accurately: A simple hazard model [J]. Journal of Business,2001,74(1):101 – 124.

[116] Slowinski R, Zopounidis C. Application of the rough set approach to evaluation of bankruptcy risk[J]. Intelligent Systems in Accounting, Finance and Management,1995, 4(1): 27 – 41.

[117] Stephen A R, Randolph W W, Jeffery F J. 公司理财[M].吴世农,沈艺峰,等, 译.北京：机械工业出版社,2000.

[118] Sugata R. Earnings management through real activities manipulation[J]. Journal of Accounting and Economics,2006,42(2):335 – 370.

[119] Sun L, Li T, Zou L. State ownership, corporate performance, and parameter heterogeneity: A quantile analysis on china's listed companie[J]. Journal of Economics, 2005,60.

[120] Sun Q, Tong W H S. China share issue privatization: the extent of its success [J]. Journal of Financial Economics,2003,70(2):183 – 222.

[121] Taylor G K, Xu R Z. Consequences of real earnings management on the subsequent operating performance [J]. Research in Accounting Regulation, 2010, 22 (2): 128 – 132.

[122] Tirapat S, Nittayagasetwat A. An investigation of Thai listed firms' financial distress using Macro and Micro variables [J]. Multinational Finance Journal,1999,3(2): 103 – 125.

[123] Tucker R R, Matsumura E M, Subramanyam K R. Going-concern judgments: An experimental test of the self-fulfilling prophecy and forecast accuracy[J]. Journal of Accounting and Public Policy,2003,22(5): 401 – 432.

[124] Walder A G. Local governments as induatrial firms: An organizational analysis of China's transitional economy[J]. American Journal of Sociology, 1995, 101 (2): 263 –301.

[125] Wang L, Yung K. Do state enterprises manage earnings more than privately

owned firms? The case of China[J]. Journal of Business Finance & Accounting,2011,38 (7 - 8): 794 - 812.

[126] Wang Q, Wong T J, Xia L. State ownership, the institutional emvironment, and the auditor choice: Evidence from China[J]. Journal of Accounting and Economics, 2008,46(1):112 - 134.

[127] Wang L, Yung K. Do state enterprises manage earnings more than privately owned firms? The case of China[J]. Journal of Business Finance and Accounting,2011,38 (7),(8):794 - 812.

[128] Watts R L, Zimmerman J L. Agency problems, Auditing, and the Theory of the Wei,Z. B. ,Varela,O. 2003. State equity ownership and firm market performance: evidence from china's newly privatized firms [J]. Global Finance Journal, 1983, 14 (1): 65 - 82.

[129] Whitaker R. The early stages of financial distress[J]. Journal of Economics and Finance,1999,23(2):123 - 132.

[130] Whittred G,Zimmer I. Timeliness of financial reporting and financial distress [J]. Accounting Review,1984,59(2): 287 - 295.

[131] Wruck K H. Financial distress, reorganization, and organizational efficiency [J]. Journal of Financial Economics,1990,27(2): 419 - 444.

[132] Wu D D, Liang L, Yang Z. Analyzing the financial distress of Chinese public companies using probabilistic neural networks and multivariate discriminate analysis[J]. Socio-Economic Planning Sciences,2008,42(3): 206 - 220.

[133] Yermack D. Higher Market valuation of companies with a small board of directors [J]. Journal of Financial Economics,1996,40(2): 185 - 211.

[134] Yu M. State ownership and firm performance: Empirical evidence from Chinese listed companies[J]. China Journal of Accounting Research,2013,6(2): 75 - 87.

[135] Zahra S A, Priem R L, Rasheed A A. The antecedents and consequences of top management fraud[J]. Journal of Management,2005,31(6): 803 - 828.

[136] Zang A Y. Evidence on the trade-off between real activities manipulation and accrual-based earnings management [J]. The Accounting Review,2011,87(2): 675 -703.

[137] Zmijewski M E. Methodological issues related to the estimation of financial distress prediction models [J]. Journal of Accounting Research,1984,22(1): 59 - 82.

[138] 薄仙慧,吴联生. 国有控股与机构投资者的治理效应：盈余管理视角[J]. 经济研究,2009,(2):81 - 91.

[139] 蔡春,李明,和辉. 约束条件、IPO盈余管理方式与公司业绩——基于应计盈余管理与真实盈余管理的研究[J]. 会计研究,2013,10(5):35 - 42.

[140] 陈静.上市公司财务恶化预测的实证分析[J].会计研究,1999,(4):31-38.

[141] 陈良华,孙健.公司治理与财务困境:来自上海股票市场的证据[J].东南大学学报:哲学社会科学版,2005,(7):28-31.

[142] 陈小林,林昕.盈余管理、盈余管理属性与审计意见——基于中国证券市场的经验证据[J].会计研究,2011,(6):77-85.

[143] 陈小悦,徐晓东.股权结构、企业绩效与投资者利益保护[J].经济研究,2001,(11):3-12.

[144] 陈信元,黄俊.政府干预、多元化经营与公司业绩[J].管理世界,2007,(1):92-97.

[145] 陈信元,夏立军.审计任期与审计质量:来自中国证券市场的经验证据[J].会计研究,2006,(1):44-53.

[146] 程新生,季迎欣,王丽丽.公司治理对财务控制的影响——来自我国制造业上市公司的证据[J].会计研究,2007,(3):47-54.

[147] 常颖.房地产集团公司资金集中管理体系构建[J].企业导报,2011,(10):123.

[148] 陈峰.现代医学统计方法与 Stata 应用[M].2 版.北京:中国统计出版社,2003.

[149] 陈娟,孟琳.财务危机预警模型——Z 计分模型的应用分析[C]//中国会计学会 2013 年学术年会论文集.中国会计学会,2013:15.

[150] 陈强.高级计量经济学及 Stata 应用[M].北京:高等教育出版社,2010.

[151] 陈劭.中国 A 股市场对股票交易实行特别处理(ST)的公告的反应[J].当代经济科学,2001,(4):27-31.

[152] 陈晓,戴翠玉.A 股亏损公司的盈余管理行为与手段研究[J].中国会计评论,2004,(12):299-310.

[153] 褚惠玲.房地产企业营运资金结构管理理论以及和企业绩效的关系[J].时代经贸,2008,(11):105-107.

[154] 道格拉斯·C.诺斯.经济史中的结构与变迁[M].陈郁,等,译.上海:上海人民出版社,1994.

[155] 邓晓岚.非财务视角下中国上市公司经营困境评价模型及实证研究[D].武汉:华中科技大学,2006.

[156] 邓晓岚.股票市场因素在财务困境风险评价中的应用——基于风险模型的实证分析[J].经济与管理研究,2008,(3):84-88.

[157] 邓晓岚,王宗军,李红侠,杨忠诚.非财务视角下的财务困境预警——对中国上市公司的实证研究[J].管理科学,2006,19(3):71-80.

[158] 杜兴强,杜颖洁.濒死体验、盈余管理、政治联系与朽而不倒——基于 ST、*ST、SL 类民营上市公司的经验证据[N].山西财经大学学报,2010,32(7):70-78.

[159] 方轶强,夏立军.政府控制、治理环境与公司价值——来自中国证券市场的经

验证据[J].经济研究,2005(5):40-51.

[160] 樊纲,王小鲁,马光荣.中国市场化进程对经济增长的贡献[J].经济研究,2011(9):4-16.

[161] 樊纲,王小鲁,张立文,等.中国各地区市场化相对进程报告[J].经济研究,2003(3):9-18.

[162] 高朋,冯俊文,李永忠.基于BP神经网络的项目组织结构选择研究[J].工业技术经济,2009,28(1):60-64.

[163] 高雅静.基于Logit模型的A股上市公司财务困境预警研究[J].东方企业文化,2011,10:166-167.

[164] 高燕.所有权结构、终极控制人与盈余管理[J].审计研究,2009(6):59-70.

[165] 耿志明.论中国机构投资者监管的制度选择[J].上海金融,2003(3):29-31.

[166] 龚启辉,李琦,吴联生.政府控制对审计质量的双重影响[J].会计研究,2011(8):68-75.

[167] 公华.探讨影响审计师出具持续经营审计意见的相关因素[J].东方企业文化,2010,(2):60.

[168] 谷祺,刘淑莲.财务危机企业投资行为分析与对策[J].会计研究,1999,10:28.

[169] 何平.公司治理对财务困境作用机理的计量分析[D].长春:吉林大学,2007.

[170] 胡继荣,王耀明.论CPA不确定性审计意见预测——基于重大疑虑事项的持续经营[J].会计研究,2009,6:81-87.

[171] 黄继鸿,雷战波,李欣苗.基于遗传禁忌算法的案例检索策略[J].系统工程理论方法应用,2004,13(1):10-13.

[172] 黄秋敏,张天西.首次持续经营不确定性审计意见信息含量研究[J].审计与经济研究,2009,11:25-33.

[173] 黄松,黄卫来.基于熵权系数与vague集的多目标决策方法[J].管理学报,2005,2(Ⅱ):120-123.

[174] 姜付秀,张敏,陆正飞,等.管理者过度自信、企业扩张与财务困境[J].经济研究,2009,01:131-143.

[175] 姜国华,王汉生.上市公司连续两年亏损就应该被"ST"吗?[J].经济研究,2005,3:100-107.

[176] 蒋楠.公司治理结构与财务困境相关性实证研究——以2008—2010年上市公司数据为例[J].财会通讯,2012,30:111-113.

[177] 姜秀付,刘志彪,陆正非.多元化经营、企业价值与收益波动研究—以中国上市公司为例的实证研究[J].财经问题研究,2006,11:27-35.

[178] 姜秀华,孙铮.治理弱化于财务危机:一个预测模型[J].南开管理评论,2001,5:20.

[179] 江伟,李斌.审计任期与审计独立性—持续经营审计意见的经验研究[J].审计与经济研究,2011,3：47-55.

[180] 江伟,李斌.制度环境、国有产权与银行差别贷款[J].金融研究,2006,11：116-126.

[181] 刘澄,武鹏,王荣.基于熵值法——C&RT算法的财务困境预警[J].财会月刊,2013,18：15-18.

[182] 刘芳.基于面板logit模型的上市公司财务困境实证分析——以装备制造业为例[J].经济视角(下),2011,09：80-82.

[183] 路云,吴应宇,达庆利.基于案例推理技术的企业可持续竞争能力的模型建立与应用[J].管理工程学报,2005,19(3)：1-5.

[184] 林毅夫,李志赟.政策性负担,道德风险与预算软约束[J].经济研究,2004(2)：17-27.

[185] 林毅夫,李志赟.政策性负担、道德风险与预算软约束[J].经济研究,2004,2：17-27.

[186] 李斌,尹晓峰.中国上市公司绩效与宏观经济同步效应的实证分析[J].财经问题研究,2008,10：76-82.

[187] 李东平,黄德华,王振林."不清洁"审计意见、盈余管理与会计师事务所变更[J].会计研究,2001,6：51-57.

[188] 李江涛,何苦.上市公司以真实盈余管理逃避高质量审计监督的动机研究[J].审计研究,2012,5：58-67.

[189] 李爽,吴溪.制度因素与独立审计质量——来自持续经营不确定性审计意见的经验证据[J].中国注册会计师,2002,6：29-34.

[190] 李爽,吴溪.盈余管理、审计意见和监事会态度——评监事会在我国公司治理中的作用[J].审计研究,2003,1：8-13.

[191] 卢永艳.宏观经济因素对企业财务困境风险影响的实证分析[J].宏观经济研究,2013,5：53-58.

[192] 李维安,王新汉,王威.盈余管理与审计意见关系的实证研究——基于非经营性收益的分析[J].财经研究,2004,11：126-135.

[193] 廖义刚,毛丽娟.持续经营不确定性审计意见：发展及启示[J].审计与经济研究,2006,9：50-54.

[194] 廖义刚.持续经营不确定性审计意见的动因及决策有用性[D].厦门：厦门大学,2007.

[195] 廖义刚.审计师出具持续经营不确定性审计意见的动因分析[J].审计与经济研究,2007,7：39-43.

[196] 廖义刚.大股东控制、政治联系与审计独立性——来自持续经营不确定性审计

意见视角的经验证据[J].经济评论,2008,5:86-93.

[197]廖义刚,王艳艳.大股东控制、政治联系与审计独立性——来自持续经营不确定性审计意见视角的经验证据[J].经济评论,2008,5:86-94.

[198]廖义刚,张玲,谢盛纹.杠杆治理、独立审计与代理成本——来自财务困境上市公司的实证发现[J].经济评论,2009,6:74-82.

[199]廖义刚,张玲,谢盛纹.制度环境、独立审计与银行贷款——来自我国财务困境上市公司的经验证据[J].审计研究,2010,2:62-69.

[200]廖义刚.持续经营不确定性审计意见的信息含量——我国证券市场1998—2003年首次出具GCO的市场反应[C].中国会计学会、中国会计学会教育分会.中国会计学会2006年学术年会论文集(中册),2006.

[201]刘洪.经济混沌管理:理论、方法、应用[M].北京:中国发展出版社,2001,68-90.

[202]刘汉民.所有制、制度环境与公司治理效率[J].经济研究,2002,6:63-68.

[203]刘继红.国有股权、盈余管理与审计意见[J].审计研究,2009,2:32-39.

[204]刘启亮.事务所任期与审计质量——来自中国证券市场的经验证据[J];审计研厉国威,廖毅刚,韩洪灵.持续经营不确定性审计意见的增量决策有用性研究——来自财务困境公司的经验证据[J].中国工业经济,2010,2:150-160.

[205]刘芍佳,孙霈,刘乃全.终极产权论、股权结构及公司绩效[J].经济研究,2003,4:51-62.

[206]刘新允,庞清乐,刘爱国.基于遗传神经网络的财务危机预警研究[J].商业研究,2007,9:6-10.

[207]刘运国,麦剑青,魏哲妍.审计费用与盈余管理实证分析——来自中国证券市场的证据[J].审计研究,2006,2:74-80.

[208]柳炳祥,盛昭翰.基于粗神经网络的企业财务危机预警方法[J].中国工程科学,2002,4(8):58-62.

[209]陆建桥.中国亏损上市公司盈余管理实证研究[J].会计研究,1999,9:25-35.

[210]吕长江,徐丽莉,周琳.上市公司财务困境与财务破产的比较分析[J].经济研究,2004,8:64-73.

[211]吕峻.基于财务比率调整的上市公司财务困境预测[J].山西财经大学学报,2006,2:135-139.

[212]苗莉,赵建国.基于BP神经网络的企业未来获利能力智能综合评价[J].数学的实践与认识,2004,34(5):54-59.

[213]宁向东.公司治理理论[M].北京:中国发展出版社,2005.

[214]宁亚平.盈余管理本质探析[J].会计研究,2005,(6):65-68.

[215]蒲春燕.中国上市公司财务预警实证研究——基于盈余管理和利润操纵视角

的研究[D].成都：四川大学工商管理学院,2005.

[216]潘越,戴亦一,李财喜.政治关联与财务困境公司的政府补助——来自中国 ST 公司的经验证据[J].南开管理评论,2009,(5)：6-17.

[217]秦志敏,王雅梅.我国上市公司大股东控制与财务困境关系研究[J].宏观经济研究,2014,(07)：98-107.

[218]邱菀华.管理决策与应用熵学[M].北京:机械工业出版社,2002.

[219]钱忠华.董事会特征与企业风险——基于中国股票市场的经验证据[J].兰州学刊,2009,(4)：77-80.

[220]佘廉,等.企业预警管理实务[M].石家庄:河北科学技术出版社,1999.

[221]水中梵.后危机时代[M].北京:中国商业出版社,2010.

[222]孙爱军,陈小悦.关于会计盈余的信息含量的研究——兼论中国股市的利润驱动特性[J].北京大学学报,2002,(1)：15-27.

[223]孙刚.机构投资者持股动机的双重性与企业真实盈余管理[J].山西财经大学学报,2012,(6)：114-123.

[224]孙秀兰.董事会制度与经营绩效之研究[D].台北:台湾大学财务金融学系研究所,1996.

[225]孙耀武.后危机时期中国经济面临的挑战与对策[J].前沿,2010,(9)：87-89

[226]孙铮,王跃堂.审计报告说明段与变更审计意见之实证分析[J].审计研究资料,1999,(6):10-15

[227]宋力,李晶.上市公司财务危机预警模型的实证分析[J].财经论丛,2004,(1)：84-90.

[228]吴超鹏,吴世农.基于价值创造和公司治理的财务状态分析与预测模型研究[J].经济研究,2005,(11)：99-110.

[229]吴建友,薛建峰,雷英.反数字游戏:蓝带报告对我们的启示[J].会计研究,2001,(8)：58-62.

[230]吴联生,王亚平.盈余管理程度的估计模型与经验证据:一个综述[J].经济研究,2007,(8)：143-152.

[231]吴芃,吴应宇,仲伟俊.基于熵理论的上市公司财务预警模型的构建与实证研究[J].现代管理科学,2009,(9)：15-17.

[232]吴芃.盈余管理视角下中国上市公司财务危机预警研究[M].南京:东南大学出版社,2013.

[233]吴芃,仲伟俊.调整财务指标能否增加财务预警模型的预测能力——基于盈余管理视角的研究[J].东南大学学报,2011(5)：70-76

[234]吴芃,仲伟俊,吴应宇.基于修正 Jones 盈余管理模型的财务危机预警研究[J].商业经济与管理,2010(8):67-74.

[235] 吴世农,卢贤义.我国上市公司财务困境的预测模型研究[J].经济研究,2001(06):46-55.

[236] 吴芃,蔡秋萍,吴应宇.我国上市公司财务危机预警实证研究——基于主成分分析模型、线性判别模型和逻辑回归模型的比较分析[J].河海大学学报.2007,9(4):31-34.

[237] 王斌,梁欣欣.公司治理、财务状况与信息披露质量——来自深交所的经验证据[J].会计研究,2008(2):31-38.

[238] 王梦奎.后危机时期的世界和中国经济[J].管理世界,2010(1):2-7.

[239] 王平心,杨冬花.基于熵值法的我国上市公丽财务预警系统研究[J].商业研究,2005(15):86-88.

[240] 王少飞,孙铮,张旭.审计意见、制度环境与融资约束——来自我国上市公司的实证分析[J].审计研究,2009(2):63-72.

[241] 王源昌,王敬勇.盈余管理能否增加财务危机预警的预测能力——来自中国ST上市公司的证据[J].云南师范大学学报:哲学社会科学版,2010(3):133-141.

[242] 王震,刘力,陈超.上市公司被特别处理(ST)公告的信息含量与影响因素[J].金融研究,2002(9):61-71.

[243] 王智宁.基于可持续成长理论的企业财务危机组合预警研究[D].南京:东南大学,2009.

[244] 王宗萍,王强.持续经营不确定性审计意见对财务困境的预测作用——来自中国A股上市公司2007—2011年的经验数据[J].西部论坛,2013(3):58-65.

[245] 伍利娜.盈余管理对审计费用影响分析——来自中国上市公司首次审计费用披露的证据[J].会计研究,2003(12):39-44.

[246] 吴芃.基于单变量分析的我国上市公司财务预警模型研究[D].南京:东南大学,2003.

[247] 肖俊.资本结构与财务治理结构的关系研究[J].当代经济,2007(6):134-135.

[248] 谢柳芳,朱荣,何苦.退市制度对创业板上市公司盈余管理行为的影响[J].审计研究,2013(1):95-102.

[249] 谢梅,郑爱华.股权分置改革前后竞争、终极控制人及公司业绩关系的比较研究——来自工业类上市公司的经验证据[J].南开经济研究,2009(04):15-32.

[250] 薛云奎,白云霞.国家所有权、冗余雇员与公司业绩[J].管理世界,2008(10):96-105.

[251] 夏东林,李晓强.国际间会计准则和会计信息的差异、协调与制度环境[J].会计研究,2005(1):30-37.

[252] 夏立军,杨海斌.注册会计师对上市公司盈余管理的反应[J].审计研究,2002

(4)：28 - 34.

[253] 夏立军,方轶强.政府控制、治理环境与公司价值——来自中国证券市场的经验证据[J].经济研究,2005(5)：40 - 51.

[254] 徐浩萍.会计盈余管理与独立审计质量[J].会计研究,2004(1)：44 - 49.

[255] 游家兴,徐盼盼,陈淑敏.政治关联、职位壕沟与高管变更——来自中国财务困境上市公司的经验证据[J].金融研究,2010(4)：128 - 143.

[256] 于富生,张敏,姜付秀,等.公司治理影响公司财务风险吗？[J].会计研究,2008(10)：52 - 59.

[257] 余明桂,潘红波.政治关系、制度环境与民营企业银行贷款[J].管理世界,2008(8)：9 - 21.

[258] 余景选,郑少锋.农业上市公司 Z 计分财务预警模型应用研究[J].财会通讯,2012,12：36 - 38.

[259] 俞可平.中国公民社会：概念、分类与制度环境[J].中国社会科学,2006,(6)：109 - 208.

[260] 杨保安,温金祥.BP 神经网络在企业财务危机预警之应用[J].预测,2001,20(02)：49 - 54.

[261] 杨淑娥,黄礼.基于 BP 神经网络的上市公司财务预警模型[J].系统工程理论与实践,2005(1)：12 - 26.

[262] 杨淑娥,徐伟刚.上市公司财务预警模型——Y 分数模型的实证研究[J].中国软科学,2003(01)：56 - 60.

[263] 杨淑娥,黄礼.基于 BP 神经网络的上市公司财务预警模型[J].系统工程理论与实践,2005,25(01)：12 - 18.

[264] 赵宇龙.会计盈余披露的信息含量——来自上市股市的经验证据[J].经济研究,1998(07)：41 - 49.

[265] 张芙蓉.基于现金流量指标的企业财务困境预警模型构建[J].西安工程大学学报,2012(03)：356 - 362.

[266] 张丽,邓春景.上市公司财务预警系统分析——Z-score 模型对我国上市公司的适用性[J].特区经济,2013,03：76 - 77.

[267] 张玲.财务危机预警分析判别模型[J].数量经济技术经济研究,2000,3(2)：49 - 51.

[268] 张鸣,张艳.财务困境预测的实证研究与述评[J].财经研究,2001,27(12)：29 - 35.

[269] 张晓岚,宋敏.上市公司持续经营审计意见信息含量的差异性研究[J].审计研究,2007(6)：59 - 66.

[270] 章永奎,刘峰.盈余管理与审计意见相关性实证研究[J].中国会计与财务研

究,2002,4(01)：1-29.

[271] 章之旺,吴世农.经济困境、财务困境与公司业绩——基于 A 股上市公司的实证研究[J].财经研究,2005,31(05)：112-122.

[272] 张俊瑞,刘彬,等.上市公司对外担保与持续经营不确定性审计意见关系研究——来自沪深主板市场 A 股的经验证据[J].审计研究,2014(01)：62-70.

[273] 张培莉,干胜道.基于公司财务状况结构的财务困境预测[J].华东理工大学学报(社会科学版),2013(01)：53-64.

[274] 张昕,杨再惠.中国上市公司利用盈余管理避免亏损的实证研究[J].管理世界,2007(09)：166-167.

[275] 张翼,刘巍,龚六堂.中国上市公司多元化与公司业绩的实证研究[J].金融研究,2005(09)：122-136.

[276] 周首华,陆正飞,汤谷良.现代财务理论前言专题[M].大连：东北财经大学出版社,2000.

后　记

　　一本好的专著从选题、构思、资料查阅、数据搜集、撰写到最终完成,绝对不是一个容易的过程,其中的艰辛只有真正经历过、认真付出和努力过的人才能真正体会。

　　本书的选题来自于国家社科项目,是该项目的成果之一。这也是我第二本关于盈余管理和财务困境方面的专著。从初稿完成到最终出版差不多经历了长达两年的时间,究竟几易其稿已经难以搞清了。在这个过程中,首先,要感谢我的研究生顾婷婷和张微在数据搜集和最终书稿的撰写过程中所付出的大量努力,正是他们一丝不苟、认真钻研,才有了今天大家看到的资料翔实、论证丰富的稿件。尽管他们现在已经先后毕业离校,也并未继续从事研究工作,但是,相信他们无论在什么岗位上都能做得非常好,因为他们有认真做事、刻苦钻研的精神和品质。其次,要感谢为我们的书稿提出过意见的专家和同仁,你们的意见让这本书变得更完善,更有学术价值。最后,感谢东南大学社科处和经管学院的资助以及出版社编辑们的辛苦工作,让我的书最终得以出版。

　　学术的道路艰辛而漫长,只有真正找到了乐趣的人才能坚持下去。这本书的出版意味着我的学术道路又向前迈进了一步,尽管前路仍然漫漫,但是我已然乐在其中。

吴　芃

2017 年 10 月 28 日